깨달음으로 가는
숨겨진 지도

깨달음으로 가는 숨겨진 지도

초판 1쇄 발행 2025년 1월 20일

지은이 정영목
펴낸이 장길수
펴낸곳 지식과감성#
출판등록 제2012-000081호

교정 이주연
디자인 강샛별
편집 강샛별
검수 한장희, 이현
마케팅 김윤길, 정은혜

주소 서울시 금천구 벚꽃로298 대륭포스트타워6차 1212호
전화 070-4651-3730~4
팩스 070-4325-7006
이메일 ksbookup@naver.com
홈페이지 www.knsbookup.com

ISBN 979-11-392-2358-3(03100)
값 23,000원

- 이 책의 판권은 지은이에게 있습니다.
- 이 책 내용의 전부 또는 일부를 재사용하려면 반드시 지은이의 서면 동의를 받아야 합니다.
- 잘못된 책은 구입하신 곳에서 바꾸어 드립니다.

지식과감성#
홈페이지 바로가기

깨달음으로 가는
숨겨진 지도

정영목 지음

깨달음으로 가는 지도는 숨겨져 있지만,
찾으려는 자만이 그 지도를 발견할 수 있다.

머리글

　어느 날, 우리 삶과 죽음에 대한 깊은 두려움과 불안 속에서 저는 영적 체험을 통해 완전히 새로운 전환점을 맞이하게 되었습니다. 어떤 강력한 힘에 이끌림을 느끼며, 전혀 예상치 못한 방식으로 성경을 읽기 시작했고, 그로 인해 이전과는 전혀 다른 삶의 여정을 걷게 되었습니다.
　사실, 그 경험이 있기 전까지 저는 신앙과는 거리가 먼 사람이었습니다. 군 복무 시절, 크리스마스에는 교회에 가서 초코파이를 먹었고, 석가탄신일에는 절에 가서 수제비를 나눠 먹을 정도였으니, 종교에 대한 관심이 전혀 없었던 것입니다. 어렸을 때 세례를 받기는 했지만, 스스로의 뜻에 따라 종교 생활을 따로 하지 않았습니다. 신앙은 저와는 무관한 영역이라고 여겼고, 인생의 문제는 오로지 사람의 노력과 이성으로 해결할 수 있다고 믿으며 살아왔습니다.
　그러나 영적 체험을 통해 제 삶은 근본적으로 달라졌습니다. 하나님의 인도하심을 받으면서, 단 33일 만에 천주교 성경과 개신교 성경, 킹 제임스 버전과 개역한글 성경을 모두 읽었습니다. 한글과 영어로 읽은 그 성경은 총 5,000장이 넘었고, 그 양을 보고 저 자신도 놀랄 수밖에 없었습니다. 이 과정은 단순히 읽는 것이 아니라, 그 말씀 속에서 새로운 깨달음을 얻고, 제 삶의 방향이 완전히 바뀌는 놀라운 변화를 경험한 시간이었습니다.
　이 여정은 결코 쉬운 길이 아니었습니다. 매일 3시간 남짓밖에 잠을 자지 못했지만, 피로를 느낄 새도 없이 성경에 담긴 깊은 진리들을 깨달으며 매 순간 제 마음이 전율로 가득 차는 경험을 했습니다. 그동안 제가 알고 있다고 믿었던 지식 중 많은 부분이 얼마나 왜곡되고 잘못되었는지 알게 되었고, 특히 인간의 교만과 무지가 얼마나 심각한 결과를 초래할 수 있는지를 새삼 깨닫게 되었습니다.

또한, 종교가 가진 양면성에 대해서도 깊이 고민하게 되었습니다. 하나님의 가르침에 따라 올바른 신앙생활을 한다면 이는 사람들에게 말할 수 없는 축복이 되고, 세상을 더 나은 방향으로 이끌어 갈 수 있습니다. 그러나 반대로 불완전한 교리나 편협한 해석에 따라 신앙이 왜곡된다면, 이는 스탈린, 히틀러와 같은 인류 역사상 가장 끔찍한 악인들을 탄생시킬 수 있다는 사실을 깊게 깨달았습니다.

그뿐만 아니라, 성경을 읽는 과정에서 저 자신이 얼마나 많은 죄를 지으며 살아왔는지를 깊이 반성하게 되었습니다. 겉으로는 선하고 착한 사람처럼 보였을지 모르지만, 마음속에는 이기심과 교만, 탐욕과 같은 죄들이 자리 잡고 있음을 깨닫게 되었고, 이 과정을 통해 반복적이고 습관적인 죄를 짓지 않겠다는 강한 다짐을 하게 되었습니다.

물론, 제가 느끼고 깨달은 것들을 다른 사람들과 나누고자 하는 저의 노력에 대해 일부 믿음 생활을 열심히 하는 기독교인들의 반대와 비판이 없었던 것은 아닙니다. 하지만 저는 이 책이 하나님을 향한 올바른 길을 찾고 진리의 말씀을 갈망하는 분들께 작은 등불이 되기를 간절히 바라고 있습니다. 저의 부족한 글이 누군가에게 참된 삶의 길을 찾는 데 도움을 줄 수 있다면, 그것만으로도 충분히 의미 있는 일이 될 것이라 믿습니다.

  이 책은 제가 경험하고 깨달은 것들을 가능한 한 솔직하게 담아내고자 했습니다. 이 책을 읽으시는 분들에게 지혜와 위로, 그리고 용기를 전할 수 있기를 진심으로 바랍니다.
  끝으로, 오늘의 저를 있게 해 주신 부모님, 사랑하는 아내와 아들, 저를 감싸 주시는 모든 지인들께 진심으로 감사의 마음을 전하고 싶습니다. 그분들의 사랑과 응원이 없었다면 지금의 제가 있을 수 없었을 것입니다. 이 책이 그분들께도 감사의 선물이 되었으면 합니다.

목차

머리글   5
Intro   17

1. 잃어버린 길의 안내서 _21

1-1) 성경, 사람(Human)에 대한 설명서(說明書, Manual)   21
1-2) 어떻게 만들어졌는가?   24
1-3) 성경의 종류   30

2. 사람은 어떻게 구성되었는가? _37

2-1) 사람 본질의 세 가지 차원: "영, 혼, 육"   42
2-2) 죽음 이후의 세계: "끝인가, 새로운 시작인가?"   47
2-3) 어둠의 존재들: 귀신, 마귀, 사탄   55
2-4) 사악한 영의 두 얼굴: 신의 의도와 사탄의 계략   69

3. 금단의 질문: 카인의 아내는 누구인가? (저자의 통찰) _79

4. 윤회와 전생의 흔적: 성경에 나오는 윤회와 전생의 비밀 _93

4-1) 삭제된 진실: 신약의 변경   94
4-2) 성경에서 발견되는 윤회의 흔적   98
4-3) 최면과 윤회, 기억의 단서들   118
4-4) 운명인가 선택인가: 불우한 환경에서 태어나는 사람들   128
4-5) 빅뱅설과 별자리(천문학), 사주, 풍수지리   133
4-6) 예정설(운명설)   145

5. 과학과 성경의 교차로 _151

    5-1) 과학은 어떻게 탄생했나?   153

    5-2) 창조와 진화, 그리고 그 사이의 진실   161

        ① 창조론과 진화론의 정의

        ② 우리는 왜 사기를 당하는가?

    5-3) 노아의 방주: 역사인가, 상징인가?   169

    5-4) 성경에 담긴 숫자의 의미   172

6. 신앙과 종교: 사람이 만든 길 _179

    6-1) 신앙과 종교의 정의   180

    6-2) 천주교, 개신교 그리고 그 너머   182

    6-3) 교리의 미로 속에서 길을 찾다   194

        ① 삼위일체설

        ② 예수님은 우리의 죄를 위하여 십자가에 못 박히셨다?

        ③ 구원에 대한 오해와 진실

        ④ 외경

        ⑤ 세례(침례)

    6-4) 세계 종교의 구원 이야기   240

7. 성경이 전하는 메시지 _253

7-1) 초지일관 인과응보 & 권선징악 253
7-2) 일반인이 느끼는 하나님과 예수님 262
7-3) 율법이란 264
7-4) 종교와 정치, 문화 그리고 우리의 삶 267
7-5) 질서와 평등 사이에서의 선택 272
7-6) 알면서 저지른 죄와 모르고 저지른 죄 276
7-7) 헌금과 부자 이야기 282
7-8) 구약에서 왜 우상 숭배가 없어지지 않았나? 286

8. 사람, 그리고 예수 _293

8-1) 예수와 그의 가족들 294
8-2) 광야 체험 이전 301
8-3) 누가 예수를 죽였는가? 305
8-4) 성급한 일반화의 오류: 적그리스도 308
8-5) 메시아 310

9. 깨달음의 순간, 진정한 구원이란 _323

9-1) 우리가 신앙에 의지하는 이유	329
9-2) 탐욕과 십계명	332
9-3) 선과 악의 경계	338
9-4) 진정한 선이란	344
9-5) 가족과 이웃	348
9-6) 관계 속의 깨달음: 남편과 아내	350
9-7) 죄의 무한 루프: 습관적 회개와 죄지음의 반복	353
9-8) 믿음, 소망, 사랑	360
9-9) 끝까지 깨어 있어라	364
9-10) 깨달음을 행동으로 옮기기	368

10. 주기도문이 제시하는 삶의 방향 _373

이 글을 마치며	379

다음은 이 책의 초안을 먼저 읽은 독자들의 진솔한 후기입니다.

불과 석 달 만에 성경을 세 번이나 정독하고 책을 집필했다는 사실은 실로 놀라움을 자아낸다. 그의 여정과 그가 담아낸 내용은 영적 체험의 은혜가 함께했음을 충분히 느끼게 한다.

- Kim BS 책임

저자의 열정이 책 곳곳에서 강렬하게 느껴졌다. 그의 깊은 신념과 헌신이 잘 드러나 있으며, 이 책이 사람들에게 좀 더 선하고 의미 있는 삶을 살도록 돕고 있다는 인상을 받았다. 저자는 단순히 지식을 전달하는 것을 넘어, 독자들이 삶의 본질과 가치를 재고하고 더 나은 방향으로 나아갈 수 있도록 이끌어 주는 큰 힘을 가진 존재 같다.

- Park MH 고문 위원

이 작가와 꼭 만나 보고 싶다는 생각이 들었습니다. 우리 가족의 소중함을 다시금 깨닫게 되었고, 그로 인해 가정적으로 긍정적인 많은 변화를 경험했습니다. 이 책이 우리 가정에 긍정적인 영향을 미친 것에 대해 깊은 감사의 마음을 표하고 싶습니다.

- Park MH 고문 위원 아내, Lee MK.

이 책은 내가 읽어 본 철학, 역사, 종교 분야 중 최고라 할 만한 책이다. 그동안 성경을 읽으면서 이해하지 못하거나 의문이 들었던 부분들이 이 책을 통해 모두 명확히 풀렸다. 특히, 성경에 전생이라는 개념이 있다는 사실을 뒤늦게 알게 되었고, 이는 나의 종교관과 신앙관을 새롭게 돌아보는 계기가 되었다. 이 책은 단순한 읽을거리를 넘어, 나의 깨달음의 여정에 깊은 깨달음을 준 특별한 경험이었다.

- China IPO장, Son CK

이 책은 정말 꼭 읽어 볼 만한 가치가 있다. 그래서 나는 우리 회사 동료들에게 이 책을 돌려보도록 권유했다. 책을 통해 과학과 종교가 어떻게 서로 영향을 주고받으며 발전해 왔는지에 대한 통찰을 얻을 수 있었고, 그 과정에서 새로운 시각을 열게 되었다. 이 책은 단순한 지식 전달을 넘어, 다양한 분야의 연결 고리를 이해하는 데 큰 도움이 된다.

- Park JH 책임

이 책은 기독교의 역사에 있어 혁신적이며, 그야말로 혁명적인 내용을 담고 있다. 단순히 믿음에 머무르지 않고, 깨어 있는 마음으로 선을 행하는 삶의 중요성을 깊이 깨닫게 해 준다. 이 책은 신앙의 본질을 다시 생각하게 하며, 믿음과 실천의 조화를 통해 더 깊은 영적 성장을 이룰 수 있도록 이끌어 준다.

- Lee MH

불교인인 나에게도 이 책은 큰 변화를 일으켰다. 책을 통해 하나님의 존재를 믿게 되었으며, 그 깊은 깨달음에 감동을 받았다. 불교인들에게도 이 책은 매우 유익하고, 신앙의 깊이를 더할 수 있는 귀중한 가르침을 제공할 것이다.

- JY사, Kim JC 상무

무신론자들에게도 이 책은 꼭 읽어 볼 만한 가치가 있다. 책을 통해 신앙과 영성에 대해 깊은 성찰을 하게 되었고, 나 자신도 앞으로의 행동 하나하나에 신중을 기해야겠다고 다짐하게 되었다. 특히, 내가 무의식중에 저지르는 잘못들에 대해 다시 한번 돌아보게 되었고, 그로 인해 더욱 책임감 있는 삶을 살아가겠다는 생각을 하게 되었다.

- TSH사, Lee JK 이사

내가 그동안 알고 있다고 생각했던 것이 어느 순간 사실이 아니라는 것을 깨달았을 때, 큰 충격을 받았다. 그러나 그 충격을 지나면서 단순한 믿음만이 아니라, 진정한 깨달음의 중요성을 더욱 깊이 느끼게 되었다. 믿음은 물론 중요하지만, 진리와 본질을 이해하고 체험하는 깨달음이야말로 삶을 변화시키는 진정한 힘임을 깨달았다.

- Seo MS

평소 궁금했던 카인의 아내에 관한 의문을 드디어 풀게 되었다. 성경 속 창세기와 관련해 평생 동안 궁금했던 부분들에 대해 누구에게도 쉽게 얻을 수 없었던 답을 이 책을 통해 알게 되었다. 그동안 미스터리로 남아 있던 부분들이 명확히 설명되면서, 성경에 대한 이해가 한층 깊어졌고, 나의 신앙에도 큰 영향을 미쳤다. 아울러 주기도문에 대해 새로운 관점에서 알게 된 것은 정말 큰 깨달음이었다. 그동안 익숙하게 외워 왔던 기도가 이제는 더 깊은 의미로 다가오고, 성경을 읽는 데 있어 많은 도움이 됐다. 또한, 이를 통해 나에게 하나님은 어떤 존재인지 진지하게 고찰해 보게 되었다.

- Ha JS 책임

이 책을 통해 예수에 대한 새로운 관점에서 깊이 고찰하게 되었다. 그동안 알지 못했던 예수의 진정한 의미와 가르침을 새롭게 이해하게 된 점이 정말 놀라웠다. 이 책은 단순한 철학 및 종교 서적을 넘어, 종교를 가진 사람뿐만 아니라 종교가 없는 사람들에게도 읽어 보면 좋을 만한 내용으로 가득하다. 각자의 신앙을 더욱 풍성하고 깊이 있게 만들 수 있는 소중한 가르침을 담고 있다.

- Sim IH

세상 모든 종교의 핵심을 한눈에 볼 수 있다는 점이 정말 인상 깊었어요. 작가가 이렇게 방대한 지식을 짧은 시간 안에 익히고 책으로 엮어 냈다는 사실이 경이롭게 느껴지고 특별한 기운이 있긴 있나 봅니다. 아무튼 이것은 인간의 한계를 넘어서는 일처럼 보이기까지 합니다. 이 책을 읽으며 나 또한 성경을 읽어야겠다는 마음이 들었고, 어쩌면 그 안에 삶의 새로운 방향과 깊은 깨달음이 담겨 있을지도 모른다고 생각했습니다.

- Son EJ

이 책을 통해 과학과 성경이 서로 충돌하는 것이 아니라, 마치 퍼즐 조각처럼 서로를 완성해 간다는 사실을 깨달았다. 과학이 보여 주는 세상의 법칙과 성경이 전하는 영적인 진리가 한데 어우러지는 모습을 보며, 마치 긴 여정 끝에 잃어버린 연결 고리를 찾은 듯한 깊은 깨달음을 경험했다. 이 책은 나에게 세상을 바라보는 새로운 시각과 관점을 선사해 주었다.

- Sim JS

Intro

 2020년, 인류는 새로운 위기를 맞이했다. 전 세계를 휩쓴 코로나바이러스는 과거의 그 어떤 팬데믹보다도 치명적이었다. 많은 국민이 코로나에 감염이 되었고, 짧은 시기에 개발되었던 백신은 1차, 2차, 3차로 이어졌으며 사람들은 점점 혼란스러워지면서 미디어와 보건에 대한 신뢰도 함께 잃어 가며 일상이 무너져 갔다. 나 역시 그들 중 하나였다. 주변 사람들의 코로나 독감의 고통스러운 증상과 백신의 후유증을 지켜보며 지인 중 몇 분이 하나둘 떠나는 것을 목격해야 했으며 나의 정신은 공포로 피폐해졌다.

 그날도 마찬가지였다. 어릴 적부터 알고 지내던 친구의 아버지께서 돌아가셨다는 소식에 장례식장을 찾았다. 원래 지병이 있으셨던 분이지만, 코로나 감염 이후 면역력이 급격히 약해지셨는지 결국 운명을 달리하셨다는 얘기를 들었다. 조문객이라곤 손에 꼽을 정도로 적었고, 그마저도 조문을 마치자마자 하나둘 떠나갔다. 나는 홀로 집으로 돌아왔다. 몸은 피곤했지만, 쉽게 잠이 오지 않았다. 사람이라면 누구나 죽음을 피할 수 없다는 사실을 알고는 있었지만, 막상 내가 아는 가까운 사람이 세상을 떠나는 모습을 지켜보니 마음이 복잡했다. 그분의 마지막을 생각할수록 나도 언젠가는 이렇게 쉽게 죽음을 맞이할 수 있겠구나 하는 불안감이 엄습했다. 그렇다면 나는 지금까지 무엇을 위해 살아왔고, 앞으로는 무엇을 위해 살아가야 할지 깊은 의문이 들었다. 몸이 점점 힘들어져 가면서, 마음 한구석에서는 정체를 알 수 없는 불안과 허무함이 소용돌이쳤다. 억지로 눈을 감고 잠을 청해 보려 했으나 잠에 쉽게 들지 못했다. 그러다 간신히 한두 시간쯤 졸았던 것 같다. 그런데 그 순간, 내 마음 깊은 곳에서 어떤 목소리가 들려왔다.

"뭔가… 더 높은 진실이 있을 거야. 찾을 수 있다면… 이 고통도 끝날 것 같아."

그 목소리는 단순한 생각이 아니었다. 마치 누군가 내게 암호를 속삭이는 듯했다. 그 단순한 문장이 내 마음에 깊이 박혀 지워지지 않았다.

절망 속에서 나는 신에게 물었다. "왜? 왜 이런 고통을 주십니까? 이게 당신의 뜻입니까?"

그날 밤, 잠도 이루지 못하고 뒤척이다가 겨우 눈을 붙였을 무렵 나는 이상한 꿈을 꾸었다. 꿈속에서 한 형체가 나타나 말했다. "고통의 끝은 깨달음에서 온다. 길을 찾으려면 가장 오래된 지도를 펼쳐라." 그리고 그 형체는 내게 한 권의 낡은 책을 가리켰다.

깨어났을 때, 땀으로 흠뻑 젖어 있었다. 침대 옆 책장을 보니 오래된 성경 한 권이 놓여 있었다. 우리 집에 성경이 있었는지도 몰랐다. 그 책이 언제부터 거기에 있었는지 알 수 없었다. 하지만 이상하게도 그 책이 그 자리에 있어야만 했던 이유가 있었던 것처럼 느껴졌.

나는 책을 펼쳤다. 그리고 놀랍게도, 그 안의 구절들이 전에 보지 못했던 방식으로 눈에 들어오기 시작했다.

"나는 길이요, 진리요, 생명이라." "생명으로 인도하는 문은 좁고 그 길이 협착하다."

구절 하나하나가 내게 말을 거는 듯했다. 페이지를 넘길수록, 성경의 구절들이 단순한 종교적 교훈이 아니라 무언가를 가리키는 암호처럼 느껴졌다. 특정 단어들이 연결되고, 숫자와 구조가 마치 지도처럼 보였다. 그리고 누군가가 내 귓가에 낮은 목소리로 속삭이는 듯했다.

'이 책은 길을 잃어버린 자를 위한 지도다. 깨달음의 길은 숨겨져 있으나, 찾는 자에게는 열린다.'

그 순간 나는 알았다. 사람들이 삶의 목적과 진리를 찾기 위해 먼 길을 헤맸지만, 해답은 늘 가까운 곳에 있었다는 것을. 이건 단순한 우연일 리 없었다.

고통과 혼란 속에서 생존의 열쇠를 찾으려면 신이 숨겨 놓은 숙제를 풀어야만 했다. 나는 결심했다. 이 책을 끝까지 읽고, 그 안에 숨겨진 지도를 발견하리라. 그리고 깨달았다. 길은 이미 성경 속에 있었다. 그것은 단순한 종교적 가르침이 아니라, 더 깊은 진리를 향한 초대장이었다.

그날 이후로 나는 새로운 여정을 시작했다.
"깨달음으로 가는 지도는 숨겨져 있지만, 찾으려는 자만이 그 지도를 발견할 수 있다."

The path is not lost, only hidden by clouds of doubt.
길은 잃은 것이 아니라, 의심의 구름에 가려져 있을 뿐이다.

- 티베트 속담

1. 잃어버린 길의 안내서

성경이란 무엇인가?

1-1) 성경, 사람(Human)에 대한 설명서(說明書, Manual)

우리는 살아가면서 수많은 물건, 예술품 그리고 건축물들과 마주합니다. 레오나르도 다빈치의 명작 같은 예술 작품이나 벤츠의 세련된 자동차, 웅장한 건축물을 보며 이렇게 생각하곤 합니다. "이건 누가 만들었을까?" 궁금증이 생기고, 결국 누군가의 창의적 머리와 손길이 이를 탄생시켰다는 답을 찾게 됩니다. 심지어 우리가 매일 사용하는 학용품, 옷, 가구 같은 평범한 물건조차도 누군가의 설계와 노력으로 만들어졌음을 알고 있습니다.

그런데 문득 이렇게 질문을 던져 보면 어떨까요? "당신은 누가 만들었습니까?" 아마 대부분은 주저하지 않고 "어머니와 아버지요!"라고 대답할 것입니다. 맞습니다. 우리는 부모님을 통해 세상에 태어났습니다. 하지만 여기서 한 걸음 더 나아가 생각해 보면, 부모님도 그 위의 부모님이 계시고, 또 그 위로 올라가면 우리의 첫 조상에게 닿게 됩니다. 그렇다면, 첫 조상은 누가 만들었을까요? 이 질문은 필연적으로 세상의 시작과 창조주라는 존재에 대해 생각해 보게 합니다.

창조론과 진화론의 논쟁

세상의 시작에 대한 물음은 과학자와 종교학자들 사이에서 여전히 뜨거운 논쟁거리입니다. 창조론과 진화론은 이 질문의 답을 각기 다르게 제시합니다. 이 주제는 뒤에서 자세히 다룰 예정이지만, 간단히 요약하자면 이렇습니다.

진화론의 핵심은 생명체가 단세포 생물, 예를 들어 아메바 같은 존재에서 시작해 수십억 년 동안 점진적으로 진화하여 오늘날의 사람에 이르렀다는 주장입니다. 이 이론은 생명의 기원과 발전 과정을 설명하려 하지만, 중요한 맹점이 있습니다. 바로 생물 종 간의 '연속적인 진화의 중간 단계', 즉 중간 형태를 나타내는 화석들이 발견되지 않았다는 점입니다. 예를 들어, 원숭이와 말 사이의 중간 단계가 명확히 드러나는 화석이 존재하지 않습니다(예: 머리는 말 + 팔은 원숭이와 같은 존재의 화석). 이는 진화론의 약점으로 종종 지적되곤 합니다.

또한, '진화의 끝'이 없다는 점을 지적할 수 있습니다. 진화론은 용불용설에 근거하여 진화가 이루어진다는 논리입니다. 예를 들어, 독서를 많이 하여 눈을 많이 사용하면 눈이 4개의 사람이 태어난다고 가정할 때, 이런 사람이 결혼하면 후손에게 눈이 8개가 태어날 것이라고 말할 수 있습니다. 그러나 우리는 이러한 경우를 진화가 아닌 기형아의 출현으로 표현합니다. 왜냐하면 역사상 이런 일은 발생하지 않았고, 설령 있었다고 해도 그 연속성은 전혀 존재하지 않았기 때문입니다. 그렇다면 '진화의 끝'은 무엇일까요? 이 질문은 진화론의 한계와 그 끝을 묻는 중요한 문제를 제기합니다.

반면, 창조론은 세상과 사람이 어떤 지적 존재, 즉 창조주에 의해 만들여졌다는 주장을 펼칩니다. 이 관점에서 보면 세상의 모든 것은 설계와 의도로 탄생한 결과물입니다. 마치 우리가 물건을 만들 때 설계도나 사용 설명서가 필요하듯, 창조된 사람 또한 삶을 살아가는 데 필요한 지침서가 있을 것이라는 논리입니다.

성경: 창조주의 매뉴얼

저 역시 학창 시절에는 진화론을 의심 없이 받아들였습니다. 과학 시간에 배운 진화론은 논리적으로 보였고, 당연한 진실처럼 여겨졌으니까요. 하지만 시간이 지나고 진화론의 맹점을 알게 되면서 생각이 달라졌습니다. 이제 저는 창조론을 믿고 있으며, 창조주의 작품인 사람에게도 그에 맞는 설계도가 존재한다고 확신합니다. 그리고 그 설계도 중 하나가 바로 성경이라는 것을 깨달았습니다.

성경을 완독한 후, 저는 성경이 단순한 종교 서적에 그치지 않는다고 생각합니다. 그것은 창조주가 사람에게 선물한 삶의 안내서이며, 우리를 사람답게 살아가도록 돕는 매뉴얼이라고 봅니다. 성경은 참된 선을 행하고 악을 피하는 방법을 알려 줍니다. 그리고 살아서도, 죽어서도 궁극적으로 천국이라는 목적지에 도달할 수 있도록 길을 제시해 줍니다.

우리가 받은 설계도의 가치

생각해 보면, 우리가 어떤 물건을 사용할 때 사용 설명서가 없으면 당황하기 쉽습니다. 어떤 버튼을 눌러야 할지, 어떤 순서로 조립해야 할지 알 수 없기 때문입니다. 사람의 삶도 마찬가지입니다. 성경은 우리에게 복잡한 인생의 사용법을 알려 주는 소중한 지침서입니다. 무엇이 옳은 길인지, 어떤 선택이 진정으로 유익한지 그리고 우리가 왜 존재하는지를 설명해 줍니다.

결국, 우리가 매일 보는 세상 속 수많은 물건처럼 우리 자신도 누군가의 설계로 만들어진 존재임을 깨닫게 됩니다. 성경을 통해 창조주의 의도를 이해하고, 그에 따라 살아간다면 우리의 삶은 더 풍성해지고, 목적 있는 여정이 될 것입니다.

1-2) 어떻게 만들어졌는가?

성경이 어떻게 만들어졌는지에 대해 질문을 던지기 전에, 먼저 "당신은 성경을 얼마만큼 믿습니까?"라는 질문을 스스로에게 해 보는 것이 중요합니다. 신앙심이 깊은 사람들 중 일부는 구약에 대해서는 믿기 어려운 부분이 있지만, 예수님의 영적 행적에 대해서는 거의 모두 믿고 있다고 말합니다. 구약의 많은 이야기가 과학적으로 이해하기 어렵거나 그 역사적 맥락을 이해하는 데 어려움이 있을 수 있기 때문입니다. 하지만 예수님의 삶과 가르침에 대해서는 그 신성한 본질을 확신하며 믿는 사람들이 많습니다.

그렇다면 누군가 필자에게 동일한 질문을 한다면, 저는 이렇게 대답할 것입니다.

"저는 성경을 90% 믿습니다." 그 이유는 무엇일까요? 바로 신약의 일부 내용, 특히 복음서들 사이에서 동일한 사건에 대한 서술이 상이한 부분들이 있기 때문입니다. 예를 들어, 예수님께서 십자가에 못 박히시고 돌아가시기 전, 그와 함께 처형된 좌도와 우도의 이야기가 나옵니다. 같은 사건임에도 불구하고, 마태복음, 마가복음, 누가복음, 요한복음에서 그 사건을 다루는 방식이 조금씩 다릅니다. 이는 각 복음서가 저자들의 관점에 따라 다르게 서술되었기 때문일 수도 있지만, 그 안에 고의적인 변형이 있었다고 생각하는 사람들도 있습니다. 저는 이러한 부분을 제외하고는 성경의 이야기들이 하나의 사건으로서 의미를 지닌다고 믿습니다.

성경은 구약과 신약으로 나뉘어 있습니다. 구약은 예수님의 탄생 이전의 사건들을 기록한 책들이며, 신약은 예수님의 탄생 이후 그가 행하신 일들과 복음의 메시지를 담고 있는 서적들입니다. 구약은 주로 모세와 각 선지자의 '영감'을 통해 기록되었다고 알려져 있습니다. 그런데 구약을 자세히 들여다보면, 그 내용은 기승전결이 매우 완벽하게 구성되어 있으며, 등장하는 인물들의 내면세계가 매우 세밀하게 묘사되어 있습니다. 예를 들어, 구약의 여러 구절을 읽어 보면, 단순한 사건의 전개뿐만 아니라 인물들의 감정과 속마음까지도 깊이 있게 표현되어 있다는 것을 알 수 있습니다. 이러한 점은 단순히 사람이 쓴 책이 아니라, 영감을 받아 기록된 책임을 강하게 느끼게 합니다.

이와 같은 세밀한 묘사는 성경이 단순한 역사적 기록이나 문학적 작품을 넘어서, 사람의 내면과 영적인 깊이를 이해하려는 의도가 담겨 있음을 나타냅니다. 성경의 구약과 신약은 하나의 큰 이야기를 구성하며, 그 이야기는 각기 다른 시각과 방식으로 진리를 전하고 있습니다. 우리는 이를 통해 하나님과 사람 그리고 그들 간의 관계를 깊이 이해하고, 신앙의 진리를 깨달을 수 있습니다.

『※ 참고로, 본 저서에 사용된 성경 인용은 1611년 영국 왕실에서 발행한 English King James Bible(이하 KJV)을 기반으로 하였습니다. 이 영어 성경은 현재 "공공 도메인(Public domain)"에 속해 누구나 자유롭게 인용할 수 있습니다.

독자들의 이해를 돕기 위해, 저자는 KJV 영문 원문을 직접 참조하여 번역하였으며, 문맥의 흐름을 비교하기 위해 공공 도메인인 개역한글 성경을 참고하였습니다. 또한, 이를 현대적 언어로 재해석하여 구성하였습니다. 아울러, 성경 본문 다음에 제시된 "해설"은 저자의 개인적인 관점에서 작성된 것임을 알려 드립니다.』

[출애굽기 3:4-13] 하나님께서 모세가 가까이 오는 것을 보시고 그를 부르셨습니다. "모세야, 모세야!" 모세가 대답했습니다. "네, 여기 있습니다." 하나님께서 말씀하시기를 "이곳은 거룩한 땅이니, 네 발에서 신을 벗어라." 그리고 하나님은 자신을 소개하며 말씀하셨습니다. "나는 네 조상의 하나님, 아브라함의 하나님, 이삭의 하나님, 야곱의 하나님이다." 모세는 하나님을 두려워하여 얼굴을 가리고, 그분을 뵙지 않으려 했습니다.

하나님께서 계속해서 말씀하셨습니다. "내 백성이 이집트에서 고통받고 있는 것을 내가 분명히 보았다. 그들의 고통과 슬픔을 내가 들었고, 그들이 감독자들의 손에 괴로워하는 것도 알았다. 그래서 내가 그들을 이집트에서 건져 내어, 그들을 좋은 땅과 넓은 땅, 젖과 꿀이 흐르는 땅으로 인도할 것이다. 그 땅은 가나안 사람, 헷 사람, 아모리 사람, 브리스 사람, 히위 사람, 여부스 사람의 땅이다." "이제 이스라엘 자손의 탄식이 내게 닿았고, 이집트 사람들이 그들을 괴롭히는 것도 내가 보았다. 그래서 이제 가서 내가 너를 파라오에게 보내어, 내 백성 이스라엘 자손을 이집트에서 인도해 낼 것이다." 모세가 하나님께 말씀드렸습니다. "제가 누구이기에 파라오에게 가며 이스라엘 자손을 이집트에서 인도해 낼 수 있겠습니까?" 하나님께서 말씀하셨습니다. "나는 반드시 너와 함께 있을 것이다. 그리고 내가 너를 이집트에서 인도해 낸 후, 너희가 이 산에서 하나님을 섬기게 될 것이다. 이것이 내가 너를 보내는 증거가 될 것이다." 모세가 하나님께 말했습니다. "제가 이스라엘 자손에게 가서 그들에게 말할 때, '너희의 조상들의 하나님이 나를 너희에게 보냈다'라고 말하면, 그들이 저에게 '그분의 이름은 무엇인가?'라고 물을 것입니다. 그들에게 어떻게 대답해야 하겠습니까?"

모세의 속마음을 저자는 어떻게 알 수 있었을까요?

[사무엘하 6:16-23] 다윗이 여호와의 언약궤를 기쁨으로 맞이하려고 성읍으로 들어올 때, 사울의 딸 미갈이 창문을 통해 다윗왕이 여호와 앞에서 춤추며 기뻐하는 모습을 보고 마음에 그를 업신여겼습니다. 언약궤가 다윗 성에 들어가자, 다윗은 그것을 장막에 두고 하나님 앞에서 제사를 드린 후, 번제와 화목제를 드리고 백성들에게 떡 한 덩이와 고기 한 조각, 건포도 떡을 나누어 주며 축복하였습니다. 다윗이 축복을 마치고 집으로 돌아가자, 사울의 딸 미갈이 그를 맞으며 말했습니다. "이스라엘의 왕이 오늘은 어떻게 영광을 돌리셨습니까? 저 천한 여종들 앞에서 그렇게 춤추고 옷을 벗고 다니시다니!" 그러자 다윗이 대답했습니다. "여호와께서 나를 선택하시어 아버지의 집을 넘어서 이스라엘 백성 위에 세우셨고, 나는 여호와 앞에서 기뻐하며 춤을 춘다. 나는

여호와 앞에서 더욱 낮아지고, 그분 앞에서 더 겸손하게 될 것이다. 그러나 당신이 말한 여종들 앞에서 나는 더욱 높아질 것이다." 그 후, 사울의 딸 미갈은 다윗을 경멸하며, 평생 자식이 없게 되었습니다. (해설: 다윗의 아내 미갈은 다윗이 왕으로서의 품위를 잃었다고 속으로 판단하였습니다. 미갈은 다윗이 왕이지만, 그가 하나님 앞에서 천진난만하고 겸손한 모습으로 행동하는 것을 이해하지 못했을 것입니다. 그러나 다윗은 비록 왕이라는 높은 자리에 있음에도 불구하고, 하나님 앞에서는 항상 순수하고 아기 같은 마음으로 나아갔습니다. 그는 자신의 권위나 지위를 내세우지 않고, 오히려 하나님과의 관계에서 겸손하고 순수한 신앙을 보여 주었습니다. 이러한 모습은 왕으로서의 품위보다는 하나님을 향한 진심 어린 마음을 더 중요시 여긴 다윗의 신앙적 자세를 잘 드러냅니다.)

미갈은 다윗을 마음속으로 미워했다는 사실을 성경을 기록한 사람들은 어떻게 알 수 있었을까요?

성경을 '영감'으로 작성되었다고 말하는 이 표현을 오늘날의 언어로 바꾸면, 마치 '3D 입체로 그 상황을 영화처럼 보며 각 주인공의 속마음까지 볼 수 있게 되었다'라고 할 수 있습니다. 고대에는 영화나 현대적인 매체가 존재하지 않았기 때문에, 이를 '영감'이라는 표현으로 설명했을 것입니다. 하나님께서는 그 시대의 선지자들에게 특별한 영적 경험을 주셔서, 그들의 눈과 마음을 통해 사건의 본질을 명확히 보게 하셨고, 그 내용을 글로 기록하도록 하셨습니다.

성경은 여러 저자가 다양한 시기에 기록한 책들의 모음으로, 오늘날 우리가 아는 성경이 제작되기까지 긴 역사와 과정을 거쳤습니다. 먼저 구약은 초기에 이야기가 구전(입에서 입으로 전달)으로 전해졌습니다. 시간이 흐르면서 기록으로 보존되기 시작했으며, 가장 오래된 문서는 모세오경(창세기, 출애굽기 등)입니다. 유대교에서 성경으로 인정한 책들은 타나크로 부릅니다. 타나크는 율법(토라), 예언서(네비임), 성문서(케투빔)로 구성되어 있습니다.

예수님 이후의 기록인 신약 역시 초기에는 예수님과 12제자들이 함께한 사건들을 중심으로 전해졌습니다. 그러나 안타깝게도, 시간이 흐르며 신약의 많은 부분이 소실되었고, 12제자들이 직접 기록한 내용도 거의 남아 있지 않습니다. 현재 우리가 접하는 신약 복음서는 예수님의 사후 약 80~100년경에 작성된 것으로, 마태, 마가, 누가, 요한 네 권으로 구성되어 있습니다. 이 복음서들은 초기 기독교 공동체의 전승을 바탕으로 기록되었으며, 이후 로마 가톨릭교회는 바울의 서간문을 포함하여 오늘날의 신약 성경을 완성했습니다.

네 복음서 중 가장 오래된 것으로 알려진 마가복음은 예수님 사후 약 80년경에 작성되었습니다. 흥미롭게도, 예수님께서는 새로운 종교를 창시하려는 목적이 아니라, 유대교의 율법을 완성하고 그 가르침을 확립하기 위해 오셨습니다. 그는 구약의 율법을 완성하는 것을 사명으로 삼으셨으며, 그의 가르침은 구약의 정신을 충실히 이어받고 있습니다.

하나님께서는 예수님의 초기 말씀들이 시간이 지나 소실되거나 변형될 가능성을 이미 예견하시고, 진리를 찾는 이들을 위해 특별한 경로를 마련해 놓으셨습니다. 진리는 단순히 모든 이에게 드러나는 것이 아니라, 진심으로 그것을 추구하는 사람들에게만 깨달음을 허락하셨습니다. 따라서 신약의 복음서들이 시간이 흐르며 일부 내용이 변하거나 소실되었더라도, 진리를 갈망하는 사람들에게는 여전히 하나님의 뜻을 이해하고 받아들일 수 있는 길이 열려 있습니다.

[마태 11:15] "들을 귀 있는 사람은 들어라."

1-3) 성경의 종류

성경은 크게 두 가지 종류로 나뉩니다. 하나는 천주교 성경, 또 다른 하나는 개신교 성경입니다. 개신교 성경은 다시 킹 제임스(KJV) 성경과 개역 성경, NIV 등 다양한 성경으로 나눠집니다. 천주교 성경은 외경 7권을 포함하여 총 73권(구약 46권, 신약 27권)으로 구성되어 있습니다. 반면, 개신교 성경은 66권(구약 39권, 신약 27권)만을 정경으로 채택하고 있으며, 이는 종교 개혁 당시 마틴 루터가 외경 7권을 제외하면서 확립되었습니다.

이 중에서 특히 중요한 성경은 바로 '킹 제임스(KJV)' 성경입니다.

중세 시대, 유럽의 중심에 있던 로마 가톨릭교회는 성경을 신성시하며, 일반인이 이를 읽는 것을 제한했습니다. 성경은 주로 라틴어로만 기록되었고, 성직자들만 해석할 수 있었죠. 그런데 역사를 바꿀 만한 한 사건이 일어나게 됩니다.

영국의 제임스왕이 성경 번역에 나서게 된 배경에는 흥미로운 이야기가 있습니다. 당시, 유럽에서는 교황이 왕보다 더 큰 권위를 가진 것으로 여겨졌습니다. 헨리 8세가 이혼 문제로 교황청과 갈등을 빚었던 일이 이를 잘 보여 줍니다. 그는 자신의 첫 번째 아내인 캐서린 아라곤과 이혼하려 했으나, 교황청이 이를 승인하지 않자 가톨릭교회로부터 잉글랜드를 분리했으며, 영국 국교회를 설립하여 종교 개혁을 주도했습니다. 이러한 배경 속에서 제임스왕은 자신의 왕권을 지키고, 종교적 통합을 이루기 위해 결단을 내립니다. 그는 라틴어 성경에 대한 독점권을 깨고, 성경의 본래 메시지를 국민 모두가 직접 읽고 이해할 수 있도록 히브리어와 그리스어 원본을 바탕으로 영어 번역 작업을 지시했습니다. 이 과정에서 47명의 학자가 참여하여, 1611년에 마침내 킹 제임스 성경이 탄생하게 됩니다. 킹 제임스 성경은 단순히 종교적 경전을 넘어, 영어권 문화와 언어에 막대한 영향을 끼쳤습니다. 흥미롭게도, 오늘날 미국 대통령이 취임 선서를 할 때 사용하는 성경도 바로 이 킹 제임스 성경입니다.

이러한 노력은 성경이 특정 계층의 전유물이 아니라, 모든 신앙인이 직접 접할 수 있는 책이 되어야 한다는 제임스왕의 의지를 보여 줍니다. 반면, 로마 가톨릭교회는 이에 대응하여 수정된 라틴어 기반의 성경을 제작하고 이를 보급하기 시작했으며, 이는 천주교 성경의 기틀이 되었습니다.

킹 제임스 성경은 지금까지도 세계적으로 가장 많이 읽히는 성경 중 하나로, 신앙과 역사의 경계를 넘어 많은 이들에게 영감을 주고 있습니다.

킹 제임스 성경은 여러 장점이 있어 오늘날까지 많은 사랑을 받고 있습니다. 그중에서 중요한 특징은 다음과 같습니다:

1) 다양한 구절을 포함한 전통적 본문 유지

킹 제임스 성경은 번역 당시 사용된 사본의 특성상, 현대 번역본에서 제외된 구절들을 포함하고 있어 전통적인 본문 흐름을 제공합니다. 이는 성경을 읽는 이들에게 풍부한 내용을 전달하는 데 도움을 줍니다.

2) 번역의 정확성과 깊이(과잉 번역이 적다)

킹 제임스 성경은 히브리어와 그리스어 원문에서 영어로 번역되었습니다. 현대 한국어 성경들은 주로 원문에서 직접 번역되었지만, 킹 제임스 성경은 오랜 번역 전통 속에서 성경의 의미를 충실히 전달하는 데 중점을 두었습니다. 영어에 대한 기본적인 이해가 있다면, 기존 다른 성경에서 나타나는 번역상의 차이를 쉽게 파악할 수 있습니다. 예를 들어, 신약에서 예수님이 병자를 고치실 때 사용된 'Healed'나 'Made Whole'이라는 단어는 본래 '치료하다'라는 의미를 지닙니다. 그러나 일부 번역본에서는 이 단어를 '구원하다'라는 영적 의미로 해석하여 번역하는 경우도 있습니다. 성경 언어에서는 문맥에 따라 '구원'과 '치료'가 동시에 포함될 수 있는 경우가 있지만, 이 단어의 본래 의미에서 벗어난 과잉 해석이 발생될 소지가 있다고 봅니다.

예1) [마태 9:21-22] 그 여인은 마음속으로 "내가 그의 옷자락만이라도 만지면 낫게 되리라" 생각했습니다. 그리고 예수께서 지나가시던 중, 그녀는 뒤에서 다가가 예수님의 옷자락을 만졌습니다. 예수께서 돌아보시며 그녀를 보시고 말씀하셨습니다. "딸아, 네 믿음이 너를 치료하였다. 평안히 가라." 그 여인은 그 순간 낫게 되었습니다.
For she said within herself, "If I may but touch His garment, I shall be whole." But Jesus turned around, and when He saw her, He said, "Daughter, be of good comfort; thy faith hath

made thee whole." And the woman was made whole from that hour.
(※ 대부분의 다른 성경 번역은 '치료' 대신 '구원'이라는 표현을 사용하지만, 여기서는 '치료'라는 의미를 강조하였습니다.)

예2) [마태 14:28-30] 그때 베드로가 예수께 말했습니다. "주님, 만약 당신이 맞다면 저에게 물 위로 걸어오라고 명령해 주세요." 예수께서 "오라."라고 말씀하셨습니다. 그러자 베드로는 배에서 내려 물 위로 걸어 예수께 나아갔습니다. 그런데 바람이 강하게 불자, 베드로는 두려워하며 물에 빠졌고, "주님, 저를 구해 주세요!" 하고 소리쳤습니다.
And Peter answered him, saying, "Lord, if it be thou, bid me come unto thee on the water." And he said, "Come." And when Peter was come down out of the ship, he walked on the water, to go to Jesus. But when he saw the wind was boisterous, he was afraid; and beginning to sink, he cried, saying, "Lord, save me."
(※ 여기 외 다른 구절들에도 대부분 다른 성경들은 '구해 주세요'라는 의미 대신 '구원'이라는 표현을 사용)

다른 성경에서 'Save'라는 영어 단어는 일반적으로 '구원'으로 번역되지만, 그 본래 의미는 단순히 '위험에서 벗어나다' 또는 '위험한 곳에서 탈출하다'입니다. 그러나 교회에서는 이를 사후 세계와 연결지어 '지옥에서 벗어나 천국에 가는 것'으로 이분법적으로 해석하는 경향이 있습니다. 실제로 'Save'는 위험에서 구출된다는 의미이지만, 예수의 손길만으로 천국에 간다는 식의 단순한 해석은 오해를 불러일으킬 수 있습니다.

저의 관점은 천국에 가는 것을 단순히 '위험에서 벗어나는 것'만으로 이해할 수 없다고 생각합니다. 천국에 가는 일은 결코 쉬운 일이 아니며, 많은 사람이 사후 세계에서의 심판, 천국과 지옥, 또는 윤회와 같은 다양한 상태를 경험할 수 있다고 보는 해석이 더 합리적일 수 있다고 생각합니다. (자세한 내용은 '4. 윤회와 전생의 흔적: 성경에 나오는 윤회와 전생의 비밀'을 참고하시기 바랍니다.)

그리고 좀 더 깊이 있는 연구를 원하신다면, 필자는 천주교 성경에 포함된 외경과 그 외의 복음서를 읽어 보시기를 권장합니다. 외경 7경은 '유딧, 토비트, 바룩, 지혜서, 집회서, 마카베오기 상권, 마카베오기 하권'으로 구성되어 있습니다. 이 중 특히 지혜서와 집회서는 사람 관계, 가족 관계, 이웃 관계, 상사와의 관계 등에 대한 명확한 지혜의 말씀을 담고 있어서 일상생활에서 도움이 될 수 있는 귀중한 교훈을 제공합니다. 이들은 성경의 정경과 함께 읽었을 때, 더 깊은 깨달음과 통찰을 제공할 것입니다.

※ 킹 제임스 성경이 나오기 前, 성경을 영어 혹은 그 나라 언어로 번역한 사람은 즉시 화형에 처하는 형벌을 내렸습니다.

[존 폭스의 《폭스의 순교사》에 나오는 William Tyndale, 1494-1536, 1536년의 화형 장면 삽화: 고대 그리스어(헬라어) 성경을 영어로 최초 번역하여 화형에 처하는 형벌을 받음, 그는 교회의 권위에 도전하여 영국 백성들이 성경을 읽을 수 있도록 싸웠으며, 향후 King James Bible의 출현에 중요한 영향을 미침]

 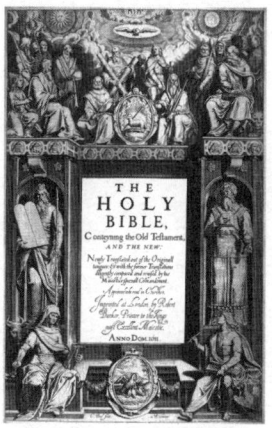

[Grand Lodge, 킹 제임스(1567-1625)와 킹 제임스 성경]

The spirit grows strong in the face of challenges.
영은 도전을 마주할 때 강해진다.

- 티베트 속담

2. 사람은 어떻게 구성되었는가?

영(Spirit, 靈), 혼(Soul, 魂),
육(Body, 肉)에 대한 이해

성경이나 종교 서적을 이해하기 전에 반드시 알아야 할 중요한 개념이 있습니다. 그것은 바로 사람의 구성 요소에 대한 이해입니다. 사람은 영(靈), 혼(魂), 육(肉)으로 이루어져 있다는 사실입니다. 많은 종교 지도자들은 종종 '영혼'이라는 개념을 하나의 '세트'로 판단하여 여러 가지 오류를 범하기도 합니다. 그러나 실제로 영과 혼은 완전히 별개의 존재입니다.

동양뿐만 아니라 고대 서양에서도 영과 혼을 별개의 개념으로 인식하였습니다. 하지만 중세 시대 성경의 변형 이후 서양에서는 영과 혼을 하나의 개념으로 잘못 이해하기 시작한 것입니다. 고대 언어, 특히 히브리어와 헬라어의 원어를 살펴보면, 영과 혼이 명확히 구별되는 단어이자, 요소임을 알 수 있습니다.

고대 히브리어에서는 '루아흐'(영)와 '네페쉬'(혼)라는 단어가 각기 다른 의미를 가지며 사용되었고, 헬라어에서도 '프뉴마'(영)와 '프쉬케'(혼)가 각기 다른 개념을 나타냅니다. 이는 사람 존재를 이해하는 데 있어 중요한 차이를 만듭니다.

구분	혼	영
히브리어 (고대 이스라엘어)	נֶפֶשׁ (네페쉬, nepesh)	רוּחַ (루아흐, ruach)
헬라어 (알렉산더 = 고대 그리스어)	ψυχή (프쉬케, pshche)	πνεύμα (프뉴마, Pneuma)

영은 인간 안에서 신성과 연결되는 통로 역할을 합니다. 고대 히브리 관점에서는 하나님의 영(성령)이 사람에게 생명을 불어넣고, 그 영을 통해 사람이 신과 소통한다고 여겼습니다. 영은 물질세계를 초월한 존재의 차원으로, 사람과 신을 연결하는 매개체로 작용합니다. 아울러 영은 하나님과 사람의 관계를 이해하는 데 중심적인 역할을 합니다. 이는 사람이 단순히 물리적 존재를 넘어 신성과 연결될 수 있는 가능성을 열어 줍니다.

혼은 인간의 뇌에서 발생하는 모든 정신적 활동을 포괄하는 개념으로, 희로애락과 같은 감정, 생각, 의지, 지성 등을 아우릅니다. 이는 뇌와 깊이 연결되어 있으며, 우리의 자아와 일상적인 경험을 형성하는 중심 역할을 합니다. 예를 들어, 기쁨과 슬픔 같은 감정, 미래를 계획하는 능력 그리고 이성적인 판단력 등은 모두 혼의 작용으로 이해할 수 있습니다.

이 두 개념은 각기 다른 역할을 하며 이 둘을 구분하여 이해하면, 인간 존재에 대한 더 깊은 통찰을 얻을 수 있습니다. 영은 신적인 차원과 연결된 초월적인 측면을, 혼은 일상과 현실 속에서 우리의 삶을 만들어 가는 정신적 측면을 보여 줍니다.

성경에 나와 있는 영과 혼에 대한 구절은 다음과 같습니다.

영에 대한 성경 구절

[마가 1:26] 그 더러운 영이 그 사람에게 발작을 일으키며, 큰 소리로 소리치고는 그를 떠나갔습니다.
[시편 77:3] 내가 하나님을 기억하고 불안하여 불평하였더니, 내 영이 슬픔으로 가득 찼습니다.
[전도서 12:7] 그때에 흙은 원래 있던 대로 땅으로 돌아가고, 영은 그것을 주신 하나님께로 돌아가리라. (해설: 육체는 땅으로 돌아가고, 영은 하나님께로 돌아갑니다.)
[욥기 4:15] 그때 한 영이 내 앞을 지나가며 내 몸의 털이 곤두섰습니다.
[욥기 10:12] 주께서는 나에게 생명과 은총을 베푸셨으며, 주의 돌아보심이 내 영을 지켜 주셨습니다.
[욥기 15:13] 너는 네 영으로 주를 대적하여 돌아서게 하면서, 그런 말이 네 입에서 나오게 하느냐? (해설: 혼이 아닌 '영'으로 하나님을 대적한다고 표현했습니다.)
[욥기 20:3] 명철(깊은 이해력)의 영이 나로 하여금 대답하게 합니다.
[욥기 21:4] 내 불평이 사람을 향한 것입니까? 만약 그렇다면 왜 내 영이 불안하지 않겠습니까?
[욥기 32:8] 하지만 사람 안에는 영이 있으며, 전능하신 분의 영감이 사람들에게 깨달음을 주십니다.
[욥기 32:18] 내가 그 일로 가득 찼고, 내 안에 있는 영이 나를 압박하고 있습니다.

[욥기 33:4] 하나님의 영이 나를 지으셨고, 전능하신 분의 호흡이 내게 생명을 주셨습니다. (해설: 하나님께서 혼과 더불어 영을 넣어 주셨음을 의미합니다.)

[역대하 15:1-3] 하나님의 영이 오뎃의 아들 아사랴에게 임하셨고, 그 당시 이스라엘은 오랜 세월 동안 참 하나님도, 가르치는 제사장도, 율법도 없이 지냈습니다.

[에스라 1:1] 주께서 페르시아 왕 고레스의 영을 감동시키셨습니다. (해설: 하나님께서 페르시아 왕에게 예루살렘 성전을 건축하라고 명하셨다는 사실은 하나님께서 이스라엘 백성만의 하나님이 아니라, 모든 민족과 나라의 하나님이심을 보여 줍니다.)

[에스라 1:5] 그때 유다와 베냐민 족장들, 제사장들, 레위 사람들, 그리고 하나님께서 그들의 영을 감동시켜 주신 사람들이 모두 일어나, 예루살렘에 있는 주님의 성전을 재건하기 위해 나섰습니다.

[스카랴 12:1] 이스라엘에 관한 주님의 말씀입니다. 하늘을 펼치시고, 땅의 기초를 세우시며, 사람 안에 영을 지으신 주님께서 말씀하십니다.

혼에 대한 성경 구절

[열왕기상 17:21] 그가 자기 몸을 그 아이 위에 세 번 펴고 주께 부르짖어 말하기를 "오 주, 나의 하나님이여, 내가 간청하오니 이 아이의 혼이 그의 안에 돌아오게 해 주십시오."라고 하자.

[욥기 10:1] 내 혼이 내 삶에 지쳤으니, 내가 내 불평을 나 자신에게 두고 내 혼의 괴로움 속에서 말하겠다. (해설: 욥기에서 이 순간 괴로움은 혼의 괴로움으로 표현하였습니다.)

[욥기 12:10] 모든 생물의 혼과 모든 인류의 호흡이 그의 손 안에 있다. (해설: 동물도 혼이 있음을 말하며, 혼이 있기 때문에 필요에 의한 살생 시 눈을 가리고 안수를 한 후 생명을 거두는 경우가 많습니다.)

[시편 57:6] 그들이 내 걸음을 붙들고자 그물을 놓았고, 내 혼이 속아 넘어갔습니다. 그들이 내 앞에 구덩이(함정)를 팠으나, 그들 스스로가 그 한가운데로 빠졌습니다.

[시편 62:1] 진실로 내 혼이 주를 기다리니, 나의 구원은 오직 그분에게서 오는 것입니다.

[시편 77:2] 내가 내 고난의 날에 주님을 찾았고 밤에도 곪은 상처에서 피고름이 흘러나와 멈추지 않았습니다. 내 혼이 위로 받는 것을 거부하였습니다.

[잠언 3:22] 그것들이 네 혼에 생명이 되고, 네 삶에 은혜를 더할 것이다.

[전도 10:20] 네 마음(생각)속으로라도 왕을 저주하지 말고, 너의 방에서라도 부유한 이를 비난하지 마라. 그 이유는 공중의 새가 그 말을 전달하고, 날짐승이 그 소식을 공공연히 퍼져 나갈 수 있기 때문이다. (해설: 우리 주위에 혼들이 있기에 말을 함부로 하지 말고 생각도 함부로 하지 말라.)

영의 존재: 영은 아브라함이 나기 전부터 존재함

[창세기 1:2] 땅은 혼돈 상태였고, 공허하며, 깊은 어둠이 수면 위에 있었고, 하나님의 영이 수면 위를 움직이고 있었다. (해설: 킹 제임스 성경 창세기 1장 2절에서는 "하나님의 영"이 수면 위를 움직이고 계셨다고 표현합니다. 이는 창조 이전의 혼돈 상태 속에서 하나님의 영이 능

동적으로 개입했음을 상징적으로 보여 줍니다. 물과 영의 존재는 초기 창조 신학에서 중요한 상징으로, 물은 종종 생명과 정화, 혼돈을 나타내고, 영은 창조와 질서, 생명의 주체로 묘사됩니다. 특히 "하나님의 영"이 이미 존재했음을 강조한 점은 창조 과정의 시작부터 신적 존재의 초월성과 내재성을 동시에 보여 줍니다. 예수께서 "아브라함이 태어나기 전부터 나는 존재하였다."(요한복음 8:58)라고 말씀하신 것과 비교할 때, 영원성과 신성을 드러낸다는 점에서 신학적으로 연결 고리를 확인할 수 있습니다. 이는 창조의 주체로서 영의 본질을 이해하는 데 도움을 줄 수 있습니다.)

[요한 8:58] 진실로 진실로 내가 너희에게 말하겠느니 아브라함이 태어나기 전부터 나는 존재하였다.
[요한 17:24] 아버지시여, 내가 간구하오니 아버지께서 내게 주신 이들도 내가 있는 곳에 나와 함께 있게 하셔서, 그들로 하여금 아버지께서 내게 주신 나의 영광을 보게 해 주십시오. 이는 아버지께서 세상의 기초가 놓이기 전부터 나를 사랑하셨기 때문이십니다. (해설: 천지 창조 전부터 나를(나의 영을) 사랑하셨기 때문입니다.)

2-1) 사람 본질의 세 가지 차원: "영, 혼, 육"

사람의 본질에 대해 이해하려면 '영', '혼', '육'에 대한 구별이 필요합니다. 이들은 각각 독립적이고 중요한 역할을 수행하며, 각자의 특성과 기능을 지니고 있습니다.

1) 육(몸肉, Body): 육체는 사람의 물리적 존재를 의미합니다. 우리의 피부, 근육, 뼈 등 물질적 요소들이 결합되어 몸을 이룹니다. 몸은 세상의 물리적인 규칙과 영향을 받으며, 생물학적인 활동과 외부 환경과의 상호 작용을 통해 살아갑니다.

2) 혼(魂, Soul): 혼은 우리의 감정, 생각, 의지, 성격 그리고 정신적인 면을 포함하는 부분입니다. 쉽게 말해, 우리가 느끼고 생각하는 내면의 세계가 혼에 속합니다. 혼은 뇌 활동과 연결되며, 우리가 외부 자극에 대해 반응하거나 결정을 내릴 때 중요한 역할을 합니다. 혼은 우리의 인격과 성격을 형성하는 중요한 요소로 작용합니다.

3) 영(靈, Spirit): 영은 일반적으로 '양심', '직감', '마음'으로 표현됩니다. 영은 사람의 내면에서 영적 깨달음이나 직관을 통해 연결되는 영역으로, 하나님의 의도나 우주의 큰 법칙과 연결되어 있다고 할 수 있습니다. 사람만이 영을 가질 수 있으며, 동물들은 대체로 혼과 몸만을 지닌다고 할 수 있습니다.

영과 혼의 관계

많은 사람이 영과 혼을 동일시하거나 '영혼'이라는 개념으로 혼합해 이해합니다. 그러나 앞에서도 잠시 언급한 것처럼 고대 언어, 특히 히브리어와 헬라어에서는 영(Spirit)과 혼(Soul)을 분명히 다른 개념으로 구분했습니다. 이는 고대 동서양에서도 마찬가지였으며, 영과 혼을 별개의 존재로 인식했습니다. 다만 중세 시대에 성경 번역이 변형되면서, 동서양의 많은 사람이 이를 하나의 개념으로 혼동하게 되었습니다. (고대 동양에서는 혼과 영을 구분하면서도 삶과 죽음, 우주적 질서와 연결된 하나의 체계로 바라보았습니다. 특히 도교와 불교 사상에서는 혼과 영을 초월적 질서에 속한 에너지로 보고, 수행과 수련을 통해 영적 깨달음에 도달하려 했습니다.)

영적인 깨달음과 경험

영적인 깨달음은 단순히 종교적인 경험만을 의미하는 것이 아닙니다. 때로는 우리가 직면한 개인적인 어려움이나 실수, 실패 속에서 성찰을 통해 영적인 진리를 깨닫는 경우도 많습니다. 또한, 신성한 존재와의 연결을 넘어서, 자신의 과거와 현재를 돌아보며 자신을 변화시키는 과정이기도 합니다. 이러한 깨달음은 종종 자신의 내면에서 일어나는 직감적이고 신비로운 경험을 통해 얻어집니다.

전생과 현생의 기억

사람의 영은 그 자체로 전생을 포함한 과거의 기억을 간직하고 있습니다. 특히 전생의 기억은 우리 영에 '자동 저장'되어 있다는 관점에서, 우리 삶에서 일어나는 일들이 단순한 우연이 아니라 깊은 의미와 목적을 가지고 있다는 믿음을 형성할 수 있습니다. 예를 들어, 자신이 과거에 지었던 죄나 잘못에 대해 미안함을 느끼고, 그로 인해 지금의 상황에서 자신의 행동을 변화시키려고 하는 행동을 하는 경우에 해당됩니다.

영적 깨달음을 통한 변화

영을 통한 사람이 깨닫게 되는 영적 진리는 때때로 삶의 중요한 전환점이 됩니다. 그 과정에서 과거의 잘못을 되돌아보고, 용서와 회개를 통해 내면의 평화를 찾을 수 있게 됩니다. 또한, 이러한 변화는 타인과의 관계에도 긍정적인 영향을 미치며, 더 깊은 사람 이해와 상호 배려로 이어집니다.

옛 시골에서 소를 키워 본 사람들은 알겠지만, 소가 도축장으로 끌려갈 때 자기 죽음을 직감하고 눈물을 흘립니다. 집에서 기르는 애완동물도 반복적인 훈련을 통해 사람의 말을 이해할 수 있습니다. 성경을 보면, 구약에서 속죄제, 번제, 속건제 등 제사를 지낼 때 동물들을 제물로 바치게 되는데, 그때 동물들에게 안수를 하는 것을 볼 수 있습니다. 이 안수의 행위는 그 동물들의 혼을 달래는 의미가 있습니다.

대부분의 사람은 자신에게 영이 있음을 깨닫지 못한 채 삶을 마감합니다. 그러나 극히 일부의 사람들만이 자신의 혼(생각)이 영에 대해 깨달음을 얻고 이를 인식하는 데 이릅니다. 우리의 영에는 전생에 대한 기억이 저장되어 있으며, 만약 이를 볼 수 있다면 현재 자신이 처한 상황의 이유나 과거에 저지른 죄를 알 수 있게 됩니다. 이러한 전생의 기억을 통해 우리는 인생의 진리를 깨닫게 될 수 있습니다. 실제로 대부분의 성인들도 자신의 혼이 영을 보고 깨달음을 얻은 경험을 가진 경우가 많습니다.

그렇다면 우리가 영에 영향을 주는 순간은 언제일까요? 이는 감동적인 영화를 보거나 아름다운 음악을 들으며 카타르시스를 경험하고, 마음의 평온을 느끼는 순간과 유사합니다. 또한 깊은 감동과 깨달음을 얻었을 때도 영에 영향을 미치며, 저 역시 영적 체험을 통해 뇌와 척추 사이에서 강렬한 전율을 느낀 적이 있습니다. 이는 마치 오랫동안 풀리지 않던 문제가 해결되는 '유레카'의 순간처럼, 뇌와 척추 사이에서 강렬한 에너지를 체험한 것과 같았습니다.

저의 개인적인 경험을 잠시 나누자면, 인생에서 여러 가지 아픔과 고통을 겪으면서 저 자신에게 문제가 무엇인지 답을 찾기 시작한 적이 있었습니다. 그때 영적 체험으로 인해 깨달음을 얻게 되어서 자신을 돌아보게 되었고, 과거에 저지른 잘못들이 떠올랐습니다. 그 후, 용서를 구할 수 있는 사람들에게 찾아가서 사죄하고, 만날 수 없었던 사람들에게는 자주 회개 기도를 드렸습니다. 찾아갔던 사람들에게 사유를 설명하니 오히려 사과를 잘 받아 주었고, 관계도 더 좋아졌습니다. 그 후로는 하루하루 살아 있다는 것에 감사하며, 작은 일에도 행복을 느끼게 되었습니다. 사람들과의 관계에서 저의 태도도 완전히 바뀌었고, 조금 더 상대를 배려하고 긍정적인 마음을 가지게 되었습니다. 또한, 항상 마음속으로 죄를 쉽게 지어서는 안 된다고 생각하게 되었습니다.

영은 마음이나 양심과 같은 본질적인 부분이라고 할 수 있습니다. 그렇다면 이 영은 어떻게 형성될까요? 이는 전생과 현생에서의 기억들이 하나로 결합되어 형성된다고 볼 수 있습니다. 전생과 현생에서의 모든 경험과 감정은 우리 몸속에 있는 일종의 '영의 블랙박스'에 자동으로 저장됩니다. 이 과정은 마치 AI나 인간이 학습을 통해 지식을 축적하는 것과 비슷합니다. 결국, 영은 경험의 축적물이라 할 수 있습니다.

특히, 전생에서 저지른 죄에 대한 미안함, 혹은 누군가에 대한 안타

까움과 감사함 등의 감정이 영 속에 깊이 새겨지면서 양심이라는 형태로 드러나게 됩니다. 이러한 양심은 단순히 추상적인 개념이 아니라, 우리가 살아온 삶의 흔적과 경험이 응축된 결과물입니다. 즉, 영은 우리의 삶이 남긴 자취와도 같으며, 그 안에 담긴 기억과 감정들은 우리의 도덕적 판단과 내면의 가치를 형성하는 중요한 토대가 됩니다.

결국, '영'은 단순한 종교적 개념을 넘어서, 사람이 삶에서 경험하고 느끼는 모든 것들이 연결되어 있음을 깨닫게 해 주는 중요한 존재입니다. 그리고 '혼'은 우리가 살아가면서 접하는 모든 정신적, 감정적 경험을 기록하는 역할을 하며, '몸'은 이 모든 것을 실현하는 물리적 매개체로 존재합니다.

2-2) 죽음 이후의 세계: "끝인가, 새로운 시작인가?"

사람이 죽게 되면, 그 몸은 결국 땅으로 돌아가 썩게 됩니다. 과학적으로 보면, 육신은 부패하여 자연의 일부로 되돌아가고, 종교적으로는 하나님께서 사람을 흙으로 창조하셨기 때문에 흙으로 돌아간다고 믿습니다.

사람이 죽고 나면, 영과 혼은 바로 사후 세계로 넘어가지 않는 경우도 있습니다. 현세에서 약 7일 이내 머물다 사후 세계로 이동하는데, 요즘 한국에서는 3일장이나 5일장을 열지만, 예전에는 기본적으로 7일장이 일반적이었습니다. 모든 일에는 시작이 있으면 끝이 있듯이, 시작의 시간과 끝의 시간은 결국 같다고 할 수 있습니다. 이는 하나님께서 사람을 창조하신 후 7일의 안식일을 통해 사람에게 주신 시간의 의미와도 연결됩니다.

정상적인 죽음을 맞고 7일이 지나면, 대부분의 영혼은 사후 세계로 넘어갑니다. 동양인과 서양인 모두 사후 세계를 경험한 사람들은 강을 건너는 것 같은 체험을 했다고 말합니다. 그리고 사후 세계로 넘어가면, 영혼은 심판을 받게 됩니다. 이 심판은 40일 동안 지속되며, 자신의 잘한 점과 잘못을 깨닫게 되는 시간을 갖게 됩니다.

사람은 자신이 살아온 모든 일을 3인칭 시점에서 다시 보게 됩니다. 자신이 알았거나 몰랐던 모든 일들이 입체적으로 보이고, 그때 당시의 상대방의 마음 상태도 그대로 인식하게 됩니다. 이는 영에 저장된 모든 기록이 심판의 공간과 연결되어, 모든 기억과 마음을 동시에 볼 수 있는 형태입니다. 이를 간단히 말하면, 우리의 영은 블랙박스처럼 모든 것을 기록하는 장치와 같다고 할 수 있습니다.

예를 들어, 직장에서 누군가의 험담을 했다고 가정해 봅시다. 그 험담이 결국 제3자에게 전달되어 대상이 상처를 받고, 그날 술을 마시며 집으로 돌아가는 길에 불행히 교통사고를 당하게 되었다면, 사후 심판에서는 그 모든 과정과 결과를 영혼이 경험하게 됩니다. 이는 미처 알지 못했던 결과와 그로 인한 상처를 보게 되는 경험입니다. 그리고 이로 인해 양심의 가책을 받으며, 그런 일들을 모두 기억하게 되며 깊은 후회와 미안함을 느끼게 됩니다.

이렇게 사후 심판은 40일간 계속되며, 그 기간이 끝나면 영혼은 그에 맞는 장소로 분류됩니다. 대부분은 천국에 가고 싶어 하지만, 실제로 천국에 가는 것은 매우 어렵습니다. 천국은 세례자 요한, 예수, 석가와 같은 일정 수준 이상의 사람들만이 갈 수 있기 때문입니다. 천국에 가는 길이 어렵듯, 지옥도 그만큼 고통스러운 곳입니다. 지옥에서는 오랜 시간 동안 자신이 저지른 잘못을 돌아보며 깊은 반성과 후회를 겪게 됩니다.

사람들은 사후 세계에서 자신이 저지른 죄에 대해 계속해서 그 기억이 떠오르게 됩니다. 이로 인해 영혼은 계속 미안하고 후회하는 시간을 보내게 되며, 그 고통은 시간이 지날수록 더욱 커집니다. 이후, 일반적으로 일정 시간이 지나면 윤회를 하게 됩니다.

윤회를 하기 전에, 하나님은 혼에 있는 모든 기억을 지워 주십니다. 이 과정은 죄의 사함과 용서의 과정이기도 합니다. 하나님은 용서의 하나님, 공의의 하나님, 사랑의 하나님으로서 모든 것을 용서하고, 새로운 시작을 주십니다. 그러나 영에는 이전 생에서 쌓인 기억들이 여전히 남아 있습니다. 이로 인해, 윤회 후에는 감동적인 영화나 상대방의 고통에 공감하는 등 감정적으로 느끼는 일이 많습니다. 이는 영에 남아 있는 기억들이 마음을 형성하기 때문입니다. 우리는 이것을 '양심' 그리고 때로는 '직감'이라고 부르곤 합니다.

참고로, 불교에서의 49재(사십구재)는 고인의 죽음을 기리고, 그 영혼의 평안을 기원하는 중요한 의식입니다. 이 의식은 고인이 사망한 후 49일 동안 진행되며, 그 기간 동안 영혼이 사후 세계로 가기 위한 준비가 이루어진다고 믿습니다. 이와 관련하여 필자가 언급한 '사후 7일'과 '심판 40일'의 개념은 유사한 점이 많습니다. 사후 7일 동안은 고인의 영혼이 이 세상에 머무는 시기로, 이후 40일 동안 심판을 받으며 그동안 행한 모든 일을 되돌아보는 과정을 거친다고 합니다. 불교에서 49재는 이와 비슷하게 영혼이 다음 세계로 이동하기 전에 겪는 일종의 정화와 평가의 시간을 나타냅니다.

이처럼 불교의 49재와 필자의 관점은 서로 다른 종교적 배경에서 출발하지만, 인간의 죽음 이후 영혼의 상태와 그에 따른 의식을 해석하는 데 있어 많은 유사점을 보여 줍니다. 이러한 의식들은 단순히 고인의 영혼이 평안을 찾도록 돕는 것뿐만 아니라, 살아 있는 이들에게 죽음을 받아들이고, 고인의 업을 해결하며 삶의 본질을 되새기게을 하는 중요한 역할을 합니다.

현세에서 선한 일을 많이 하고 악한 일은 피한 사람은 다음 생에 좋은 부모 밑에 태어나게 됩니다. 반면, 악한 일을 많이 한 사람은 고통스러운 환경에서 태어나거나 좋지 못한 환경에서 힘들게 살아갈 수 있습니다. 이러한 개념은 '카르마'로 불리며, 이는 개인이 전생에서부터 이어받은 숙제로, 영적 성장을 위해 해결해야 할 과제로 이해됩니다.

사후 7일 동안 영혼이 사후 세계로 넘어가지 못하는 경우도 있습니다. 대부분의 이유는 '한(恨)'이나 '미련' 때문입니다. 특히 갑작스러운 죽음이나 억울한 상황에서 목숨을 잃은 사람들, 혹은 강한 원통함을 품은 경우, 그들의 혼이 이 세상에 남아 메시지를 전하려고 하는 일이 많습니다. 이런 경우 자신의 영은 이미 사후 세계로 넘어갔지만, 혼은 여전히 이 세상에 남아 있는 상태를 '귀신' 또는 '혼귀'라고 부릅니다. 문제는 혼귀도 영이 빠져나갔음을 인지하지 못한다는 점입니다. 이로 인해 혼은 미련이나 한에 묶여 이 세상에 머물며 안식을 찾지 못하는 경우가 많습니다. '혼(魂)'의 한자는 원(元: 으뜸, 기운)과 귀(鬼: 귀신)가 합쳐져 있어, 이를 통해 혼을 '귀신의 기운'으로 해석할 수 있음을 알 수 있습니다.

윤회에 대한 해석은 종교마다 다르지만, 필자는 대체로 윤회가 일어날 때 다음 생에서도 사람으로 태어난다고 봅니다. 이는 동물에게 영이 없기 때문입니다. 만약 사람이 동물로 태어난다면, 동물이 어떤 선한 행위를 해야 다시 사람으로 태어날 수 있을까요? 동물은 본능에 따라 행동하기 때문에 선과 악을 구별하고 의도적으로 행위할 수 없기 때문입니다. 그래서 대체로 사람은 윤회 후 다시 사람으로 태어난다고 말씀드릴 수 있습니다. 일부 불교를 비롯한 타 종교에서는 동물로도 태어난다고 주장하지만, 저는 이 주장이 동물에게도 특별한 경우를 제외하고는 잔인하게 대하지 말아야 한다는 메시지를 담고 있다고 해석을 합니다.

이렇게 사람의 생과 사, 그리고 윤회의 과정은 단순한 이론에 그치지 않고, 각자의 삶에서 어떤 선택을 해야 할지에 대한 깊은 철학적 의미와 교훈을 내포하고 있습니다. 우리의 행동과 선택이 궁극적으로는 카르마(업)에 의해 영향을 미친다는 점에서, 윤회는 단지 생과 사의 순환을 넘어, 삶의 의도와 방향을 결정짓는 중요한 교훈을 제공합니다.

[사무엘하 6:6-8] "그들이 나곤의 타작마당에 이르러, 그들의 수레가 흔들리며, 웃사야가 하나님의 궤를 붙들려고 손을 내밀었더니, 하나님의 진노가 그에게 임하여 그를 쳐서 그가 거기서 죽게 되었다. 그 일이 다윗에게 심히 번뇌되게 하여, 그는 '어찌하여 여호와께서 그 궤를 내게로 오게 하시지 않았는가?' 하며, 그날 그곳을 '베레스 웃사'라 불렀고, 그곳을 지금까지 부른다."

위 내용을 보면, 하나님이 사람을 죽이실 때의 이유와 그 방식은 성경에서 종종 논란의 여지가 되는 부분입니다.

우리가 알고 있는 사랑의 하나님이라면, 왜 어떤 사람에게는 편애하고 관대하게 대하시고, 다른 사람에게는 너무 쉽게 죽음을 내리실까요? 예를 들어, 하나님이 궤를 다루는 법을 잘못한 웃사를 처벌하실 때, 그가 궤를 넘어뜨린 실수 때문에 곧바로 죽음을 맞이하게 되는데, 이건 너무 가혹하지 않나요? 우리가 아는 하나님은 사랑과 용서로 가득 차 있지 않나요?

그런데 왜 때때로 이런 잔혹한 형벌을 내리시는 걸까요? 또한, 카인이 아벨을 죽였을 때, 하나님은 그에게 벌을 내리지 않으시고 오히려 '카인에게 벌하지 않게 해 달라'는 표식을 주셨습니다. 이 또한 형평성이 맞지 않는 것처럼 느껴집니다. 왜 카인에게는 용서가 주어지고, 웃사 같은 사람에게는 죽음이 내려졌을까요?

성경에서 하나님께서 사람의 생사를 주관하실 수 있는 특별한 이유는 그분이 생명과 죽음, 나아가 윤회의 주권을 가지신 유일한 존재이기 때문입니다. 하나님은 죽음을 통해 사람에게 새로운 삶의 기회를 부여하실 수 있습니다. 따라서 죽음은 단순한 끝이 아니라 또 다른 시작일 수 있습니다. 겉으로는 하나님께서 사람을 죽이시는 것처럼 보이는 상황도 사실은 육체의 끝을 의미할 뿐, 영혼의 여정에서는 새로운 기회와 변화를 위한 과정일 수 있습니다. 결국, 생명과 죽음의 순환을 완벽히 이해하고 주관하시는 분은 하나님뿐이며, 우리가 이 사실을 기억하는 것이 중요합니다.

이와 같이 윤회를 인정하게 될 때, 우리는 하나님의 뜻을 조금 더 깊이 이해할 수 있을 것입니다. 그분이 왜 때로는 사람의 삶을 이렇게 극적으로 다루시는지, 그 이유를 알게 될 때 우리는 사람의 삶과 죽음에 대한 이해가 한층 더 넓어지고, 그분의 뜻을 따르며 살아가는 방법을 배울 수 있습니다.

다음은 성경에서 사후 세계에 대하여 언급한 내용들입니다.

[잠언 23:14] 너는 그를 매질해야 한다, 그렇게 하면 그의 혼이 구출될 것이다.

[욥기 9:19] 만약 힘에(권능, 능력) 관해서라면, 보라, 그분은 강하신 분이시고, 만약 심판에 관한 것이면, 누가 내게 그 문제를 해결할 기회를 줄 수 있겠는가? (해설: 하나님의 절대적인 권능과 심판권을 강조하는 구절입니다. 욥은 인간이 하나님의 힘과 심판 앞에서 무력하며, 그분의 판단에 대해 스스로 해결할 수 있는 기회를 가질 수 없음을 고백합니다.)

[욥기 10:22] 어두움이 깊고 죽음의 그림자가 드리워져 있으며, 질서가 없고 빛이 어두움처럼 보이는 땅이다. (해설: "질서가 없고 빛이 어두움처럼 보이는 땅"은 욥이 극심한 고통 속에서 죽음 이후의 상태를 묘사하며 언급한 표현입니다. 욥은 자신의 처지를 비관하며, 사망의 세계를 혼돈과 흑암으로 가득한 곳으로 그립니다. 이는 단순히 육체의 죽음 이후의 상태를 상징하는 것으로, 구약 성경에서 자주 언급되는 스올(음부), 즉 죽은 자들의 세계를 의미합니다. 이 구절에서 "질서가 없고 빛이 어두움처럼 보이는 땅"을 지옥으로 해석할 수도 있지만, 본문의 맥락은 영원한 형벌의 장소인 지옥보다는, 생명과 질서, 희망이 없는 상태를 강조하고 있습니다. 특히 "빛이 어두움처럼 보이는"이란 표현은 죽음 이후의 세계가 얼마나 절망적이고 암울한지를 나타냅니다. 욥의 고백은 그의 절망적인 심경을 드러내며, 죽음 이후의 세계에 대한 고대 이스라엘의 인식을 보여 줍니다. 따라서 이 구절은 단순히 "지옥"을 가리키기보다는, 혼돈과 무질서, 생명력 없는 상태를 묘사한 것으로 보는

것이 더 적합합니다.)

요한복음 11장을 읽어 보면 예수님께서 죽은 지 나흘째 되는 나사로를 살려 내십니다. 예수님께서 나사로를 살릴 수 있었던 것은 사후 7일이 지나지 않았기 때문입니다.

[요한 11:32-47] 마리아가 예수께 와서 그가 오신 것을 보고 그의 발 앞에 엎드려 말하였다. "주여, 만일 여기 계셨더라면 내 오빠가 죽지 아니하였을 것입니다." 예수께서 그녀의 울음과 함께 오는 유대인들의 울음을 보시고 마음이 아프시고, 슬퍼하셨다. 그리고 그들에게 말씀하셨다. "그를 어디에 두었느냐?" 그들이 예수께 말하였다. "주여, 와서 보옵소서." 예수께서 눈물을 흘리시니, 유대인들이 말하였다. "보라, 그가 그를 사랑하셨다." 그러나 그들 중 어떤 이들은 말하였다. "눈먼 자의 눈을 열어 주신 이가 이 사람도 죽지 않게 할 수 없었더냐?" 예수께서 다시 마음이 아프시며 무덤에 이르렀다. 그 무덤은 동굴이었고, 그 입구에 돌이 놓여 있었다. 예수께서 말씀하시기를, "돌을 옮겨 놓으라." 그 죽은 자의 누이 마르다가 말하였다. "주여, 이미 죽은 지 나흘이 되었으니 냄새가 나옵니다." 예수께서 그녀에게 말씀하시기를, "내가 네게 말하지 않았느냐? 네가 믿으면 하나님의 영광을 보게 되리라." 그들이 돌을 옮기자, 예수께서 눈을 들어 우러러보시고 말씀하시기를, "아버지, 내 말을 들으신 것을 감사드립니다. 나는 항상 아버지께서 내 말을 들으신다고 아뢰었지만, 이 말을 하는 것은 이 무리로 하여금 아버지께서 나를 보내신 것을 믿게 하려는 것입니다." 이 말을 하시고 큰 소리로 "나사로야, 나오라!" 하셨다. 그러자 죽은 자가 손과 발을

묶인 채로 나오는데, 얼굴은 수건으로 싸여 있었다. 예수께서 그들에게 말씀하시기를, "그의 수건을 풀어 주어 그가 가게 하라." 그때, 예수를 믿은 많은 유대인들이 이 일을 보고 그를 믿게 되었다. 그러나 그들 중 어떤 이들은 바리새인들에게 가서 예수께서 행하신 일을 고백하였다. 이에 대제사장들과 바리새인들이 모여서 회의를 하고 말하였다. "이 사람은 많은 표적을 행하니, 우리가 어떻게 하겠느냐?"

2-3) 어둠의 존재들: 귀신, 마귀, 사탄

귀신(鬼神, Ghost)

세상에는 귀신이 존재한다고 믿는 사람과, 존재하지 않는다고 믿는 사람이 있습니다. 귀신을 경험했다고 주장하는 사람들은 그들의 체험담을 나누고, 반면 귀신이 없다고 주장하는 이들은 주로 과학적인 근거를 들어 설명하고 있습니다.

저는 귀신이 존재한다고 봅니다. 앞서 언급한 바와 같이, 사람이 죽으면 육체는 썩어 가고, 죽은 후 7일 동안은 현세에 머물며, 이 기간 동안 한(恨)이나 미련 때문에 저승으로 가지 않으려고 합니다. 예를 들어, 홀로 아이를 키우던 과부가 교통사고로 억울하게 죽었을 때, 그녀의 영혼은 자녀에 대한 슬픔과 애달픈 마음 때문에 저승으로 가기를 거부하며, 자녀에게 자신의 뜻을 전하고 보살피며 지켜 주고자 하는 마음으로 현세에 머물 가능성이 있습니다.

하나님께서는 사후 세계로 넘어가는 것조차 사람에게 '자유 의지'를 주셨기 때문에, 일부 사람의 영혼 중 영이 7일이 지나면 자연스럽게 사후 세계로 넘어가게 되고, 혼만 남게 됩니다. 이렇게 남은 혼을 우리는 '혼귀' 혹은 '귀신'이라고 부릅니다. 혼귀들은 저마다의 한을 품고 현세에 갇혀 있게 되며, 이들은 주로 무당이나 신기한 능력을 갖춘 사람들에게 접근하여 자신의 한을 풀고자 합니다. 혼귀는 자신의 이야기를 들려주고자 하지만, 몸이 없기 때문에 신령한 능력을 갖춘 사람들의 몸을 빌려 그들의 이야기를 전달하려 합니다.

영혼이 사후 세계로 넘어가면 심판을 받게 되며, 대부분의 경우 심판 후 윤회를 통해 새로운 삶을 시작하게 됩니다. 이는 하나님께서 사람에게 새로운 기회를 부여하시는 과정입니다. 그러나 혼만이 현세에 남게 되면, 그 혼은 죄를 반성하거나 죗값을 치를 기회를 얻지 못한 채 윤회조차 이루어지지 않아 고통스러운 상태에 머물게 됩니다. 이러한 이유로 하나님께서는 구약에서 무당과 그 행위를 엄격히 금지하셨으며, 무당이나 무당이 되는 자들의 후손 3대, 4대까지 멸망하겠다고 경고하셨습니다. 그 이유는 하나님께서 사람에게 윤회를 통해 새로운 삶의 기회를 주시려는 뜻을 방해하기 때문입니다. 또한, 선한 혼이라도 현세에 오래 머물게 되면 메시지를 전달하지 못해 답답함과 허무함을 느끼고, 결국 사악한 혼으로 변할 위험이 있습니다. 이러한 배경에서 구약 성경은 우상 숭배와 무당 행위를 포함한 이방 신앙을 철저히 금지합니다. 이는 우리가 오직 하나님만을 경배하고 그분의 뜻에 순종해야 한다는 중요한 가르침을 전하기 위함입니다.

구약에서 하나님께서 직접적으로 우상(바알, 아세라, 금송아지 외)을 숭배하지 말라와 더불어 수차례 무당에 대하여 접하지 말라고 지나칠 정도로 강조하십니다.

성경에서 무당을 배척하는 이유는 구약 시절에 우상 숭배와 인신제사 등을 했기 때문입니다. 이는 유교 문화에서 조상을 섬기는 제사와 엄연히 다른 형태의 숭배와 제사입니다.

[신명기 18:9-14] 너희가 여호와 너희 하나님이 주신 땅에 들어가서 그것을 차지하게 될 때, 그곳에 사는 민족들의 풍습을 따르지 않아야 한다. 너희 중에서 아들이나 딸이 불에 태우는 제사를 드리거나, 점술을 하거나, 술법을 행하는 자, 마법사나 주술사를 따르거나, 영적 존재들과 대화하려고 하거나, 죽은 자의 영혼과 소통하려는 자를 찾아서는 안 된다. 이런 모든 일들을 행하는 자들은 여호와께서 미워하시며, 그런 이유로 여호와 너희 하나님은 그 민족들을 너희 앞에서 쫓아내신다. 너희는 여호와 너희 하나님 앞에서 온전하게 살아야 한다. 이 민족들은 자기 신들에게 이런 일을 행하고, 그러나 너희는 여호와 너희 하나님에게 속한 백성이다. (해설: 여기서 "아들이나 딸이 불에 태우는 제사를 드리거나"란 인신제사를 행하는 무당을 가리킵니다. 하나님께서는 이방 민족들의 가증한 행위를 따라 배우지 말라고 경고하십니다. 일부 무당은 사람들에게 위로와 치유를 제공하는 선한 일을 할 수도 있지만, 많은 경우 잘못된 영적 길을 따르며, 신을 거스르고 영적 오류에 빠져 사람들을 미혹합니다. 특히 인신제사와 점치는 자, 무당, 마법사 등은 하나님께서 가증스럽게 여기시는 행위입니다. 하나님은 이러한 악한 행위를 행하는 자들을 심판하겠다고 하셨습니다.)

[출애굽기 22:18] 너희는 마녀를 살려 두지 말라. 그들은 여호와께서 금하신 일들을 행하는 자들이며, 그런 자들을 여호와의 명령에 따라 처

벌해야 한다. (해설: 다른 신들에게 인신제사를 드리는 자는 완전히 멸절되어야 한다는 의미.)

[출애굽기 23:33] 그들이 너희 땅에 거주하지 않게 하라. 만약 그들이 거기 거주하면, 그들이 너희들에게 죄를 짓게 할 것이며, 너희가 그들의 신을 섬기면 그것이 너희에게 올무가 될 것이다. (해설: 이 구절은 다른 신을 섬기는 것이 결국 이스라엘 백성에게 올무가 되어 죄악에 빠지게 될 것이라는 경고로, 하나님께서 그들에게 벌을 내리실 것이라는 엄중한 메시지가 포함되어 있습니다.)

영, 혼, 육은 각각의 영역에서 연결되어 있으며, 혼귀는 자신의 혼을 볼 수 있는 무당이나 신령한 사람들과 접촉하여 그들의 몸을 빌려 메시지를 전달하려고 합니다. 중요한 점은 귀신이나 혼이 사람에게 들어가려면, 그 사람이 이를 받아들여야만 들어갈 수 있다는 것입니다. 즉, 귀신이 아무리 사람의 몸에 들어가려 해도 그 사람이 이를 거부하면, 귀신은 그 사람의 몸에 들어갈 수 없다는 의미입니다.

성경에서 사울의 이야기는 그의 죽음 이후에도 그가 남긴 혼이 현세에 영향을 미친다는 중요한 메시지를 전달합니다. 사무엘 하권에서는 사울이 죽은 지 40년이 된 후에도 기근이 발생했음을 다윗이 하나님께 물어본 뒤, 그 기근의 원인이 사울과 그의 집안의 죄, 특히 사울이 죽인 기브온 사람들의 한 때문이라고 말씀하십니다. 이는 사울의 혼과 그의 집안의 원한이 죽음 이후에도 현세에 계속 영향을 미친다는 점을 강조하고 있습니다.

사울은 다윗을 원수처럼 여겨 여러 차례 다윗을 죽이려 했고, 이로 인해 다윗과 사울 사이에는 깊은 갈등이 있었습니다. 하나님은 이러한 사울과 그가 억울하게 죽인 기브온 사람들의 원한이 아직도 해결되지 않았음을 알리며, 그들의 한이 기근을 일으키는 원인으로 작용했다고 설명하셨습니다. 이로써 사후 세계와 현세가 연결될 수 있음을 시사합니다.

이 이야기는 사울이 사망한 후에도 그 혼이 여전히 현세에 영향을 미친다는 것을 통해, 죽음 이후에도 혼의 상태나 원한이 어떻게 현세에 영향을 미칠 수 있는지에 대한 성경적인 교훈을 전달합니다.

[사무엘하 21:1-14] 기근이 세 해 동안 다윗의 시대에 있었습니다. 다윗은 그 기근의 이유를 여호와께 물었고, 여호와께서는 사울과 그의 집안이 기브온 사람을 죽인 것이 원인이라고 밝혀 주셨습니다. 기브온 사람들은 이스라엘 자손이 아니었고 아모리 족속이었지만, 이스라엘 자손과 맹세를 맺은 사람들이었습니다. 그럼에도 불구하고 사울은 그들을 멸하려 했고, 이로 인해 기근이 이스라엘에 임한 것이었습니다.

다윗은 기브온 사람들에게 어떻게 해야 할지 물었습니다. 기브온 사람들은 사울과 그의 집안이 그들을 멸하려고 했으나, 이스라엘 자손과의 맹세로 인해 그들 스스로는 복수를 할 수 없다고 말했습니다. 대신, 그들은 사울의 후손 중에서 처벌할 사람을 다윗이 선택하게 해 달라고 요청했습니다. 이에 다윗은 기근의 원인을 해결하고자 기브온 사람들의 요구를 받아들이기로 했습니다.

기브온 사람들은 사울의 아들들 중 일곱 명을 죽여 기브온 산에서 처형해 달라고 요청했습니다. 다윗은 사울과의 맹세로 인해 요나단의 아들 므비보셋만은 제외하고, 나머지 사울의 후손들을 기브온 사람들에게 넘겨주었습니다. 다윗은 사울의 두 아들 아리엘과 메리바의 아들 아드리엘 그리고 사울의 다른 자녀들 다섯 명을 기브온 사람들에게 주었고, 그들은 그들을 기브온산에서 처형했습니다. 그들은 나무에 매달아 두었고, 그 시체들은 처형된 채로 땅에 방치되었으나, 다윗은 이를 보고 깊은 마음으로 그 시체들을 수습하여 벧레헴에 있는 사울의 무덤에 장사했습니다.

그 후, 다윗은 하나님께 그들의 죄를 용서해 달라고 기도했으며, 이 땅에 다시 기근이 오지 않도록 간구했습니다. 하나님께서는 다윗의 기도를 들으시고, 그 땅에 복을 주셔서 기근은 끝났습니다. (해설: 다윗왕이 사울의 후손들과 기브온인들의 원한을 풀어 주는 사건을 다룹니다. 이 구절은 죽은 후에도 사람들의 혼이 현세에 영향을 미친다는 것을 보여줍니다. 다윗은 하나님께서 기근의 원인으로 사울과 그가 죽인 기브온인들의 원한을 지적하자, 이를 해결하기 위해 기브온인들과 협의하여 사울의 후손 중 일곱 명을 그들에게 넘기기로 합니다. 이로써 기브온인들의 원한이 풀리고, 기근이 끝나게 됩니다.)

요약하자면,
- 기브온인들의 원한 풀기: 기브온인들은 이스라엘과 평화 조약을 맺었던 가나안 민족이었으나, 사울왕은 그 조약을 어기고 그들을 학살했습니다. 억울하게 죽임을 당한 기브온인들의 영혼은 사울의 후손에게 복수를 요구하게 되었습니다.
- 사울의 혼 달래기: 사울은 이스라엘의 첫 번째 왕으로 하나님의 명령에 불순종하여 그의 통치가 문제를 남겼습니다. 사울은 전쟁에서 패배하고 비참한 죽음을 맞이했으며, 그의 혼은 원귀가 되어 세상에 영

향을 미쳤습니다. 사울의 원한은 기근과 같은 현실의 문제를 일으켰고, 그의 후손까지 부정적인 영향을 미쳤습니다. 다윗은 이를 해결하기 위해 사울과 요나단의 유해를 정중히 장사하며, 사울의 영혼을 달래고 부정적인 영향을 정리하고자 했습니다. 이 사건은 하나님의 뜻에 불순종한 삶이 죽음 이후에도 문제를 일으킬 수 있음을 보여 주며, 혼을 존중하고 달래는 것이 중요함을 상징적으로 나타냅니다.

다윗은 이 문제를 해결하기 위해 기브온인들과 협의하여 사울의 후손 7명을 그들에게 넘겼고, 그들은 처형되었습니다. 이로써 기브온인들의 원한이 풀리고 정의가 회복되었습니다. 이 사건은 억울한 죽음으로 생긴 원한을 무시해서는 안 된다는 교훈을 주며, 다윗의 행위는 공동체 내 정의와 화해를 회복하기 위한 중요한 예가 됩니다. 억울하게 피해를 입은 사람들의 상처를 치유하려면 구체적인 행동이 필요함을 보여 줍니다.

이 두 사건의 공통점은 죽은 사람들의 원한이 후손들에게 영향을 미친다는 것입니다. 또한, 다윗의 행동은 하나님의 뜻을 따르고자 하는 노력으로, 혼의 상태가 사람들의 운명에 미친다는 사실을 잘 보여 줍니다. 이 이야기는 사람의 죄와 원한이 후손들에게 미칠 수 있음을 경고하며, 그 해결을 위한 구체적인 노력이 필요함을 강조합니다.

[하박국 2:10] 너는 네 집을 파괴하며 많은 민족들을 멸망시켰고, 그로 인해 얻은 모든 것이 결국 너에게 되돌아오게 될 것이다. 네가 사람들의 생명을 빼앗고 그들을 고통에 빠뜨린 만큼, 너의 죄는 결국 네 자신에게 파멸을 가져오게 될 것이다. 이 모든 것이 네가 저지른 악행의 결

과로, 너의 혼까지도 고통받게 될 것이다.

사탄(Satan), 마귀

사탄과 마귀, 그리고 귀신에 대한 성경적인 관점은 사람의 영과 혼에 미치는 영향에 대해 명확하게 설명하고 있습니다. 사탄은 사람의 영의 자리에 들어가 악한 영향을 미친다고 여겨지며, 이를 통해 사람은 의도하지 않게 사악한 길로 유혹을 받게 됩니다. 특히 사탄은 부귀와 명예를 약속하며 사람들을 유혹하지만, 그 결과는 결국 악을 행하고 죄를 쌓는 것입니다.

1) 사탄의 영향

사탄의 존재와 그의 유혹은 성경에서 여러 차례 강조합니다. 예수님이 마태복음 4장에서 사탄의 시험을 받으신 장면은 사탄이 세상의 권세와 부귀를 제공하며 예수를 유혹한 사건을 묘사합니다. 사탄의 유혹은 탐욕과 사악한 욕망을 자극하고, 사람의 영혼을 어두운 길로 이끌 수 있습니다(마태 4:7-10). 이러한 유혹은 개인의 선택에 달려 있으며, 사탄을 거부하고 하나님께 나아갈지의 문제입니다.

2) 귀신과 사탄의 구분

귀신은 일반적으로 죽은 사람의 혼이 남아 있는 상태로 여겨지며, 사탄은 악한 영적 존재로 묘사됩니다. 귀신은 주로 사람의 혼에 영향을 미치며, 사탄의 유혹과도 연결됩니다. 그러나 사탄의 영향은 영혼의 깊은 영역, 즉 사람의 영에 침투하려고 시도하며, 사악한 계획과 음모를 꾸미게 합니다.

3) 탐욕의 유혹

사탄은 탐욕을 이용하여 사람을 유혹하며, 세상의 부귀와 명예를 제공함으로써 사람들의 욕망을 자극합니다. 이 탐욕은 사람들로 하여금 악을 저지르게 하고, 결국 사탄의 지배 아래서 불행하게 만드는 결과를 초래합니다. 사탄은 이러한 유혹을 통해 영혼을 끌어들이고, 하나님과의 관계를 단절시킵니다.

4) 사이비(Cult) 종교 및 희대의 악인들

성경은 사이비 종교나 거짓 교훈들이 사탄의 유혹과 연결될 수 있음을 경고합니다. 예수님이 사탄의 권세를 거절하시며 말씀하신 것처럼 (마태 4:8-10), 사이비 종교나 악인들이 사탄의 유혹에 빠져 사람 사회에 악을 끌어들이는 경우가 많습니다. 히틀러와 스탈린과 같은 인물들은 역사적으로 사탄의 유혹에 넘어가 대량의 악을 초래한 예시들로 여겨집니다.

5) 결론

사탄과 마귀는 우리가 그들의 유혹을 받아들이지 않으면 우리 몸에 들어올 수 없습니다. 따라서 우리는 탐욕을 버리고, 지혜를 가지고 깨어 있어야 하며, 하나님의 뜻을 따르는 삶을 살아야 합니다. 성경에서는 사탄과 악령에 대해 자주 언급되며, 이들은 사람의 영혼을 빼앗으려 하는 존재로 그려집니다. 이를 통해 우리는 끊임없이 경각심을 가지고 도덕적인 삶 혹은 영적 삶을 살아야 함을 알 수 있습니다.

이러한 성경적 관점은 사탄의 유혹과 악한 영향력에 대해 깊이 이해하도록 돕고 있으며, 계속해서 하나님과의 깊은 관계를 유지하도록 격려합니다.

[마태 4:7-11] 예수께서 말씀하시되, "기록된 바, '주 너의 하나님을 시험하지 말라'라고 말씀하셨다." 마귀는 다시 예수님을 데리고 매우 높은 산으로 가서 세상의 모든 왕국과 그 영광을 보여 주며 말하였다. "이 모든 것을 네게 주리니, 네가 엎드려 내게 경배하면 이 모든 것이 네 것이 되리라." 예수께서 그에게 말씀하시되, "사탄아 물러가라! 기록된 바, '주 너의 하나님께 경배하고 그를 섬기라' 하였느니라." 그때 마귀는 예수님을 떠났고, 그 후에 천사들이 와서 예수님을 섬기며 시중을 들었다.

성경에서 사탄의 존재와 그의 타락에 대해 다양한 구절들이 언급되고 있습니다. 예를 들어, 이사야 14:12-20에서는 "오 아침의 아들 루시퍼야"라는 표현을 통해 루시퍼(사탄)의 타락을 묘사하고 있습니다. 이 구절은 루시퍼가 교만과 자만으로 인해 하늘에서 떨어져, 결국 지옥으로 끌려가게 되는 과정을 설명합니다. 사탄은 "내가 하늘에 올라가서 하나님의 별들보다 높이겠다."라고 말하며, 결국 하나님의 뜻을 거스르고 스스로를 높이려 했던 존재로 나타납니다.

킹 제임스 성경에서만 등장하는 "루시퍼"라는 이름은, 사탄이 처음에는 천상의 빛나는 존재였으나, 결국 그 교만으로 인해 타락한 사건을 설명하는 데 사용됩니다. 킹 제임스 성경의 독특한 점은 "루시퍼"라는 명칭이 사탄을 지칭하는 데 사용되며, 이는 다른 성경 번역본에서는

"아침의 별" 혹은 "광명한 자" 등으로 표현됩니다. 루시퍼의 타락은 그가 자기를 높이려는 욕망으로부터 비롯되며, 이러한 교만이 결국 그를 떨어뜨려 영원한 멸망에 이르게 만든다고 설명됩니다.

출애굽기 12:12에서는 이집트의 신들에 대한 심판을 다루고 있는데, 이는 하나님이 유일하게 믿어야 할 신임을 강조하는 구절입니다. 하나님 외에도 여러 신(잡신)이 존재하는 것을 인식하면서, 결국 하나님이 이집트의 신들을 심판하실 것이라는 메시지를 전달합니다. 이 구절은 여러 신들의 존재를 언급하지만, 최종적으로 하나님이 모든 신을 지배하고 심판하시는 유일한 존재임을 나타냅니다.

이처럼 성경에서는 사탄의 타락과 그의 악행, 사람에게 미치는 영향을 다루며, 그가 교만과 자만으로 인해 결국 패망하게 되는 과정을 그립니다.

[이사야 14:12-20] 아침의 아들, 루시퍼여, 어찌 그리 하늘에서 떨어졌는가? 너는 민족들을 약하게 만들던 자로다. 네가 마음속으로 '내가 하늘에 올라가서 하나님의 별들보다 높은 자리에 내 자리를 두리라. 북쪽 끝에 있는 산들 위에 앉으리라. 높은 구름에 올라가서 지극히 높은 자와 같게 되리라' 하였으나, 이제 네가 스올에 떨어져, 깊은 구덩이에 빠지리라. 너를 보는 자들이 모두 너를 주목하여 이르기를 '이 자가 떨게 한 자, 세상을 진동하게 한 자가 어찌 그리 멸망하였는가? 이 자가 세상 사람들의 도시들을 폐허로 만들고, 그들의 포로를 놓아 보내지 아니하던 자가 어찌 그리 멸망하였는가?' 하리로다. 열방의 모든 왕들이 각기 자기의 궁궐에 안식하게 되었으나, 너는 쫓겨나서 내쫓긴 자처럼,

칼에 엎드러지며, 바닥에 엎드려져 짐승들처럼 되어, 그 시체들은 다 짐승들에게 먹히게 되리라. 너의 타락은 네가 스스로 높아지려고 했기 때문이다. 네가 마음속으로 하나님보다 더 높아지려 하였고, 결국 그렇게 된 자는 이렇게 끝을 맞이하게 될 것이다.

[미가 7:2] 이 땅에서 신실한 사람이 없고, 의로운 사람이 하나도 없으며, 모두가 피를 흘리고 악을 행하며, 그들의 손은 악을 속이며, 그들의 지도자는 악한 일을 도와주는 자들이다.

[하박국 1:4] 그러므로 법이 미약하고, 정의와 공의가 제대로 실행되지 않으며, 악한 사람들이 의로운 사람들을 둘러싸고 있어 잘못된 판단이 내려진다.

[하박국 2:4-5] 보라, 그의 마음은 교만하고, 그는 정직하지 않으나 의인은 그의 믿음으로 살리라. 또한, 그가 와서 그가 얻은 재물을 부풀리며, 그는 탐욕이 가득하고, 그의 집은 스스로 높아지려 하여 자기의 생명을 지키기 위해 사람을 죽이며, 민족을 억압하려 한다.

[스가랴 3:1] 그가 나에게 나타나시자, 내가 보니 여호와의 사자가 여호와 앞에 서 있고, 사탄도 그 사자의 오른쪽에 서서 그를 대적하고 있으며, 여호수아가 거기 서 있었는데, 그가 더럽혀져 있었다. (해설: 앞에 언급된 장면은 선과 악의 대립을 상징적으로 보여 줍니다. 여기서 여호수아는 여호와의 사자(천사) 앞에 서 있는 의로운 존재를 상징하고, 사탄은 그를 방해하려는 악의 세력으로 등장합니다. 이 구절은 우리가 직면하는 영적 전투와 도전 그리고 선택의 중요성을 나타냅니다.)

선과 악은 동전의 양면처럼, 선택에 따라 우리의 삶을 결정짓는 중요한 요소가 됩니다. 우리가 어떤 선택을 하느냐에 따라 의로움과 악이 구별되며, 그 선택이 우리의 삶과 영적 상태를 형성합니다. 이 구절은 우리가 선을 선택하고, 악을 물리치는 의지를 가져야 한다는 교훈을 줍니다. 사탄이 여호수아를 방해하려는 장면은 바로 우리가 신앙의 길을 걷는 데 있어 겪게 될 시련과 유혹을 의미하며, 여호수아가 그 시험을 이겨 내는 과정은 신앙의 강한 결단을 나타냅니다.

[요한일서 3:8] 죄를 짓는 자는 마귀의 영향을 받는 사람이다, 이는 마귀가 처음부터 죄를 짓기 때문이기에 하나님의 아들이 나타나신 것은 마귀의 일을 멸하시려 하심이다.
[유다 1:9] 그러나 미가엘 대천사가 모세의 시체에 대하여 마귀와 다투었을 때, 그가 감히 비방하는 판결을 내리지 않고, '주께서 너를 꾸짖으시리라.' 이를 처리했다.
[유다 1:16] 그들은 원망하는 자들이며, 불평하는 자들이요, 자기의 욕심대로 행하며, 입으로 큰 말을 하고, 이익을 얻으려 하여 사람들을 따라가는 자들이다.
[마태 12:45] 그 후에 가서 더 악한 다른 일곱 영들을 데리고 들어가서 그 사람 안에 들어가며, 그 사람의 마지막 상태가 처음보다 더 나쁘게 되었다. 이 악한 세대도 이와 같이 일어날 것이다. (해설: 사람이 사악한 영을 쫓아낸 후, 다시 그 자리에 더 많은 악한 영들이 들어와 상태가 더욱 악화되는 모습을 보여 줍니다. 이는 사람의 영적 상태가 외부의 영향에 매우 민감하다는 교훈을 줍니다. 즉, 한 사람의 마음과 영혼이 비어 있거나, 거룩한 것으로 채워지지 않으면, 악한 존재들이 그 자리를 차지하여 그 사람을 더욱 나쁘게 만든다는 경고입니다. 이 구절은 혼과 영에 대한 중요한 의미를 내포하고 있습니다. 사람이 영적으로 방

치되거나 부주의할 때, 그 자리를 악한 영들이 차지하며, 그 결과로 더 큰 고통과 혼란을 겪게 된다는 것을 시사합니다. 이는 사람이 스스로의 영혼을 보호하고, 정결하게 유지해야 함을 강조합니다. 따라서 이 구절은 우리에게 영적 삶에서 지속적으로 선과 의로움을 추구하며, 악의 유혹에 빠지지 않도록 경계해야 한다는 교훈을 줍니다.)

[마가 1:34] 예수께서 여러 병을 고치시며 많은 귀신(악령)을 쫓아내셨으나, 귀신들이 그를 말하지 않게 하셨으니, 이는 그들이 그가 그리스도임을 알고 있었기 때문이었다. (해설: 예수님께서 귀신들을 쫓아내셨다고 표현된 것처럼 귀신들을 '없애지는 않으셨다'라는 점에서, 귀신들이 여전히 존재하며, 궁극적으로 지옥에 갇히기 전까지 사람에게 유혹을 지속적으로 가할 수 있다는 것을 시사합니다. 악령은 탐욕으로 유혹하고, 사람들의 마음을 흔들어 악한 행위를 부추깁니다. 이로 인해 우리는 항상 깨어 있어야 하며, 영적으로 민감하게 반응해야 합니다.)

성경에서는 경고가 자주 나옵니다. 예를 들어, 베드로전서 5:8에서는 "근신하고 깨어 있으라. 너희 대적 마귀가 우는 사자처럼 두루 다니며 삼킬 자를 찾고 있다."라고 경고하며, 영적으로 깨어 있어야 함을 강조합니다. 또한, 히브리서 12:1 중에서는 "모든 무거운 것과 얽매이기 쉬운 죄를 떨쳐 버리고"라고 말하며, 우리가 죄와 유혹을 이겨 낼 수 있도록 노력해야 함을 일깨워 줍니다. 이와 함께, 현자들의 조언을 구하는 것은 성경에서의 지혜자와 교사의 역할을 반영하는 중요한 요소입니다. 예를 들어, 잠언 15:22에서 "계획이 실패하지 않으려면 많은 조언자가 필요하나, 홀로 결정을 내리면 그것이 실패로 이어질 수 있다."

라고 합니다.

따라서, 사탄의 유혹에서 벗어나려면 스스로 경계를 강화하고, 때로는 신뢰할 수 있는 사람들의 지혜를 구하는 것이 중요합니다.

그러므로 우리는 항상 깨어 있어야 합니다.

사탄, 마귀, 귀신의 유혹은 우리가 알지 못하는 사이에 우리를 미혹하고, 심지어 우리의 탐욕과 욕망을 자극하여 올바르지 않은 길로 인도할 수 있습니다. 따라서 스스로를 점검하고, 지속적으로 신앙을 강화하는 것이 필요합니다. 또한, 판단이 흐려지거나 어려운 상황에 처했을 때는 현자의 조언을 구하는 것이 중요합니다. 현자들은 신앙적 통찰과 경험을 바탕으로 올바른 방향을 제시해 줄 수 있기 때문입니다.

2-4) 사악한 영의 두 얼굴: 신의 의도와 사탄의 계략

이 세상에는 악한 영들이 존재하는데, 그중 두 가지 종류로 나눠 볼 수 있습니다. 첫째는 하나님께서 직접적으로 사용하는 악한 영이고, 둘째는 하나님이 직접적으로 부리시지 않는 악한 영입니다. 하나님께서 사용하는 악한 영은 사람들에게 깨달음을 주기 위해 사용되며, 신앙과 경건함을 깨닫도록 도와주는 역할을 합니다. 때로는 하나님이 의도적으로 고난을 통해 사람들에게 중요한 교훈을 주기도 합니다. 예를 들어, 욥기 1장에서 사탄이 하나님께 욥에 대해 시험을 요청할 때, 하나님은 그에게 한계를 두고 시험할 수 있게 하십니다. 이로써 사탄조차도 하나님의 통제를 받으며, 그가 악을 행하는 목적은 사람을 유혹하고 시험하는 것이지만, 결국 그것이 하나님의 뜻을 이루는 도구로 사용될 수 있습니다.

반면, 하나님이 부리시지 않는 악한 영은 사탄의 세력 아래에서 활동합니다. 이들은 사람의 탐욕과 욕망을 자극하여 악을 행하게 만듭니다. 그런데도, 이 모든 악한 영들은 궁극적으로 하나님의 지배 아래에 있습니다. 하나님은 이들 악한 영의 활동을 제한하고 통제하실 수 있는 전능한 능력을 가지고 계십니다. 사탄이나 그 세력이 아무리 악한 일을 벌여도, 그들이 이루려는 목적은 하나님의 뜻 안에서만 이루어질 수 있습니다. 예를 들어 예수님이 돌아가셨을 때 사탄의 세력은 한때 그들이 계획한 일을 달성했다고 여겼지만, 그것은 하나님의 구속 계획을 완성하는 중요한 단계에 불과했습니다.

하나님이 사용하시는 악한 영에 대한 예를 들면, 구약에서 파라오는 6번째 재앙이 닥치자 모세의 요구를 받아들여 이스라엘 백성에게 자유를 주려고 했습니다. 그러나 하나님께서는 파라오의 마음을 완고하게 만드셔서 모세의 말을 듣지 않게 하셨고, 결국 더 큰 재앙들이 내려지게 되었습니다. 파라오의 마음을 완고하게 만들 때 사용한 것은 하나님께서 사용하시는 악한 영이라고 봅니다.

예수님의 부활 후, 대제사장들과 바리새인들은 예수님의 무덤을 지키고 있던 보초병들에게 뇌물을 주며 거짓 증언을 하도록 유도했습니다. 그들은 예수님의 부활이 사실임을 숨기기 위해 제자들이 그의 시체를 도적질했다고 주장하도록 했습니다. 이러한 행동은 하나님이 부리시지 않은 악한 영의 영향을 받은 사람들이라고 판단될 수 있습니다. 그들의 탐욕과 두려움에도 불구하고, 예수님의 부활은 막을 수 없었고, 하나님의 구속의 계획은 그대로 이루어졌습니다. 이처럼 악한 영의 유혹과 공격이 있더라도, 하나님은 결국 모든 일을 선으로 바꾸시고, 그의 뜻을 이루십니다.

[마태 27:63] 그들이 말하기를, "이 기만하던 자가 살아 있을 때에, 내가 사흘 만에 다시 살아날 것이다."라고 말하였다. (해설: 대제사장들과 바리새인들이 빌라도에게 나아가 말합니다. 그들은 예수님을 "저 미혹(현혹)하던 자"라고 칭하며, 예수님께서 살아 계셨을 때 "삼 일 후에 내가 다시 살아날 것이다."라고 말씀하신 것을 인용합니다. 이를 근거로 그들은 제자들이 예수님의 시체를 훔쳐 가 부활했다고 주장할 것을 우려하여 무덤을 굳게 지키게 해 달라고 요청합니다.)

이 장면은 예수님을 처형한 대제사장들과 바리새인들이 자신들의 목적을 달성했다고 믿으면서도, 여전히 두려움 속에 있는 모습을 보여 줍니다.

1) 하나님의 계획을 막으려는 사람의 시도

그들은 예수님의 시체가 사라지는 상황을 방지하려고, 빌라도의 권위를 빌려 경비병을 배치하고 무덤을 봉인했습니다. 하지만 이러한 노력은 하나님의 뜻에 대한 무지와 거부를 드러냅니다. 부활은 사람의 힘으로 막을 수 없는 하나님의 구속 계획의 중심 사건입니다.

2) 악한 영의 활동

이들의 행동은 하나님께서 부리시지 않은 악한 영의 영향으로 볼 수도 있습니다. 그들은 진리를 외면하고, 예수님의 부활을 막기 위해 거짓을 꾸미려는 시도를 이어 갔습니다. 이는 탐욕과 두려움에서 비롯된 악한 마음을 보여 줍니다.

3) 하나님의 컨트롤 아래 있는 악

그런데도, 이러한 사람의 악행과 사탄의 방해는 결국 하나님의 계획을 방해하지 못했습니다. 오히려 이러한 사건들은 예수님의 부활의 진정성을 더욱 부각시키는 계기가 되었습니다. 사람의 악한 시도가 하나님의 섭리 안에서 선으로 변환되는 것을 보여 줍니다.

이 본문은 사람의 악한 의도가 신의 계획을 방해할 수 없음을 강조하며, 우리가 항상 깨어 있어야 할 필요성을 상기시킵니다. 악한 영의 유혹에 넘어가지 않고 하나님의 뜻을 신뢰하는 것이 중요하다는 교훈을 줍니다.

[요한 13:2] 저녁 식사 후, 마귀가 이미 시몬의 아들 유다 이스카리옷의 마음에 예수를 배신할 생각을 넣었다. (해설: 유다 이스카리옷은 예수님의 열두 제자 중 하나였지만, 결국 마귀의 계략에 휘말려 예수님을 배반하게 된 인물입니다. 요한복음 13:2은 그의 마음속에 배반의 씨앗이 뿌려진 순간을 묘사합니다. 여기서 중요한 것은, 마귀가 유다의 마음을 단번에 지배한 것이 아니라, 그의 내면의 탐욕과 불안한 마음을 이용했다는 점입니다. 유다의 배신은 단순히 마귀의 강요뿐만 아니라, 유다 자신이 가진 내적 결핍과 욕망이 작용한 결과였던 것입니다.)

결국 우리가 깨달아야 할 것은, 사탄과 그의 영들이 사람의 마음을 유혹하고 교란시키려 하지만, 하나님은 여전히 모든 것을 다스리신다는 사실입니다. 우리가 이 사실을 믿고 하나님 안에서 경계를 게을리하지 않으면, 악한 영의 유혹을 이겨 낼 수 있습니다.

하나님이 부리시는 사악한 영의 관점에서 본 사건

성경을 살펴보면, 하나님께서 특정한 목적을 이루기 위해 악한 영을 사용하시는 장면이 종종 등장합니다. 예를 들어, 사울왕에게 악한 영이 임해 그를 괴롭힌 사례(사무엘상 16:14, "여호와의 영이 사울을 떠나시고, 여호와께서 보내신 악한 영이 그를 괴롭게 하였다.")가 있습니다. 유다의 배반도 이와 유사한 맥락에서 해석될 수 있습니다. 예수님의 십자가 사건은 인류의 성찰과 구원의 핵심(깨어 있으라.)이며, 이를 위해 유다의 배반은 반드시 일어나야 했습니다. 따라서 유다의 행동은 하나님께서 구속 계획을 이루기 위해 허락하신 일이었다고 볼 수 있습니다. 이는 하나님께서 악을 선한 목적을 위해 사용하시는 초월적인 주권을 보여 주는 사례라고 할 수 있습니다.

유다의 죄책감과 최후

유다는 예수님을 배신한 뒤, 자신의 잘못을 깨닫고 깊은 죄책감에 빠졌습니다. 그는 자신이 받은 은 삼십을 성전으로 던져 버리며 회개를 표현했지만, 끝내 극단적인 선택을 하고 맙니다(마태 27:5). 그의 자살은 죄가 사람을 어떻게 파괴할 수 있는지 보여 주는 비극적인 사례입니다. 또한 이는 하나님께 회개와 용서를 구하지 않고 스스로의 판단에 의존할 때 사람이 얼마나 큰 절망에 빠질 수 있는지를 경고합니다.

이 사건이 주는 교훈

유다의 배반 이야기는 마귀의 유혹이 얼마나 강력한지를 보여 주며, 그러나 그것이 결국 우리의 선택에 달려 있다는 점을 상기시킵니다. 마귀는 사람의 약점을 공격하여 악을 행하게 하지만, 결국 중요한 것은 우리가 어떤 길을 선택하느냐입니다. 유다의 이야기는 단순히 실패와 비극의 이야기가 아닙니다. 오히려 우리의 내면을 점검하고, 하나님의 뜻을 신뢰하며 의지해야 한다는 교훈을 전해 줍니다.

예수께서 주신 주기도문 중 "우리를 유혹에 빠지지 않게 하시고"라는 말은 유혹을 이겨 내기가 쉽지 않다는 사실을 뜻합니다. 마귀는 언제나 사람의 마음을 노리고 있기 때문에, 우리는 항상 깨어 있어야 합니다. 마태복음 26:41에서 예수께서 말씀하신 것처럼, "항상 깨어 있으라."라는 경고는 마음의 문을 단단히 지켜야 한다는 의미입니다. 또한, 잘못된 길로 갈 위험이 있을 때, 우리는 하나님께 기도하며 도움을 구하는 자세가 필요합니다.

유다의 선택은 그의 파멸로 끝났지만, 우리의 선택은 하나님의 은혜로 구원의 문으로 이어질 수 있습니다.

사탄의 궁극적인 목적

사탄의 궁극적인 목적은 이 세상을 철저히 통제된 사회로 바꾸는 것입니다. 이는 하늘나라가 하나님께서 주관하시는 곳으로, 사탄이 더 이상 설 자리가 없기 때문입니다. 하나님은 윤회를 통해 사람들에게 새로운 기회를 주시고자 하십니다. 그러나 현재 세상이 통제 사회로 변하게 되면, 천국으로 들어갈 수 있는 사람은 극히 적어질 것입니다. 왜냐하면 통제 사회는 종교의 자유를 억압하고, 하나님보다 권력자의 권위를 더 높이는 체제이기 때문입니다. 이 사회에서는 생존을 위해 발버둥 치는 사람들이 대다수를 차지하게 되고, 선을 행하기보다는 서로를 짓밟는 일이 일상화됩니다. 결국, 가난과 불의가 만연하고, 종교 활동은 지하에서 몰래 이루어지며, 사람들은 억압된 삶을 강요받게 될 것입니다.

현재 일부에서는 '흙수저'와 '금수저'를 지나치게 비교하며, 돈이 많아야만 행복한 결혼을 할 수 있다는 왜곡된 논리를 퍼뜨리고 있습니다. 물론 적당한 경제적 여유가 행복에 기여할 수 있지만, 이러한 사고방식은 많은 젊은이가 결혼을 포기하게 만들고, '욜로(YOLO)'라는 신조어를 내세워 개인적인 즐거움과 삶을 우선시하는 풍조를 조장하고 있습니다. 결국 이러한 흐름은 결혼과 출산율 감소로며, 오랜 문화적 전통을 무너뜨리고 인류의 지속 가능성을 위협하게 됩니다. 현재 우리 사회는 이미 유럽처럼 저출산 사회로 빠르게 접어들고 있습니다.

제 아버지께서는 종종 젊었을 적 이야기를 들려주십니다. 한 달 월급이 2만 원이던 시절, 하루 세끼를 제대로 먹지 못했던 어려운 시절에도 사람들은 결혼했고 아이를 낳았다고 하십니다. 수익의 절반이 월세로 나가던 팍팍한 삶이었지만, 부모님 세대는 희생과 노력을 통해 한강의 기적을 이루며 우리에게 더 나은 세상을 물려주셨습니다. 현재의 우리는 높은 집값이나 경제적 이유로 결혼을 미루고 있지는 않은지, 혹은 일부 극단적인 페미니즘 등 특정 이념에 의해 우리도 모르게 미디어에 영향을 받아 성가정을 이루는 것을 회피하거나 꺼리는 것은 아닌지 스스로 점검해 볼 필요가 있습니다.

물론, 일정 부분에서는 복지와 기회가 공평하도록 노력해야 하지만, 사탄은 사람들에게 '불만'과 '불평등'이라는 피해의식을 심어 주어 불필요한 갈등을 일으키도록 유도합니다. 그러나 사탄은 우리가 받아들이지 않는 한 우리의 마음속에 들어오기가 어렵습니다. 모든 것은 선택의 문제입니다. 만약 스스로 사탄의 유혹을 거부한다면, 그 어떠한 유혹에도 굴복하지 않을 수 있습니다.

  어렸을 적 우리가 즐겨 보던 만화, 〈손오공〉을 떠올려 봅시다. 손오공이 아무리 요술을 부리고 구름을 타고 다녀도 결국 부처님의 손바닥 안에 있었던 것처럼, 이 세상을 장악하려는 사탄의 술수도 하나님의 손 안에 있습니다. 그러므로 우리는 탐욕을 절제하고 늘 깨어 있어 사탄의 속임수에 넘어가지 않도록 해야 합니다. 하나님의 진리 안에서 믿음을 굳게 지킬 때, 우리는 이 험난한 세상에서도 빛과 소금으로 살아갈 수 있을 것입니다.

Faith and science are like two wings of a bird;
together, they allow us to soar.

믿음과 과학은 새의 두 날개와 같다.
함께할 때 우리는 높이 날 수 있다.

3. 금단의 질문: 카인의 아내는 누구인가?
   (저자의 통찰)

성경에 따르면 인류의 첫 조상은 아담과 하와(이브)라고 전해집니다. 아담과 하와에게는 두 아들이 있었는데, 장남은 카인이고 차남은 아벨입니다. 그러나 카인은 하나님께서 동생 아벨의 제사를 더 기뻐하신다는 이유로 질투심에 사로잡혀 결국 아벨을 돌로 쳐 죽이는 끔찍한 죄를 저지르고 맙니다. 이는 성경에서 기록된 최초의 살인 사건으로, 사람의 타락과 죄악의 본성을 잘 보여 주는 이야기이기도 합니다.

그런데도, 하나님께서는 카인을 벌하시는 동시에 그를 보호하십니다. 창세기 4:15에서는 하나님께서 카인에게 표식을 주시며, 누구든 카인을 해치는 자는 7배의 벌을 받을 것이라고 경고하십니다. 이 표식은 단순히 카인을 위한 보호막 이상의 의미를 담고 있습니다. 이는 하나님의 심판 속에서도 여전히 사람에 대한 은혜와 자비를 보여 주는 장면으로, 하나님의 사랑이 얼마나 크고 깊은지 상징적으로 나타냅니다.

하지만 여기서 흥미로운 질문이 생깁니다. 카인이 아담과 하와를 떠나서 새로운 삶을 시작하며 결혼을 하고 자녀를 낳았다고 하는데, 그 아내는 누구였을까요? 그리고 '카인을 해치는 자'를 가리킬 때 카인 외 사람들은 어디 있었으며 어디서 나온 걸까요? 성경은 이 점에 대해 구체적으로 설명하지 않아 독자들 사이에서 다양한 해석과 논의가 이어지고 있습니다.

성경이 전하는 카인의 후손들

창세기 4장과 5장을 요약하면, 카인은 에녹이라는 아들을 낳습니다. 이후 에녹은 이랏을 낳고, 이랏은 므후야엘을, 므후야엘은 므두사엘을, 므두사엘은 라멕을 낳습니다. 라멕은 두 아내를 맞이했는데, 한 아내는 아다였고 다른 한 아내는 실라였습니다. 이 두 아내와의 결혼을 통해 라멕은 인류 역사에 중요한 역할을 하는 후손들을 두게 됩니다.

아다의 아들 야발은 가축을 기르는 문화의 시조로 여겨지며, 유발은 하프와 오르간을 다루는 음악의 조상으로 기록됩니다. 한편, 실라의 아들 투발카인은 금속을 다루는 기술의 선구자로 묘사되며, 놋과 철로 도구를 만드는 문화를 개척했다고 전해집니다. 이처럼 카인의 후손들은 인류 문명 초기 단계에서 매우 중요한 역할을 담당했습니다. 그들의 기술과 지식은 이후 인류의 발전에 깊은 영향을 미쳤습니다.

카인의 아내와 초기 인류의 비밀

카인의 아내와 다른 사람들의 출처에 대해 저는 새로운 가설을 제안하고자 합니다. 기존 가설에 따르면, 아담과 하와는 성경에서 인류의 시초로 묘사되며 "생육하고 번성하라."라는 하나님의 명령을 받았습니다. 이에 따라 카인의 아내는 그의 누이 혹은 가까운 친족 중 한 사람이었을 가능성이 제기됩니다.

만약 인류가 막 시작된 상태였다면, 근친결혼이 불가피했을 것이라는 추정은 타당해 보입니다. 그러나 성경에는 아담과 하와의 자녀로 '카인, 아벨, 셋'만 명시되어 있어 이러한 가설이 충분한 설득력이 있기에는 한계가 있습니다. 이를 바탕으로, 초기 인류의 확장 과정에 대해 기존 가설 외에 다른 가능성을 탐구할 필요성이 제기됩니다.

제가 제안하는 가설은, 성경을 다른 관점에서 해석해 보면 하나님께서 아담과 하와 외에도 그 이전에 다른 사람들을 창조하셨을 가능성이 있다는 것입니다. 이 말은 창세기 1장에서 6일째 만든 사람과 아담과 하와는 다른 사람이라는 것입니다. 성경에 기록된 아담과 하와의 이야기는 인류 역사에서 특정 혈통을 중심으로 한 기록일 가능성이 있습니다. 이에 따라 다른 지역에도 초기 인류가 존재했을 가능성을 제기할 수 있습니다. 이러한 초기 인류는 창세기 1:26-27에서 언급된 "우리의 형상을 따라 우리의 모양대로 사람을 만들자"라는 하나님의 말씀에 따라, 아담과 하와 이전에 창조된 존재들이라고 생각됩니다. 이 구절은 하나님께서 사람을 창조하신 첫 번째 언급으로, 이후 아담과 하와의 창조가 더 구체적으로 다루어지는 창세기 2장과는 구별될 수 있습니다. 따라서 창세기 1장에서 묘사된 창조는 전 세계적인 초기 인류를, 창세기 2장은 특정 혈통을 시작한 아담과 하와를 가리킨다는 해석이 가능하다고 판단됩니다.

[창세기 4:15] 여호와께서 그에게 이르시되, 누구든지 카인을 죽이는 자는 일곱 배로 벌을 받을 것이라 하시고, 카인을 위해 표를 주어 그를 만나는 모든 사람이 그를 죽이지 못하게 하셨습니다.

6일째 창조된 사람 vs 에덴동산에서 창조된 사람

이것에 대한 필자의 해석은, 앞서 언급한 것처럼 6일째 창조된 사람들은 몸과 혼만 가진 존재였으며, 에덴동산의 아담과 하와는 하나님의 생기를 통해 영을 추가로 가진 특별한 존재였습니다. 이는 에덴동산의 사람이 하나님의 깊은 계획과 특별한 역할을 위해 창조되었음을 시사합니다.

[창세기 1:26-27] 하나님께서 말씀하시기를, '우리가 우리의 형상을 따라, 우리의 모양대로 사람을 만들고, 그로 하여금 바다의 물고기와 공중의 새와 가축과 온 땅과 땅에 기는 모든 것을 다스리게 하자' 하시고, 이처럼 하나님께서 자신의 형상대로 사람을 창조하시되, 하나님의 형상대로 남자와 여자를 창조하셨습니다.

여기서 창조된 사람들은 몸(육)과 혼을 가진 존재로 보이며, 동물들과 유사한 차원에서 창조된 것으로 해석할 수 있습니다. 이들에게는 하나님의 형상이라는 특별한 점이 주어졌지만, '영'에 대한 구체적인 언급은 나타나지 않습니다. 이는 이들이 동물과 비슷하게 육체적이고 혼적인 생명체였음을 암시합니다.

반면, 창세기 2장에서는 에덴동산의 아담과 하와가 창조되는 과정을 더욱 상세히 다룹니다. 하나님께서 직접 흙으로 사람을 빚으시고, 그의 콧구멍에 생명의 호흡을 불어넣으심으로써 아담은 살아 있는 존재가 되었습니다. 여기서 하나님이 직접 불어넣으신 생명의 호흡은 '영'을 상징하는 것으로, 아담과 하와는 영, 혼, 육을 모두 가진 존재로 창조되

없음을 보여 줍니다.

[창세기 2:7] 주 하나님께서 땅의 흙으로 사람을 지으시고, 그의 콧구멍에 생명의 숨을 불어넣으시니, 사람이 살아 있는 혼이 되었습니다.

이 두 본문은 창조된 사람들 간에 본질적인 차이가 있음을 암시합니다. 창세기 1장에서 6일째 창조된 사람들은 육체와 혼만 가진 존재로 이해될 수 있는 반면, 창세기 2장의 아담과 하와는 하나님의 생기를 받아 영까지 소유한 특별한 존재로 묘사됩니다. 이는 에덴동산의 사람들이 단순히 생명체로 창조된 것이 아니라, 하나님의 특별한 계획과 의도를 반영하며, 그분의 특별한 목적을 수행하도록 설계되었음을 시사합니다.

카인의 아내와 그 정체

창세기 4장에서는 카인이 동생 아벨을 죽이고 나서 에덴동산 밖으로 나가 새로운 삶을 시작하며 아내를 맞이하는 이야기가 나옵니다. 여기서 등장하는 카인의 아내는 성경에서 이름이 언급되지 않으며, 이에 대한 저의 해석은 다음과 같습니다.

성경의 주요 인물은 누구로부터 몇 대손인지 남자건 여자건 모두 족보가 나옵니다. 그러나 카인의 아내의 경우에는 6일째 창조된 사람들처럼 육과 혼만 있는 동물과 같은 존재였기에 이름이 없었던 것입니다. 카인과 같은 '영, 혼, 육'의 존재가 아니었기에, 그들의 이름이 중요하지 않게 여겨졌다고 판단합니다. 이는 동물들이 족보에 포함되지 않는 것과 유사한 이치로 볼 수 있습니다.

흥미로운 점은, 카인과 그의 아내 사이에서 태어난 자녀들은 모두 영을 가진 존재로 태어났다는 것입니다. 이는 카인의 후손이 카인과 같은 '영'의 존재로 태어났음을 보여 주는 사례로, 영적 속성이 혈통을 통해 전수될 수 있다는 중요한 시사점을 제공합니다.

창세기 4장과 5장을 요약하면,
카인(영, 혼, 육)과 아내(혼, 육)가 에녹(영, 혼, 육)을 낳고 그가 이랏(영, 혼, 육)을 낳고 그가 므후야엘(영, 혼, 육)을 낳고 그가 므두사엘(영, 혼, 육)을 낳습니다.
그가 라멕을 낳고 라멕(영, 혼, 육)이 아내 둘과 결혼하는데 한 명은 아다(영, 혼, 육)요 나머지 한 명은 실라(영, 혼, 육)였습니다. 아다와 실라의 아들들은 모두 영, 혼, 육이 존재합니다. 아다의 아들들은 후세에 인류 역사에 중요한 역할을 하는 사람들입니다. 야발은 가축을 기르는 조상, 유발은 하프, 오르간을 다루는 조상, 실라의 아들인 투발카인은 놋, 철을 다루는 조상입니다.

과학과 신앙의 융합: 〈저자의 통찰〉

과학과 신앙이 상충하는 것처럼 보이지만, 이로써 둘을 통합적으로 해석할 수 있습니다.

- 오스트랄로피테쿠스와 6일째 창조된 사람의 유사성

과학자들의 주장에 따르면 오스트랄로피테쿠스는 약 400-200만 년 전 지구에 살았던 초기 인류로, 두 발로 걸었으며 간단한 도구를 사용한 것으로 보입니다. 과학적으로는 인간 진화의 초기 단계를 대표하는 존재로 여겨집니다. 이들은 육체와 본능을 가진 생물학적 존재로, 동물에 가까운 생존 방식을 따랐으며 점차 지능과 행동 면에서 사람으로 발전하는 단계를 보여 주었습니다. 필자는 창세기 1장에서 6일째 창조된 사람들과 유사하다고 판단합니다. 초기 인류도 육체와 기본적인 정신 활동(혼)을 가진 존재였다는 점에서 성경의 창조 이야기와 연결될 여지가 있습니다. 이들은 동물과 유사한 방식으로 살아갔지만, 점차적으로 더 높은 의식과 지성을 발전시키는 과정을 거쳤다고 볼 수 있습니다.

- 영적 존재인 아담과 하와

약 6천 년 전 에덴동산에서 창조된 아담과 하와는 초기 인류 중 하나님께서 특별히 선택하시고 영을 부여하신 존재로 볼 수 있습니다. 이는 초기 인류의 진화 과정 중 어느 순간, 하나님께서 사람에게 영적 본성을 부여하셨음을 상징적으로 나타낼 수 있습니다.

결론적으로, 과학자들이 주장하는 초기 인류가 오스트랄로피테쿠스라는 주장은 6일째 창조된 사람으로, 종교인들이 믿는 아담과 하와가 인류의 영적 조상이라는 주장도 동시에 맞을 수 있습니다.

- 하나님의 아들과 사람의 딸의 결합

창세기 6장에서는 하나님의 아들과 사람의 딸들이 결합하는 이야기가 나옵니다. 저는 이 부분을 당시 영, 혼, 육을 가진 존재들과 혼과 육만 가진 존재들의 결합으로 해석하였습니다.

창세기 6:2에는 "하나님의 아들들이 사람의 딸들의 아름다움을 보고, 자기들이 택한 모든 여자를 아내로 삼았습니다."라고 기록되어 있습니다.

이 본문은 사람 사회에서 영이 있는 사람과 영이 없는 사람 간의 혼합이 이루어졌음을 보여 줍니다. 이를 통해 인류는 더 다양한 영적 본성을 가진 존재들로 변화되었을 것으로 판단됩니다. 또한, 이러한 결합은 사람이 하나님의 계획에 따라 더 복잡한 관계 속에서 발전해 나갔음을 시사합니다.

결론적으로 6일째 창조된 사람들과 에덴동산에서 창조된 아담과 하와는 각각 다른 역할과 본질을 지닌 존재들이었다고 판단됩니다. 아담과 하와는 하나님의 생기를 통해 특별한 사명을 맡은 영적인 존재였고, 6일째 창조된 사람들은 동물과 같이 혼과 육체적 존재로 이해하게 된다면 성경을 과학과 통합할 수 있으며 성경을 다양한 각도에서 이해할 수 있습니다.

다음 페이지에서는 성경에 기록된 인류 역사를 연대별로 요약하고 체계적으로 정리하였습니다. 특히 필자가 강조하고자 했던 독창적인 관점은 초기 인류, 즉 '혼과 육만 있는 오스트랄로피테쿠스의 후손들'과 성경에 등장하는 '영, 혼, 육을 모두 가진 아담과 하와(이브)의 후손들'이 대홍수 사건(노아의 방주) 이전에 공존했을 가능성을 제시한 부분입니다. 또한, 인류 문명의 흐름에서 중요한 4대 문명의 기원이 기원전 약 3,000년경으로 추정되며, 이는 성경 속 노아의 방주 사건보다 시기적으로 약간 앞선다는 점도 주목할 만합니다. 더불어, 노아의 방주 사건 이후의 시점이 중국의 3황5제 시대 및 고조선의 형성 시기와 유사하다는 점은 역사적 연관성을 새롭게 생각해 볼 기회를 제공합니다.

이번 구성에서는 아담과 하와로부터 예수 탄생에 이르기까지의 성경적 역사와 동시에, 같은 시기의 한국, 중국 그리고 유럽의 역사를 하나의 연대기로 정리하였습니다. 이를 통해 동서양의 역사와 성경 이야기가 어떻게 맞물려 있는지를 한눈에 조망할 수 있도록 오랜 시간 고민하며 구성했습니다. 이러한 관점은 단순한 시간의 나열을 넘어 성경적 역사와 세계사의 연결성을 탐구하려는 필자의 독창적인 시도를 담고 있으니, 깊이 있게 봐 주시길 바랍니다.

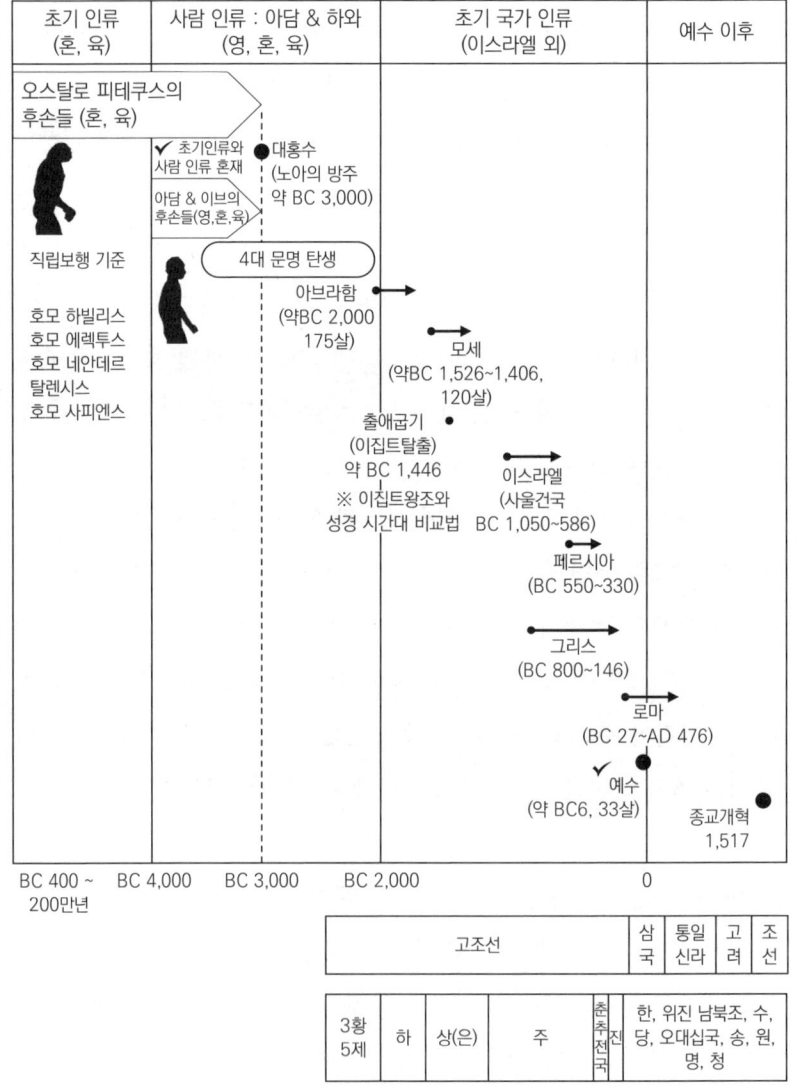

[약 6024년 동안의 인류 역사]

[창세기 1:26-27] 하나님께서 말씀하시기를, '우리가 우리의 형상을 따라 우리의 모양대로 사람을 만들자. 그로 하여금 바다의 물고기와 공중의 새와 가축과 온 땅과 땅에 기는 모든 것을 다스리게 하자' 하셨습니다. 이처럼 하나님께서 자신의 형상대로 사람을 창조하시되, 하나님의 형상대로 그를 창조하시고, 남자와 여자로 그들을 창조하셨습니다.

[창세기 2:7] 주 하나님께서 땅의 흙으로 사람을 지으시고, 그의 콧구멍에 생명의 숨을 불어넣으시니, 사람이 살아 있는 혼이 되었습니다.

[창세기 6:5-6] 여호와께서 사람의 죄악이 세상에 가득함을 보시고, 그 마음의 모든 생각이 항상 악할 뿐임을 보셨습니다. 여호와께서 땅 위에 사람을 창조하신 것을 한탄하시며, 마음에 근심하셨습니다. (해설: 창세기 6장은 사람의 타락과 하나님의 비통함을 잘 보여 줍니다. 하나님은 사람이 마음속에서 자신의 이익만 추구하려는 악한 생각을 품고 살며 도덕을 저버린 것을 보고 깊은 고통을 느끼셨습니다. "사람의 사악함이 세상에 가득해짐과 그 마음의 모든 생각이 계속해서 악할 뿐임을 보시고"라는 구절에서, 사람의 타락이 얼마나 심각했는지를 알 수 있습니다. 그 시대에는 하나님과 교제가 가능한 '영, 혼, 육'을 가진 사람들과, 본능에 따른 '혼, 육'만을 가진 사람들이 혼재되어 있었습니다. 시간이 흐르며, 영이 있는 사람과 없는 사람을 막론하고 도덕과 의로움은 사라지고 탐욕과 악만이 남았습니다. 이에 하나님은 세상을 심판하시기로 결심하셨고, 노아와 그의 가족만을 구원하셨습니다.)

[창세기 6:9] 노아는 의로운 사람으로, 그 세대에서 완전한 자였으며, 하나님과 동행하였습니다. (해설: 노아는 "의로운 사람" 즉 "의인"으로서 선을 행하고 악을 행하지 않음으로 하나님의 뜻대로 생각하고 행동하였습니다. 그럼 의인은 무엇을 의미할까요? 의인이라는 말은 단순히

도덕적으로 착한 사람을 의미하는 것 이상입니다. 제가 해석하는 의인은 '생각과 행동이 일치하는 사람'입니다. 즉, 그 사람의 마음속의 선한 생각이 외부에서 드러나는 행동으로 이어지는 사람을 의미합니다. 노아는 당시 세상이 타락하고 부패했음에도 불구하고 하나님의 뜻을 따랐습니다. 그는 믿음으로 하나님과의 관계를 지키며, 그 믿음에 따라 행동했습니다. 노아의 의로움은 단지 겉으로 보이는 선한 마음이나 행동에 그치지 않고, 그의 내면에서 우러난 하나님을 향한 진정한 신뢰와 경외에서 비롯된 실천이었습니다. 따라서, 의인은 단순히 도덕적으로 옳은 일을 하는 사람뿐만 아니라, 생각과 행동이 일치하는 사람입니다. 노아처럼, 우리의 내면과 외면이 일치하는 삶을 살아가야 진정한 의인이라 할 수 있습니다.)

[창세기 7:4] 7일 후에 내가 비를 땅 위에 40일 40밤 동안 내리리니, 내가 만든 모든 생물을 땅에서 멸망시키리라. (해설: 성경에 따르면, 노아는 600세에 홍수를 맞이했습니다. 하나님은 노아에게 방주를 만들라고 명령하시고, 그가 방주를 완성한 후, 홍수가 시작되었습니다. 홍수는 40일 동안 계속 비가 내리며, 물이 땅을 덮기 시작했습니다. 40일 동안 내린 비는 단순한 폭우가 아니었고, 그 결과로 땅 위의 모든 것들이 물에 잠기게 되었습니다. 이 비가 끝난 후에도 물은 쉽게 빠지지 않았습니다. 물은 150일 동안 땅 위에 차고 넘쳤고, 그 기간 동안 세상의 모든 생명은 멸망했습니다. 이 홍수는 하나님의 심판이자, 그 당시의 타락한 사람 사회에 대한 경고였습니다. 그러나 노아와 그의 가족은 의롭게 살았기에 구원받았고, 새로운 시작을 위한 기회를 얻었습니다.)

[창세기 8:13] 노아가 601세 되던 해, 첫째 달 첫째 날에 땅의 물이 말랐습니다. 노아가 방주의 덮개를 열고 보니, 땅의 표면에서 물이 완전히 말랐습니다.

The deeds of a past life bloom in the present
like a lotus flower.
과거 삶의 행위는 현재에 꽃처럼 아름답게 피어난다.

4. 윤회와 전생의 흔적: 성경에 나오는 윤회와 전생의 비밀

초기 성경에는 윤회와 관련된 내용이 상당히 많이 포함되어 있었습니다. 그러나 시간이 지나면서 정치적, 종교적 이유로 인해 성경의 일부 내용이 삭제되거나 수정되었습니다. 그럼에도 불구하고, 성경 곳곳에는 윤회와 관련된 흔적이 여전히 남아 있음을 알 수 있습니다.

예를 들어, 특정 구절들은 환생이나 삶의 반복적인 과정에 대해 암시하고 있는 것으로 해석됩니다.

성경에 담긴 윤회와 관련된 구절들을 연구하고 탐구하는 것은 매우 흥미로운 주제로, 잃어버린 영적인 진리나 초기 신앙의 흔적을 엿볼 수 있습니다. 성경은 오랜 세월 동안 다양한 문화적, 신학적 해석과 편집 과정을 거치며 변형되었지만, 그 안에는 여전히 잃어버린 조각처럼 윤회와 관련된 흔적들이 숨겨져 있습니다.

이러한 관점은 성경을 새로운 시각에서 해석하도록 영감을 주며, 인간 영혼의 여정과 삶의 의미에 대해 더욱 깊이 숙고하게 만듭니다. 특히, 윤회의 개념을 바탕으로 성경을 바라본다면, 삶과 죽음 그리고 영혼의 지속성에 대한 성경적 메시지가 기존의 교리적 이해를 넘어선 새로운 통찰을 제공할 수 있습니다.

따라서, 윤회와 관련된 구절을 탐구하는 것은 단순히 성경의 내용을 재검토하는 것을 넘어, 인간 존재와 영혼의 본질에 대한 더 깊은 이해로 나아가는 여정이 될 수 있습니다.

4-1) 삭제된 진실: 신약의 변경

초기 기독교와 윤회 사상에 관한 역사는 매우 흥미롭습니다. 신약 성경의 많은 부분이 예수님의 말씀을 담고 있었지만, 시간이 지나며 정치적, 종교적 이유로 수정과 삭제가 이루어졌습니다. 대표적인 사례로, 553년 콘스탄티노폴리스 공의회에서 약 3만 개의 단어가 삭제되거나 변형되었는데, 이는 당시 유럽의 왕들과 사제들이 윤회 사상이 왕권과 교황권을 위협한다고 판단했기 때문입니다.

예수님의 부활과 승천 이후, 초기 기독교회는 윤회와 환생을 정식으로 인정했으며, 이는 교회 신학적 가르침의 일부였습니다. 2세기경 로마 최초의 기독교 학교를 설립한 순교자 유스티누스, 성 아우구스티누스 그리고 알렉산드리아의 클레멘스 같은 인물들은 환생설을 가르쳤습니다. 또한, 당대 가장 영향력 있던 종파인 그노시스파와 마니교도 역시 윤회 사상을 교리의 중요한 축으로 삼았습니다.

동서 로마의 분열 후에도 이러한 가르침은 지속되었습니다. 서로마의 바티칸 교회와 동로마의 동방 교회(그리스 정교회)는 모두 한때 윤회를 인정했는데, 초기 약 400년 동안 환생설은 기독교의 보편적인 가르침으로 자리 잡고 있었습니다. 그러나 종교와 왕권이 결탁하면서, 영혼의 구원이 개인의 노력이나 전생의 업에 의해 이루어진다는 믿음이 교회와 황제의 권위를 약화할 것을 우려한 결과, '영혼의 선재론(전생과 윤회)'은 교회 신학에서 삭제되었습니다.

서기 4세기, 로마 황제 콘스탄티누스 대제는 기독교를 공인하며 성경에서 환생과 관련된 구절들을 제거하기 시작했습니다. 특히 325년 니케아 공의회 이후, 복음서에 나타난 환생을 암시하는 구절들이 모두 삭제되었습니다.

그 후, 6세기 동로마 제국의 유스티니아누스 황제는 윤회설을 단독으로 이단으로 규정하며 553년 콘스탄티노폴리스 공의회를 소집했습니다. 황제와 그의 아내는 윤회 사상이 왕권 신격화에 방해가 된다고 판단해, 이를 금지하고 환생 사상을 가르친 오리게네스와 그의 지지자들을 이단으로 몰았습니다. 이러한 탄압 속에서 기독교 내 환생설은 점차 사라졌지만, 일부 교파들 속에서 그 믿음은 면면히 이어져 왔습니다.

르네상스 시대에는 환생설이 한때 지성인들의 주목을 받았으며, 19세기 말 신지학(Theosophy) 운동이 일어나면서 윤회 사상은 다시금 부활했습니다. 신지학자들은 불교와 힌두교의 윤회사상을 기독교적 전통과 융합하려는 노력을 기울였고, 현대에 이르러 일부 성직자들도 윤회에 긍정적인 견해를 보였습니다.

예를 들어, 벨기에의 메르시 추기경은 "개인적으로 윤회를 믿지는 않지만, 윤회 사상이 가톨릭의 본질적 가르침과 모순되지는 않는다."라고 말했으며, 런던 성 바울 교회의 잉그 감독은 "윤회론과 근대 감리교 교리 사이에는 아무런 모순이 없다."라고 언급했습니다. 감리교 목사인 레슬리 웨더헤드 역시 윤회론의 지지자로 알려져 있습니다.

고대와 근대의 대표적 지성인들 중에도 윤회를 믿었던 사람들이 많습니다. 플라톤, 피타고라스, 플루타르코스를 비롯해 로마의 문호 버질과 에니우스, 근세의 쇼펜하우어, 헤겔, 볼테르, 에머슨, 발자크, 빅토르 위고, 베토벤, 톨스토이, 벤저민 프랭클린, 심지어 헨리 포드 같은 인물들까지 윤회론을 신봉했다고 알려져 있습니다.

결과적으로 콘스탄티누스 대제는 기독교를 공인하고 보편화하는 데 중요한 역할을 했다는 점에서 역사적으로 큰 업적을 남겼습니다. 그러나 그의 행적에는 인류와 하나님 앞에서 깊이 성찰해야 할 부분도 존재한다는 평가가 있습니다. 그는 기독교를 자신의 정치적 목적에 부합하도록 이용하며, 초기 기독교 공동체가 가지고 있던 영적 다양성과 순수성을 억압했습니다.

(※ 영적 다양성: 종교 내에서 다양한 영적 관점, 실천, 가르침, 신학적 해석이 존재하는 상태를 의미)

더욱이, 기독교의 본질적 가르침 일부를 의도적으로 변질시키고, 정치적 이해관계에 따라 성경의 내용을 삭제하거나 왜곡하는 결정을 내림으로써 기독교 신앙의 근본을 훼손했습니다. 이는 교회의 영적 유산에 깊은 영향을 미쳤을 뿐만 아니라, 신앙의 본질과 순수성을 유지하려 했던 초기 신자들의 가르침을 크게 왜곡한 결과를 초래했습니다.

따라서, 그의 행적은 기독교 역사에 중요한 전환점이 되었지만, 동시에 신앙의 핵심을 정치적 수단으로 전락시키는 부정적 유산을 남겼다는 점에서 비판적으로 재조명될 필요가 있습니다.

특히, 윤회와 관련된 사상을 삭제하고 이를 이단으로 규정한 것은 단지 신학적 논쟁이 아니라, 그의 권력과 정치적 야망을 위한 행위였다고 판단됩니다. 영혼의 구원이 개인의 노력과 자유로운 선택에 의해 이루어진다는 윤리적 가르침은 교회와 황제의 권위에 의존하지 않는 신앙을 가능하게 했습니다. 그러나 이러한 가르침은 그에게 위협으로 여겨졌고, 결국 억압과 왜곡으로 이어졌습니다.

이로 인해, 인류는 초기 기독교의 풍부한 영적 전통과 다양성을 상실했고, 교회의 권위는 하나님보다 사람의 정치적 권력에 의존하는 방향으로 변질되었습니다. 이러한 점에서, 콘스탄티누스 대제는 하나님과 인류의 진리에 반하는 결정을 내린 인물로 평가될 수 있습니다. 그의 결정이 오늘날까지도 기독교 신학과 신앙의 역사에 깊은 상처를 남겼다는 점은 부인할 수 없습니다.

결국, 그의 행적은 우리에게 신앙의 본질이 무엇인지, 그리고 진리가 정치적 목적에 의해 왜곡될 때 어떤 결과를 초래하는지를 숙고하게 만듭니다. 이는 현재의 우리들에게도 여전히 중요한 교훈이 될 것입니다.

[라파엘로, 〈콘스탄티누스의 세례〉]

4-2) 성경에서 발견되는 윤회의 흔적

성경에서 발견되는 윤회의 흔적은 크게 세 가지 성경 구절을 통해 확인할 수 있습니다. 첫째, 세례자 요한과 엘리야의 관계에 대한 언급, 둘째는 욥기에서 드러나는 내용, 셋째는 외경인 마카베오기 하권에서 발견되는 문맥들이 그것입니다.

첫째, 성경에서 윤회 사상의 흔적을 찾을 수 있는 대표적인 구절 중 하나는 예수님께서 세례자 요한에 대해 언급하신 내용입니다. 이를 통해 초기 기독교에서 윤회 사상이 암묵적으로 존재했음을 엿볼 수 있습니다. 구약의 말라기서와 신약의 복음서들에서 나타나는 관련 구절들은 이러한 가능성을 더욱 뒷받침합니다. 예수님은 세례자 요한이 구약의 핵심 선지자 엘리야의 환생임을 암시하시며, 이를 알아차리지 못하는 이들에게 질문을 던지셨습니다.

구약과 신약의 연결: 엘리야와 세례자 요한

- 구약의 말라기 4:5
"보라, 여호와의 크고 두려운 날이 오기 전에 내가 엘리야 선지자를 너희에게 보내리라." (해설: 여기서 "크고 두려운 날"은 예수님의 십자가 처형과 관련이 있으며, 메시아가 올 것과 함께 죽은 엘리야가 환생하여 돌아올 것임을 예고한 구절로 해석됩니다.)

- 신약의 마가복음 9장, 마태복음 11장, 마태복음 17장 내용
[마가 9:12-13] 예수께서 대답하여 이르시되, '엘리야가 반드시 먼저

와서 모든 것을 회복시킬 것이다. 그러나 내가 너희에게 말하노니, 엘리야가 이미 왔으나 그들은 그에 관하여 기록된 대로 마음대로 대우하였다. 인자도 그들에게 그렇게 고난을 받을 것이다.' (해설: 이 구절은 엘리야가 이미 왔다는 사실, 즉 세례자 요한이 그 엘리야의 재림임을 명확히 밝히고 있습니다. 그러나 사람들은 그를 알아보지 못하고 거부하였으며, 예수님은 요한이 감당해야 했던 고난과 그가 수행해야 했던 역할을 암시하면서, 요한이 엘리야의 환생임을 은유적으로 드러내고 있습니다.)

[마태 11:14] 예수님께서는 세례자 요한에 대해 직접 언급하시며, "그리고 만약 너희가 받을 마음이 있다면, 오기로 한 이 사람이 바로 그 엘리야다."라고 말씀하셨다. (해설: 예수님은 요한을 단순한 선지자로 보지 않고, 구약에서 약속된 '엘리야의 환생'으로 보고 계셨습니다. 이는 당시 사람들에게 윤회 개념이 널리 이해되고 있었음을 암시합니다.)

당시 사람들의 윤회 개념

복음서 곳곳에서 사람들이 예수님 또는 예수님이 세례자 요한을 보고 '엘리야가 살아 돌아왔다'라고 말한 것은, 그 시대 사람들에게 윤회 개념이 이미 익숙했음을 보여 줍니다. 이는 당시 유대인들이 영혼의 순환이나 환생에 대해 알고 있었고, 이를 자연스럽게 받아들였음을 시사합니다.

예수님께서 이러한 말씀을 하셨던 이유는 단순히 엘리야와 요한 사이의 영적 연속성을 말하려는 것이 아니라, 영혼의 여정과 신의 계획이 단순히 한 번의 삶으로 끝나지 않는다는 깊은 진리를 드러내려는 것이었을지도 모릅니다. 이는 단지 세례자 요한과 엘리야의 관계를 넘어, 사람의 영혼과 삶의 반복적인 순환에 대한 암시로도 해석될 수 있습니다.

현대적 해석의 의의

말라기서와 복음서의 이러한 구절들은 윤회에 대한 성경적 증거로 여겨지며, 초기 기독교가 가지고 있던 영적 다양성을 다시금 조명하게 만듭니다. 이러한 내용은 기독교의 신학적 이해를 확장할 뿐 아니라, 오늘날의 윤회 사상과의 접점을 찾는 데 중요한 기초가 됩니다.

결론적으로, 예수님의 말씀 속에서 세례자 요한과 엘리야의 연결은 단순한 역사적 해석을 넘어선 영적인 메시지를 담고 있으며, 이는 윤회 사상에 대한 기독교적 관점을 새롭게 생각하게 하는 중요한 단서가 됩니다.

[마태 11:2-14] 요한이 옥에 갇혔을 때, 그리스도의 행하신 일을 듣고, 자기 제자들을 보내어 그에게 말하기를, "오실 그이가 당신입니까? 우리가 다른 사람을 기다려야 합니까?" 하니, 예수께서 그들에게 대답하여 말씀하시되, "가서 너희가 보고 들은 것을 요한에게 전해라. 눈먼 사람이 보고, 걷지 못하던 사람이 걷게 되며, 나병 환자가 깨끗함을 받고, 듣지 못하던 사람이 들으며, 죽은 자가 살아나고, 가난한 사람들에게 복음이 전해지고 있다. 나로 인해 실족하지 않는 사람은 복이 있다."
그들이 떠난 후에 예수께서 무리에게 요한에 대해 말씀하시기를, "너희가 무엇을 보러 광야에 나갔더냐? 바람에 흔들리는 갈대냐? 그렇다면 무엇을 보러 갔느냐? 부드러운 옷을 입은 사람을 보러 갔느냐? 보라,

부드러운 옷을 입은 자들은 왕궁에 있다. 그렇다면 무엇을 보러 갔느냐? 선지자를 보러 갔느냐? 내가 너희에게 말하건대, 요한은 선지자보다 더 큰 자다. 기록된 바, '보라, 내가 네 앞에 내 사자를 보내리니, 그가 네 앞에서 길을 준비하리라'는 이가 바로 그 사람이다."
"진실로 너희에게 이르노니, 여자가 낳은 자 중에 요한보다 더 큰 이가 없으나, 천국에서는 가장 작은 자가 그보다 크다. 그러나 천국은 침노를 당하고, 침노하는 자들이 그것을 빼앗고 있다. 모든 선지자와 율법이 예언한 것은 요한까지다. 그리고 만약 너희가 받을 마음이 있다면, 오기로 한 이 사람이 바로 그 엘리야다." (해설: 여기서 천국에서는 가장 작은 자라도 세례자 요한보다 더 크다는 말씀은 천국의 영적 차원에서는 석가 이상의 위대한 영적 스승들처럼 모든 이가 더 높은 깨달음과 경지에 이른 수 있는 사람들이 이미 있다고 해석될 수 있습니다.)

두 번째, 욥기에서는 윤회의 개념을 암시하는 여러 구절을 찾아볼 수 있습니다. 특히 동방의 욥의 탄식과 고통 속에서 생겨나는 존재에 대한 깊은 성찰이 윤회 사상과 연결될 수 있는 중요한 단서들을 제공합니다. 욥은 극심한 고통 속에서 자신의 존재 자체를 한탄하며, 때로는 차라리 태어나지 않았거나 죽음을 통해 평안을 얻고자 하는 심정을 토로합니다.

[욥기 14:14] 만일 사람이 죽으면 다시 살 수 있을까? 나는 내가 정해진 날들을 기다리며, 내 변화가 올 때까지 기다리겠습니다. (해설: 이 구절은 윤회와 관련된 개념을 암시합니다. 욥은 죽음 이후에 다시 살아날 가능성을 묻고 있으며, 이는 윤회론과 유사한 질문을 던지고 있습니다. 생과 죽음 사이의 순환을 이해하려는 욥의 성찰은 윤회 사상을 떠

올리게 합니다.)

[욥기 14:20-22] 주께서 그를 이기게 하시고, 그는 지나가며, 그의 외모를 변화시키시고, 그를 떠나게 하십니다. 그의 아들들이 존경을 받으나 그는 알지 못하고, 그들이 낮아지나 그는 그것을 인식하지 못합니다. 그러나 그의 육체는 고통을 겪고, 그의 혼은 속에서 슬프고 비통할 것입니다. (해설: 이 구절은 사람의 외모를 바꾸어 다시 태어나는 과정을 설명하면서, 윤회와 관련된 개념을 엿볼 수 있습니다. 욥은 죽음 후 변화와 반복을 경험하는 것으로 묘사되며, 이는 윤회의 순환적 특성과 유사합니다.)

[욥기 3:11-19] 어찌하여 내가 태어날 때 죽지 않았던가? 왜 어머니가 나를 낳을 때 내가 숨지지 않았던가? 왜 무릎이 나를 받아 주었고, 왜 유방이 나에게 젖을 먹였던가? 그렇지 않았다면 나는 지금 평안히 누워서 쉬었을 것이며, 세상 임금들과 나라를 이끄는 자들과 함께 있었을 것이다. 혹시 금과 은으로 가득 채운 집을 가진 부유한 자들과 함께 있었을지도 모른다. 또한, 낙태된 아이처럼 세상에 나오지 않았을 것이며, 빛을 보지 못한 아이들처럼 존재하지 않았을 것이다. 그곳에서는 악한 자들이 소란을 멈추고, 고통받는 이들이 평화를 얻으며, 갇힌 자들도 자유롭게 되고, 감독자의 소리도 들리지 않는다. 그곳에서는 작은 자나 큰 자나 모두 평등하며, 종은 상전에서 벗어나 자유로워진다. (해설: 기독교의 이분법적 교리에 따르면, 죽음 이후에는 천국이나 지옥에 고정된 상태로 존재해야 합니다. 그러나 욥기에서는 "내가 평안히 누워서 자고 쉬었을 것"이라는 표현을 통해 천국이나 지옥의 고정된 상태가 아닌 순환적 상태를 암시하는 것으로 보입니다. 욥기는 사후 세계를 비물질적이고 평등한 세계로 묘사하며, 이 세계에서 물질적인 현실로

다시 태어나는 과정을 내포하는 듯합니다. 욥의 탄식은 윤회의 개념과 연결될 수 있으며, 특히 "태어날 때 죽지 않았던가?"라는 그의 말은 고통에서 벗어나고자 하는 바람을 나타내며 존재의 순환을 암시합니다. 이는 영혼이 순수한 상태로 돌아가고자 하는 욕망으로 해석될 수 있으며, 윤회는 생과 사의 끊임없는 순환을 의미합니다. 욥은 이 순환에서 벗어나 영원한 안식을 얻고자 하는 열망을 드러내고 있습니다. 기독교 교리에서는 천국과 지옥이 고정된 장소로 존재하지만, 욥이 말한 "평안히 누워서 자고 쉬었을 것"이라는 구절은 천국이 단순히 고정된 안식처만을 의미하지 않음을 시사합니다. 만약 욥이 천국에서 영원히 안식을 취할 수 있었다면, 왜 다시 태어나 새로운 삶을 시작해야 했을까요? 이는 윤회의 개념과 사후 세계에 대한 깊은 성찰을 불러일으킵니다.)

욥기의 탄식은 단순히 개인적 고통을 표현한 것이 아니라, 삶과 죽음, 고통과 평온 사이의 순환적 관계를 탐구하는 깊은 철학적 질문을 던집니다. 욥이 제시한 질문은 사람들이 고통과 평화를 어떻게 이해하고, 윤회의 개념을 어떻게 받아들일 수 있을지를 고민하게 만듭니다. 또한, 그의 바람은 고통에서 벗어나 순환을 초월한 영원한 안식에 도달하고자 하는 열망으로 해석될 수 있습니다.

세 번째로, 마카베오기 하권(외경)은 박해와 신앙에 대한 충성을 다룬 이야기로, 특히 7형제와 그들의 어머니가 신앙을 지키기 위해 겪은 고난과 순교가 중심입니다. 어머니의 말은 생명과 죽음, 신앙의 가치, 부활과 영혼의 순환에 대한 깊은 통찰을 보여 줍니다. 마카베오기 하권 7장에서는 악한 왕 안티오쿠스 4세 에피파네스가 율법을 어기고 돼지

고기를 먹으라는 명령을 거부한 7형제를 고문하고 살해하는 사건이 기록됩니다. 어머니는 아들들이 신앙을 배신하지 않도록 격려하며, 죽음 너머의 희망을 이야기합니다. 그녀는 아들들에게 "내가 너희를 잉태했지만, 너희에게 생명과 영혼을 주신 이는 창조주이시다. 그분은 자비로우시므로, 비록 지금 목숨을 잃더라도 다시 생명과 영혼을 주실 것이다."라고 말합니다.

『※ 참고로 외경에 대한 해석은 Catholic 성경인 Douay-Rheims Bible(두에이-리임스 성경, 오픈 도메인)을 바탕으로 하여 내용을 직접 해석, 요약 및 재구성하였습니다. 이에 대한 해설과 의견은 필자의 개인적인 해석입니다.』

해설과 윤회적 관점

1) 영혼의 지속성: 어머니는 죽음 이후에도 창조주께서 영혼을 회복시켜 주실 것이라는 믿음을 표현하며, 이는 영혼의 존재와 순환에 대한 개념을 암시하고 이승에서의 삶이 끝이 아님을 시사합니다.

2) 생명에 대한 창조주의 권한: 생명과 영혼은 신에 의해 주어진 것이며, 사라지더라도 다시 되찾을 수 있다는 믿음은 부활과 윤회 개념과 연결됩니다.

3) 죽음의 의미: 이 장면에서 죽음은 단순히 끝이 아니라, 영혼이 새로운 상태로 나아가는 과정으로 볼 수 있습니다. 어머니는 아들들이 죽음을 두려워하지 않도록 설득하며, 죽음이 구원과 새로운 시작임

을 강조합니다.

4) 윤회의 맥락: 어머니의 말은 죽음 이후 창조주가 영혼을 회복시키고 새로운 생명을 부여한다는 점에서 윤회의 개념과 일치합니다. 삶과 죽음 그리고 새로운 생명은 반복되는 순환의 일부로 해석될 수 있습니다.

마카베오기 하권에서 어머니와 7형제의 순교는 신앙의 가치를 드러내며, 죽음을 넘어 영혼의 존재를 강조합니다. 이는 기독교적 부활 개념보다는 윤회적 관점에서도 해석될 수 있습니다. 어머니의 말은 삶과 죽음의 본질에 대한 깊은 성찰을 유도합니다.

마카베오기 하권 7:14에서 "하나님께서 다시 일으켜 주실 희망을 가지고, 사람들의 손에 죽는 것이 더 나은 선택입니다."라는 말은 윤회적 관점에서 새로운 생명에 대한 암시로 해석될 수 있습니다.

마카베오기 하권 7:23에서는 "세상의 모든 만물을 창조하시고 사람을 빚어낸 창조주께서 너희에게 생명과 목숨을 다시 주실 것이다."라고 하며, 창조주의 전능하심과 자비를 강조합니다. 이 장면에서 어머니는 신앙을 위해 자신을 희생하는 아들들에게 새로운 생에 대한 확신을 전하며 그들을 격려합니다.

"사람이 생겨날 때 그를 빚어내시고 만물을 마련한 창조주"라는 표현은 인간 존재와 우주의 모든 것이 신의 계획 속에 있음을 강조합니다. 창조주가 사람을 빚어낸다면, 죽음 이후에도 그 생명을 회복시킬 능력을 가진다고 볼 수 있습니다. 또한 "목숨과 생명을 다시 주실 것이다."란 표현은 생명이 한 번으로 끝나는 것이 아니라, 다시 태어나거나 새로운 상태로 회복될 가능성을 시사합니다. 이 구절은 윤회의 개념과 맞닿아 있으며, 죽음을 끝으로 보지 않고 새로운 삶의 시작으로 해석할 수 있습니다.

그 외 성경 속 윤회의 암시

성경 곳곳에는 윤회를 암시하거나 넓은 관점에서 이해될 수 있는 구절이 다수 존재합니다.

- 요한복음 9:2-3에서는 예수께서 태어나면서부터 맹인이었던 사람을 치유하시는 장면에서 제자들이 묻습니다. "누가 죄를 지어서 이 사람이 맹인으로 태어났습니까? 이 사람입니까? 그의 부모입니까?"
이 질문은 사람들의 죄가 과거의 삶에서 비롯되었을 가능성을 내포합니다.

- 요한복음 8:56-58에서는 "너희의 조상 아브라함은 내 날을 보리라는 희망에 차 있었고 과연 그날을 보고 기뻐하였다." 유대인들은 이 말씀을 듣고 "당신이 아직 쉰 살도 못 되었는데 아브라함을 보았단 말이오?" 하고 따지고 들었다. 예수께서는 "정말 잘 들어 두어라. 나는 아브라함이 태어나기 전부터 있었다." 하고 대답하셨다. (해설: 이 구절은 영의 순환과 환생의 암시로 단순히 예수님의 신성만을 드러낸 것이 아니라, 영혼의 본질적 순환과 환생이라는 개념을 엿볼 수 있는 부분으로 해석될 수 있습니다. 예수께서 아브라함 이전부터 존재했다고 하신 말씀은 그분의 영적 존재가 시간의 흐름과 무관하게 지속되어 왔음을 나

타냅니다. 이는 영혼의 순환과 삶의 연속성을 암시하는 표현으로 볼 수 있습니다. 예수님은 "아브라함이 태어나기 전부터 있었다."라고 말씀하시며 영적 존재로서의 자신을 드러내셨고, 이는 윤회나 환생에 대한 개념과 맞닿아 있다고 볼 수 있습니다. 특히, 영혼이 여러 삶을 통해 성장하며 신성과 조화롭게 연결된다는 사상은, 예수님의 이러한 말씀을 통해 더욱 깊이 이해될 수 있습니다. 예수님의 이 말씀은 단지 한 번의 삶이 아니라, 영혼이 시간과 공간을 초월해 존재하고 성장하는 과정에 대한 상징으로 해석될 수 있습니다. 이는 윤회와 환생의 개념이 단순히 동양적 사상에 국한되지 않고, 기독교의 맥락에서도 충분히 사유할 만한 주제임을 시사합니다.)

하나님의 공의와 사랑

하나님의 공의와 사랑에 대한 이해는 윤회 개념을 통해 더 깊이 파악될 수 있습니다. 구약의 여러 사건을 윤회 관점에서 해석하면 성경의 신학과 맥락을 보다 잘 이해할 수 있는 중요한 접근법이 됩니다. 예를 들어, 구약에서 아론의 아들들의 죽음, 이스라엘의 전쟁과 사상자들 그리고 하나님에 대한 공의와 사랑의 문제는 중요한 신학적 질문들을 제기합니다. 윤회가 없다면, 하나님에 대한 이해가 어떻게 달라질지 살펴보겠습니다.

- 아론 아들들의 죽음

레위기 10:1-2에서 아론의 아들들인 나답과 아비후는 '자기들이 피운 다른 불'로 제사를 드리다 하나님에 의해 즉시 죽음을 맞이합니다.

이 사건은 극단적으로 보일 수 있지만, 윤회 개념을 도입하면 하나님의 공의와 사랑의 일환으로 해석할 수 있습니다. 윤회가 존재한다면, 그들의 죽음은 최종적인 처벌이 아니라, 다음 생에서 새로운 기회를 얻는 과정으로 볼 수 있습니다. 이는 하나님이 '기회의 하나님'으로서, 사람의 삶이 한 번의 기회가 아닌 반복적인 학습과 성장의 과정임을 강조합니다.

- 이스라엘의 전쟁과 사상자들

구약에서 이스라엘은 하나님의 명령으로 여러 전쟁을 치르며 많은 사상자를 냅니다. 예를 들어, 여호수아 6장에서는 여리고 정복 과정에서 많은 사람이 죽습니다. 이 전쟁에서 이스라엘의 전사자들이 천국에 갈지, 지옥에 갈지에 대한 신학적 논란이 있지만, 윤회가 없다면 이들의 운명을 어떻게 평가할지에 대한 해석이 어려워집니다.

윤회를 인정하면, 이 전사자들의 죽음은 그들의 최종적인 결말이 아니라, 하나의 삶의 과정으로 볼 수 있습니다. 그들은 이후의 삶에서 또 다른 기회를 얻을 수 있으며, 하나님은 각 사람에게 계속 기회를 주시는 공의로운 존재로 이해됩니다. 구약의 전쟁과 처벌 사건들은 단순히 '복수'나 '형벌'이 아닌, '기회의 과정'으로 해석될 수 있습니다.

윤회가 없다면, 하나님이 사람들에게 주는 기회의 수가 제한적이므로 구약의 여러 사건이 이해하기 어려울 수 있습니다. 예를 들어, 아론의 아들들의 죽음은 그들이 규례를 따르지 않았기 때문인데, 윤회가 없다면 그들의 처벌은 지나치게 가혹하게 느껴질 수 있습니다.

하지만 윤회가 존재한다면, 하나님은 사람들에게 여러 번의 기회를 주시는 존재로 해석할 수 있습니다. 하나님의 공의와 사랑은 일관되게 보이며, 사람의 영혼이 여러 차례의 삶을 통해 성장하고 변화할 수 있도록 기회를 주시는 하나님으로 이해됩니다.

결론적으로, 윤회가 없다면 하나님은 사랑과 공의의 균형을 맞추기 어려운 존재로 비춰질 수 있습니다. 한 번의 실수에 대해 과도한 처벌을 내리거나, 지나치게 너그럽게 용서하는 모습이 교차할 수 있기 때문입니다. 그러나 윤회를 인정하면, 하나님이 각 영혼에게 여러 번의 기회를 주시는 '사랑의 하나님', '기회의 하나님', '공의의 하나님'으로서의 모습이 분명해집니다. 구약의 사건들은 벌과 보상, 천국과 지옥의 문제가 아니라, 영혼이 성장하고 변화할 수 있는 기회의 과정으로 볼 수 있으며, 이는 하나님의 공의와 사랑을 더 잘 이해하는 데 도움이 됩니다.

중세 종교 개혁 당시 신학자들은 윤회에 대한 이해 부족으로 하나님이 일부에게는 가혹하고, 다른 이들에게는 자애로워 보이는 모습을 편애적인 사랑으로 해석했습니다. 이로 인해 선택된 자만 천국에 갈 수 있다는 신념 아래 교리가 다른 이들을 억압하고 전쟁을 일으킨 것으로 보입니다.

한과 미련을 가지지 말라: 신약에서의 용서와 윤회

신약 성경에서 예수님은 용서와 사랑에 대해 여러 차례 강조하셨습니다. "오른쪽 뺨을 내주면 왼쪽 뺨을 돌려 대라."라는 말씀을 통해 우리는 단순히 물리적인 폭력에 대해 말하는 것 이상의 깊은 의미를 찾을 수 있습니다. 이는 우리가 지니고 있는 감정, 특히 '한(恨)'과 미련을 다루는 방식에 대해 중요한 교훈을 줍니다. 예수님은 우리에게 특히

'한'을 가지지 말라고 하셨습니다. 왜냐하면, 한을 품으면 결국 영적인 삶에 큰 장애물이 되기 때문입니다.

1) 한(恨)의 영적 장애

'한'은 단순히 분노나 원한을 넘어, 마음속에서 끊임없이 복수하려는 감정까지 포함된 깊은 정서입니다. 이러한 감정이 마음에 자리 잡으면, 과거의 상처나 불만으로 인해 영적인 진전이나 회복이 어려워질 수 있습니다. 예수님께서는 "만일 네 눈이 너를 범죄케(실족) 하거든 빼어 버리라."라는 말씀을 통해 우리의 영적인 걸림돌이 되는 요소들을 과감히 제거해야 함을 강조하셨습니다(마가 9:47). 이는 우리의 삶이 순리대로 나아가고 영적인 건강함을 유지하도록 하는 가르침입니다.

'한'을 품게 되면 그 집착이 자연스러운 사후 세계로의 이행을 방해하여, 영혼이 저승으로 가지 못하고 이승에서 떠도는 혼귀가 될 수 있습니다. 예수님께서는 용서와 사랑을 실천하며, '한'을 내려놓는 삶이야말로 영혼의 자유와 평화로 나아가는 길임을 가르치셨습니다.

결국, 용서와 사랑을 통해 하나님이 주시는 기회를 잘 활용한다면, 우리의 영혼은 윤회를 통해 계속 성장하며, 궁극적으로 천국에 이를 수 있는 길을 찾게 될 것입니다.

[마태 5:38-43] 그들이 말한바, "눈은 눈으로, 이는 이로 갚으라 한 것을 너희가 들었으나 나는 너희에게 이르노니, 너희는 악에게 맞서지 말라. 누구든지 네 오른뺨을 치거든 그에게 다른 뺨도 돌려 대며 또 어떤 사람이 너를 법에 고소하여 네 덧옷을 빼앗으려 하거든 네 겉옷까지도 가지게 하고 또 누구든지 너로 하여금 억지로 오 리를 가게 하거든 그

와 함께 십 리를 가며 네게 구하는 자에게 주고 네게 빌리고자 하는 자를 너는 물리치지 말라." 그들이 말한바, "너는 네 이웃을 사랑하고 네 원수를 미워하라 한 것을 너희가 들었으나 나는 너희에게 이르노니, 너희 원수들을 사랑하며 너희를 저주하는 자들을 축복하고 너희 원수들을 사랑하며 너희를 저주하는 자들을 축복하고 너희를 미워하는 자들에게 선을 행하며 악의를 품고 너희를 다루며 너희를 핍박하는 자들을 위해 기도하라."

전도서 9:5-6은 죽은 자에 대해 언급하며 "그들은 더 이상 상도 받지 못하나니."라고 말합니다. 이는 윤회하지 못한 영혼이 사후에 아무것도 경험하지 못하고, 기억도 사라진다고 해석할 수 있습니다. '혼귀'라는 개념은 이러한 영혼들이 윤회하지 못하고 떠도는 존재들을 의미합니다. 따라서 한을 품거나 미련을 가지면, 영혼은 다음 생으로 넘어가지 못하고 그저 떠도는 존재로 남게 된다는 경고가 담겨 있습니다.

[전도서 9:5-6] 살아 있는 자들은 그들이 죽을 것을 알지만 죽은 자는 아무것도 알지 못하며, 그들은 더 이상 어떤 상도 받을 수 없다. 이는 그들에 대한 기억이 잊힐 뿐만 아니라, 그들의 사랑과 증오 그리고 시기심도 이제 사라졌기 때문이다. 그들은 해 아래서 이루어지는 어떤 일에도 더 이상 영원히 참여할 수 없게 될 것이다.

2) 미련의 영적 장애

성경에서 소돔과 고모라의 멸망 사건은 탐욕과 미련에 대한 강력한 경고를 담고 있습니다. 하나님은 롯에게 "뒤를 돌아보지 말라."라고 명령하셨지만, 롯의 아내는 과거에 대한 미련으로 뒤를 돌아보다 소금 기둥이 되고 말았습니다. 이 사건은 과거에 얽매이지 말고 하나님의 명령에 순종해야 한다는 교훈을 주고자 한 것입니다.

또한, 롯의 딸들은 대가 끊어질 것을 두려워하는 마음과 미래에 대한 불안 속에서, 아버지에게 포도주를 마시게 하고 부정한 관계를 통해 자손을 이어 갔습니다. 그러나 이 선택은 그들의 미련과 절박함에서 비롯된 것으로, 결과적으로 모압과 암몬이라는 민족이 태어났습니다. 이 민족들은 탐욕과 우상을 숭배하며 이스라엘에게 끊임없이 갈등과 고통을 안겨 주었습니다.

이처럼 과거와 미래에 대한 잘못된 미련에서 비롯된 행동이 불명예스러운 결과를 낳고, 후손에게까지 악영향을 미친다는 점은 우리의 선택이 얼마나 중요한지 보여 주는 강력한 교훈입니다.

[창세기 19:31-32] 맏딸이 동생에게 말하되, "우리 아버지는 늙으셨고, 온 땅에 우리에게 다가와서 모든 땅의 방식대로 우리와 교합할 사람이 없도다. 자, 우리가 아버지께 술을 마시게 하고, 그와 잠자리를 함께하여 아버지의 씨를 보존하자." (해설: 롯의 딸들의 절박한 상황은 이해되지만, 그들의 선택은 미련과 인간적인 두려움에서 비롯된 잘못된 행동이었으며, 이로 인해 태어난 모압(큰딸의 아들)과 암몬(작은딸의 아들)은 이스라엘과 지속적인 갈등을 일으키며 역사적으로 부정적인 역할을 하게 됩니다.)

3) 용서와 사랑의 중요성

예수님의 가르침은 단지 사람의 도덕적인 삶에만 영향을 미치는 것이 아닙니다. 예수님은 우리가 원수를 사랑하고, 우리를 저주하는 자들을 축복하라고 하셨습니다(마태 5:43-44). 이는 단순히 사회적인 관계에서의 도덕적 원칙을 넘어서, 영적 성장과 윤회에까지 영향을 미친다고 볼 수 있습니다. '원수를 사랑하는 것'은 단순히 인간적인 미덕을 넘어서, 우리의 영혼을 구원하고, 영적 성장을 이루는 중요한 행위로 여겨집니다. 원수를 사랑함으로써 우리는 한을 버리고, 전생에서의 미련이나 쌓인 감정을 풀 수 있습니다.

윤회 과정에서 전생의 원한, 분노, 슬픔 등은 다음 생에서 해결해야 할 숙제로서 새로운 상호 작용을 일으키게 됩니다. 이를 다른 종교에서는 '카르마'라고 부릅니다. 성경에서는 예수님이 가르치신 대로 용서와 사랑을 실천하는 사람은 그 한을 버리고 영혼의 자유로움을 얻을 수 있습니다. 이를 통해 천국에 가까워질 수 있는 기회를 얻거나 윤회를 통해 다시 태어나 새로운 삶을 살아갈 수 있는 가능성을 열게 됩니다.

4) 전생과 죄의 관계

예수님께서 중풍병자에게 "아들아, 기운을 내라. 네 죄들이 용서받았다."(마태 9:2)라고 말씀하신 장면은, 질병이 단순히 현세에서의 잘못뿐만 아니라 전생에서의 행동이나 조상의 죄로 인해 발생할 수 있음을 시사하는 내용으로 해석될 수 있습니다. 이는 죄와 그 결과가 윤회의 과정을 통해 이어질 수 있다는 가르침을 담고 있으며, 우리가 지은 죄와 잘못이 후세에도 영향을 미친다는 믿음을 반영합니다. 예수님의 말씀은 단순히 죄의 용서를 넘어, 악을 버리고 선을 행함으로써 윤회의 고리를 끊고 진정한 구원의 기회를 얻으라는 메시지를 전하고 있습니다. 이를 통해, 우리는 죄와 그 결과로부터 자유로워지고, 영혼의 성숙과 구원을 향한 길로 나아갈 수 있습니다.

5) 기회의 하나님과 사랑의 하나님

윤회와 천국, 지옥의 개념을 이해할 때 중요한 점은 하나님이 기회의 하나님이시며, 사랑의 하나님이라는 사실입니다. 신약에서 예수님은 용서와 기회를 강조하시며, "생명으로 들어가기 위해 계명들을 지키라."(마태 19:17)라고 말씀하셨습니다. 이는 우리가 선한 삶을 살아야 할 필요성을 일깨우며, 윤회를 통해 영혼이 성장할 수 있는 기회를 주시는 하나님의 사랑을 나타냅니다. 하나님은 각 영혼에게 새로운 기회를 주시며, 그 기회를 통해 변화하고 성장하도록 이끄십니다. 이는 윤회의 과정을 통해 더 나은 삶을 추구하거나, 궁극적으로 천국에 이를 수 있는 길을 제시하는 하나님의 계획을 반영합니다. 우리가 계명들을 지키고 선을 행할 때, 영혼은 성장하며 진정한 구원에 이를 수 있습니다.

6) 윤회가 중요한 이유

윤회는 하나님의 사랑과 공의라는 관점에서 구약과 신약의 가르침과도 조화를 이루는 중요한 개념입니다. 하나님은 각 영혼에게 여러 번의 기회를 주시고, 그 기회를 통해 사람들은 계속해서 성장하고 변화합니다. 윤회가 없었다면 하나님의 사랑과 공의는 일관되게 적용되지 않을 수 있습니다. 그러나 윤회가 존재한다면 하나님은 각 영혼에게 반복적인 기회를 부여하며, 그 기회를 통해 영혼은 진정으로 변화되고, 영적 성장을 이룰 수 있는 가능성을 얻습니다.

성경에서의 부활을 윤회라고 표현한다면

성경에서 '부활'에 관한 구절들은 종종 윤회와 관련된 개념으로 해석될 수 있습니다. 특히, 예수님의 가르침에서 '부활'이라고 번역된 표현들이 실제로는 '윤회'의 개념을 의미하고 있을 가능성이 있습니다. 이와 관련된 성경 구절을 살펴보면서, 번역에서의 차이와 윤회와의 연결점을 살펴보겠습니다.

1) 마가복음 12:23 - 부활과 윤회

이 구절은 성경에서 매우 중요한 내용으로, '부활'에 대한 질문이 나옵니다. 이 구절에서 사두개인들이 예수님께 묻는 질문은 다음과 같습니다. "그러므로 그 일곱이 그 여자를 아내로 삼았으니, 부활 때에 그들이 살아나면 그 여자는 그들 가운데 누구의 아내가 되겠습니까?"
(영문 KJV 성경: In the resurrection therefore, when they shall rise, whose wife shall she be of them? for the seven had her to)

사두개인들의 질문은 단순히 부활의 개념을 넘어서, 영혼이 여러 생을 살아가는 윤회의 가능성을 암시하는 것으로 보입니다. 만약 윤회의 관점에서 이 구절을 이해한다면, "그들이 환생하면 그 여자는 그들 가운데 누구의 아내가 되겠습니까?"라는 해석이 더 자연스럽습니다. 이는 각 인물이 여러 생을 거치며 영적 성장을 경험한다는 개념과 부합하며, 단순히 한 번의 삶 이후 부활한다는 기존 교리와의 충돌을 해결할 수 있습니다. 또한, 예수님께서 천국에 들어가는 것이 낙타가 바늘귀를 통과하는 것보다 어렵다고 말씀하셨듯이, 천국은 높은 영적 깨달음을 요구하는 곳입니다. 따라서 사두개인들의 질문은 단순히 육체적 부활의 상황을 묻는 것이 아니라, 윤회와 같은 영적 성장의 과정을 반영한 것으로 해석할 여지가 있습니다. 일곱 번 재혼한 여자의 사례도 이러한 맥락에서 보면, 그녀와 재혼한 남자들이 단순히 부활한다고 보기는 어렵습니다. 이는 각 영혼이 윤회를 통해 더 나은 삶과 깨달음을 향해 나아간다는 점을 강조하며, 부활보다 윤회라는 해석이 더 적합하다는 주장을 뒷받침합니다.

2) 요한복음 10:28, 11:25 - 부활과 영생

요한복음 10:28에서는 예수님이 영생에 대해 말씀하십니다:
"내가 그들에게 영원한 생명을 준다."(요한 10:28)
이는 예수님을 믿고 따르는 자들에게 주어지는 약속입니다. 그러나 이 구절을 윤회의 관점에서 보면, 영생이란 단순히 천국에 가는 것을 의미하는 것이 아니라, 여러 생을 살아가는 기회가 주어진다는 뜻으로 해석될 수 있습니다. '영원한 생명'이란 오히려 반복적인 삶을 살아가면서 점차적으로 성장하는 과정을 의미할 수 있습니다. 또한, 요한복음 11:25에서 예수님은 자신을 이렇게 소개하십니다: "나는 부활이며 생명이니, 나를 믿는 사람은 비록 죽어도 다시 살 것이다."
(영문 KJV 성경: I am the resurrection, and the life: he that believeth in me, though he were dead, yet shall he live)
여기에서 '부활'은 단순히 한 번의 죽음 이후 다시 살아나는 것을 뜻하는 것이 아니라, 윤회의 개념으로 해석될 여지가 있습니다. 이는 죽음을 넘어 여러 생을 거치며 영적 성장을 이루고 구원에 이르는 과정을 나타낸다고 볼 수 있습니다. 예수님을 믿는 자는 이러한 과정을 통해 계속해서 새로운 생을 살아가며 성숙해진다는 뜻으로 이해할 수 있습니다. 윤회의 개념은 영혼이 여러 생을 거치며 선과 악에 따라 발전하거나 고통스러운 삶을 경험하는 과정을 설명합니다. 선한 행동은 더 나은 환경에서의 삶을, 악한 행동은 어려운 환경에서의 삶을 가져올 수 있습니다. 예를 들어, 세례자 요한이 전생에 선지자 엘리야였다는 성경의 암시는 윤회의 교훈을 담고 있습니다. 엘리야는 선행으로 인해 세례자 요한으로 태어나, 예수님의 길을 준비하는 중요한 역할을 맡게 되었습니다.

성경에 윤회가 직접적으로 언급되지는 않지만, 여러 구절에서 윤회와 유사한 개념을 발견할 수 있습니다. 이는 영혼이 여러 생을 통해 성장하며 선과 악을 선택하는 과정임을 보여 줍니다. 우리가 현세에서 선한 삶을 살고, 타인에게 관대하며 한을 품지 않는 삶을 선택한다면, 우리의 영혼은 점차 성숙해지고 더 나은 다음 생을 맞이할 수 있습니다.

결론적으로 우리는 자신의 삶을 선택할 수 있습니다. 우리는 선택을 통하여 선과 악을 행하며 그것이 하나둘 모이면 결국 우리의 삶이 됩니다. 그러므로 자신에게는 엄격하고 타인에게는 관대하게 행동한다면, 우리는 더 선하고 의미 있는 삶을 살아갈 수 있을 것입니다.

[피터르 브뤼헐, 〈세례자 요한의 설교〉]

4-3) 최면과 윤회, 기억의 단서들

전생에 대해《나는 환생을 믿지 않았다(Many Lives, Many Masters)》라는 책을 쓴 저명한 정신과 의사 브라이언 와이스의 경험담을 주목할 필요가 있습니다.

브라이언 와이스 박사의 전생 요법과 윤회에 대한 성찰

브라이언 와이스 박사의《나는 환생을 믿지 않았다(Many Lives, Many Masters)》는 단순한 전생 이야기나 신비주의적 접근에 그치지 않고, 최면을 통한 전생 요법을 통해 심리적, 신체적 치유가 가능하다는 중요한 메시지를 전하는 책입니다. 와이스 박사는 기독교적 배경과 서양 의학을 바탕으로 처음에는 전생이나 윤회를 전혀 믿지 않았습니다. 하지만, 수많은 환자들과의 치료 경험을 통해 그는 전생과 윤회의 개념이 단순한 신화나 종교적 믿음이 아니라, 실제로 사람 심리에 깊은 영향을 미칠 수 있다는 것을 깨닫게 되었습니다.

최면과 전생의 첫 만남

와이스 박사의 치료 경험 중 가장 중요한 사례는 바로 캐서린이라는 여성 환자였습니다. 그녀는 물에 빠져 죽는 악몽에 시달리며, 심한 공포증과 트라우마를 겪고 있었습니다. 처음에는 그녀의 공포증이 어린 시절의 트라우마에서 비롯되었을 것이라고 생각한 와이스 박사는 최면을 통해 그녀의 어린 시절 기억을 탐색하려 했습니다. 하지만 예상과는 달리 캐서린은 어린 시절을 넘어 유아기 이전의 기억을 떠올리기 시작했습니다. 그녀는 자신이 전생의 삶에서 물에 빠져 죽었던 경험을 이야기하기 시작했고, 이는 와이스 박사에게 큰 충격을 주었습니다. 그는 이 경험을 처음에는 환상이나 왜곡된 기억으로 치부하려 했지만, 점차 환생이라는 개념에 대해 깊이 생각하게 되었습니다.

캐서린의 최면 중 나온 기억들은 전혀 상상할 수 없는 것들이었으며, 이는 단순한 꿈이나 환상이 아닌 실제로 존재할 수 있는 전생에서의 사건들로 보였습니다. 그 후 와이스 박사는 다른 환자들에게도 비슷한 방식으로 최면 요법을 적용하며 전생의 기억이 신체적, 정신적 질병을 치유하는 데 어떤 역할을 하는지 연구하기 시작했습니다. 이 과정에서 그는 전생이 단순한 개인적인 기억을 넘어서 정신적인 문제를 해결하는 중요한 열쇠가 될 수 있다는 것을 발견했습니다.

전생 요법의 발전과 치유 효과

와이스 박사는 전생을 기억하는 것만으로도 환자들이 심리적으로나 신체적으로 치유될 수 있다는 사실을 여러 사례를 통해 입증했습니다. 그는 전생 요법을 통해 만성 스트레스, 우울증, 피해망상, 고소 공포증, 강박증, 알코올 중독 등 정신적 증상은 물론, 신체적 질병인 비만, 관절염, 고혈압, 위장 질환, 만성 두통, 알레르기, 천식, 심지어 유방암까지 치유하는 기적적인 성과를 거두었습니다. 예를 들어, 한 환자는 전생에서 겪었던 사고로 인해 지속적인 만성 통증에 시달리고 있었고, 다른 환자는 전생에서의 감정적 상처로 인해 심각한 불안감을 느꼈습니다. 이들 모두 전생의 기억을 떠올리며 과거의 상처를 치유하고, 신체적 증상도 개선되었습니다.

이러한 치료법은 전통적인 정신의학의 접근 방식과는 매우 다른 방식으로, 과거의 기억을 떠올려 감정적 문제를 해결하는 방식입니다. 와이스 박사는 이 과정을 통해, 사람들이 겪고 있는 현재의 문제들이 사실은 과거의 트라우마나 미해결된 감정에서 비롯된 것임을 이해하게 되었으며, 전생의 기억을 되살리면서 그 문제들을 해결할 수 있음을 발견했습니다.

전생 요법의 철학적 기초

브라이언 와이스 박사는 전생 요법이 단지 치유의 기법에 그치는 것이 아니라, 사람 존재와 삶의 본질에 대한 깊은 성찰을 요구하는 과정이라고 설명합니다. 그는 전생을 단지 과거의 삶으로 보고 그것을 기억하는 것이 아니라 영혼의 지속적인 성장과 발전의 일환으로 봅니다. 전생을 기억함으로써 우리는 더 넓은 시각에서 자신의 현재 삶을 이해할 수 있게 되고, 그것이 심리적 고통이나 신체적 질병을 치유하는 데 큰 도움이 된다고 말합니다. 또한, 전생 요법은 단지 개별적인 치유를 넘어서, 사람 존재의 근본적인 목적과 의미를 탐구하는 과정으로 자리 잡습니다.

와이스 박사는 전생 요법을 통해 사람의 영혼이 계속해서 성장하고 윤회하며, 각자의 인생에서 반드시 해결해야 할 과제가 있다는 신념을 공유합니다. 그는 우리가 현생에서 겪는 모든 경험과 문제들이 전생에서 쌓은 경험의 연장선에 있다는 점을 강조하며, 전생을 기억하고 이해하는 것이 인생의 깊은 의미를 깨닫는 데 중요한 역할을 한다고 주장합니다. 이는 단순히 정신적 치료의 영역을 넘어서, 사람 존재에 대한 궁극적인 질문에 대한 탐구로 확장됩니다.

서양 의학에서의 충격과 기여

브라이언 와이스 박사가 《나는 환생을 믿지 않았다》를 발표했을 당시, 서양 의학계는 전생과 윤회의 개념을 비과학적이고 비논리적인 것으로 여겼습니다. 많은 이들은 그의 주장을 황당하게 생각했으며, 정신과 의사로서의 명성이 위태로워질 수 있다고 우려했습니다. 그러나 와이스 박사는 전생 요법이 신비주의를 넘어 과학적이고 실용적인 치유의 도구가 될 수 있음을 알리고자 했습니다. 의사로서의 경력에 대한 위협을 감수하면서도, 그는 자신이 경험한 진실을 세상에 전하려는 강한 신념을 보여 주었습니다.

그의 연구는 전생 요법이 단순히 전생과 윤회를 믿는 것에서 그치지 않고, 정신적·신체적 치유를 위한 새로운 접근법으로서 정신의 무한한 가능성을 탐구하는 데 기여했습니다. 그는 전생 요법을 통해 과거의 삶에서 비롯된 트라우마와 감정적 상처를 치유하고, 그것이 현재 삶에 미치는 영향을 이해하는 방법을 제시했습니다. 이는 심리적 치유뿐만 아니라 실질적인 삶의 변화를 가져올 수 있는 치료법으로서 큰 의의를 가집니다.

와이스 박사의 연구는 서양 의학계의 전통적 틀을 넘어 정신과 영혼에 대한 깊은 이해를 요구하는 새로운 지평을 열었습니다. 전생 요법은 신비적 개념에 갇히지 않고, 심리 치료의 한계를 확장하며 인간 존재의 본질에 대한 탐구를 촉발시켰습니다. 그의 연구는 우리가 겪는 모든 경험과 문제들이 더 큰 영적 맥락에서 이해될 수 있음을 일깨우며, 더 나은 삶을 살아갈 수 있는 통찰을 제공합니다.

이 책은 단순한 치료법을 넘어 사람들에게 자기 이해와 내적 치유의 가능성을 보여 준 중요한 이정표로 평가됩니다. 와이스 박사가 던진 도전과 연구는 현대 의학과 정신의학에 큰 충격을 주었지만, 동시에 사람의 정신과 영혼을 통합적으로 바라보는 새로운 길을 열어 준 혁신적인 시도였습니다.

다음은 브라이언 와이스 박사의 저서를 읽고 난 후 작성된 후기들입니다.

"이 책 속에는 정신과 의사의 신비가 함께 있고, 궁극적인 진리의 추구와 환생의 약속이 함께 있다. 매력적인 소설처럼 읽히고 손에서 놓을 수가 없다." - 해리 프로즌, 위스콘신의과대학교 정신위생학과장

"한 사람의 예기치 않은 영적 각성을 그린 감동적인 보고서. 과학과 형이상학의 조화로운 만남으로 가는 문을 열어 주고 있는 책이다." - 잔 에이버리, 《Astrology and Past Lives》의 저자

"이 책은 기존의 심리치료의 벽을 깨트리며 혁신적이고 효과적인 치료법을 제시한다. 정신위생 분야에 종사하는 이들은 진지하게 이를 수용해야 할 것이다." - 에디스 피오레, 임상심리학자

"흥미로우면서 생각을 불러일으키는 책. 책을 놓을 때쯤이면 와이스 박사의 결론에 공감을 느끼지 않을 수 없다." - 앤드류 슬래비, 페어오크 병원 원장

그는 과거 분석한 내용들을 〈오프라 윈프리 쇼〉에서도 공개하였고 지금도 유튜브에서 그를 쉽게 접할 수 있습니다.

필자는 최면에 대하여 자신의 혼을 정지시킨 후 영의 기억들을 읽는

기술이라고 정의하고자 합니다.

서두에서 설명 드렸듯이 영에는 자신의 전생에 대한 기억들이 담겨 있습니다. 윤회가 되면서 새로운 몸과, 혼(뇌)에는 당연히 전생의 기억이 없고 영에만 전생의 기억이 있기 때문입니다. 그러나 최면을 통해 혼을 정지해 놓고 영의 기억들을 꺼내게 된다면, 자신의 전생을 볼 수가 있습니다.

우리가 살아가는 현생에서 경험하는 감정적 상처나 정신적인 고통은 종종 우리가 이해하기 어려운 상황에서 비롯됩니다. 때로는 친한 사람에게 배신을 당하거나 억울한 상황에 처하게 되면, 우리는 그들의 행동을 이해할 수 없고, 그들에 대한 원망이나 분노를 느낍니다. 이럴 때 우리는 종종 그들에게 이런 말을 합니다. "내가 당신에게 얼마나 잘해 줬는데, 왜 이렇게 나를 대하는 건가?" 하지만 그들이 행동한 이유나 상황이 합리적이고 불가피했다는 사실을 알게 되면, 우리의 감정은 어느 정도 누그러지게 됩니다. 이를 이해하게 되면, 그들이 처했던 어려운 상황을 공감하게 되고, 우리가 느꼈던 원망이나 분노도 한층 줄어들게 되는 것입니다.

이와 비슷한 방식으로, 우리가 겪는 정신적인 트라우마나 고통은 그 원인을 되새기고 이해하는 것만으로 상당히 개선될 수 있습니다. 이는 전생 요법에서도 중요한 개념으로 등장합니다. 브라이언 와이스 박사는 환자들이 최면 상태에서 전생을 떠올리게 함으로써 그들의 정신적 질병을 치료할 수 있음을 밝혔습니다. 환자들이 전생에서의 특정 사건이나 감정을 기억하게 되면, 그동안 자신이 느꼈던 고통이나 불안이 해소되는 사례들이 많았다고 합니다. 이는 그들이 자신의 고통의 근본적인 원인을 이해함으로써 현재의 문제를 해결할 수 있기 때문입니다. 기억을 되살려 원인을 명확히 알고, 그로 인해 발생한 감정적 상처를 치유하는 과정이 이루어지는 것입니다.

그러나 이러한 치유의 과정이 전생에서의 기억을 떠올리는 것으로 끝나는 것은 아닙니다. 우리가 현생에서 겪는 고통이나 고난이 단순히 우연이나 세상의 불합리 때문만은 아니라는 점에서 우리의 존재와 삶에 대한 중요한 질문이 제기됩니다. "이 생이 유일하고 절대적인 한 번의 삶이라면, 우리가 이 생을 소중히 여기고 사랑해야 할 이유는 무엇일까?"라는 질문입니다. 만약 우리의 삶이 단지 하나의 생으로 끝난다면, 그 삶이 왜 그렇게 중요한지에 대한 이유를 찾기 어려울 수도 있습니다. 그러나 윤회의 관점에서 보면 전생에서의 경험을 이어받아서 현생을 살아가고, 그 후생에서의 삶이 지금의 삶으로부터 영향을 받습니다. 따라서 우리가 현생에서 어떤 행동을 하느냐, 어떤 선택을 하느냐에 따라 우리의 미래가 달라진다고 할 수 있습니다.

이처럼, 우리가 이생에서 좋은 행동과 선행을 한다면 그것은 후생에서 더 나은 삶으로 이어지고, 반대로 악행이나 부정적인 선택은 후생에서 고통을 가져오게 됩니다. 윤회의 법칙에 따르면 이생에서 쌓은 선한 행동은 우리의 영혼을 정화하고 발전시키며, 결국 더 나은 삶을 살아갈 수 있는 기회를 제공합니다. 반대로, 악행이나 부정적인 감정은 후생에 고통을 안겨 주기 때문에 우리는 이생을 통해 선을 쌓고, 나아가 악순환을 끊어 내야 하는 이유가 여기에 있습니다. 현생에서 우리가 깨닫고 실천해야 할 중요한 점은, "이번 생의 목적은 무엇인가?"라는 질문입니다. 우리의 목적은 단순히 개인적인 행복이나 성공이 아니라, 서로에게 좋은 영향을 미치고 선한 인연을 맺으며 영적으로 성장하는 것입니다. 우리는 그 과정에서 선을 쌓고, 악순환을 끊어 낼 수 있습니다.

또한, 우리 각자에게는 전생에서 진 빚이 있다는 개념도 존재합니다. 이는 우리가 현재 겪는 고통이나 어려움이 단지 우연이 아니라, 이전 생에서의 업보가 지금의 삶에 영향을 미친 결과라는 생각입니다. 우리가 전생에서 저지른 잘못이나 악행을 해결하지 않으면, 그것은 후생에서 또다시 우리에게 돌아오게 됩니다. 이때, 우리는 전생에서 지은 빚을 갚기 위한 과정을 거쳐야 합니다. 이러한 과정이 우리의 영적인 진화를 이루는 중요한 단계가 됩니다. 빚을 갚고, 그로 인해 성숙한 영혼으로 발전하게 되며, 결국 현생의 목적을 이루게 되는 것입니다.

그러므로 우리는 이생에서 배워야 할 중요한 교훈이 있습니다. 우리는 모두 전생에서의 업보와 과거의 경험을 가지고 태어났으며, 그로 인해 서로 다른 능력과 상황에서 출발합니다. 사람마다 전생에 쌓은 선행의 결과로 더 좋은 환경에서 태어나거나 뛰어난 능력을 지닐 수 있는 반면, 그렇지 않으면 상대적으로 덜 유리한 조건과 능력을 갖추게 될 수도 있습니다. 하지만 중요한 점은 우리가 가진 능력에 안주하지 않고 그것을 더 많이 사용하여 선을 쌓는 것입니다. 이렇게 함으로써 우리는 영적으로 성장하고, 더 나아가 우리의 궁극적인 목적을 달성할 수 있습니다.

결국, 우리의 현재 삶은 단지 우연이나 순간적인 사건의 결과가 아니라 전생과 현재 그리고 후생이 얽히며 이어져 가는 과정입니다. 이 과정에서 우리는 선행을 쌓고, 고통과 시련을 이겨 내며 성장하는 것이 중요합니다. 이를 통해 우리는 영적으로 진화하고, 더욱 나은 존재로 나아갈 수 있을 것입니다.

현재 우리가 살아가는 이 시대에서, 우리는 매 순간 우리 자신이 누구인지를 자각해야 합니다. 우리가 왜 태어났으며, 왜 많은 시련과 고통을 견뎌야 하는지, 그리고 각자가 어떻게 수행을 해야 하는지에 대한 깊은 이해가 필요합니다. 이 질문에 대한 답을 찾기 위한 과정은 단순히 일상적인 삶을 살아가는 것 이상의 의미를 지닙니다. 이는 우리가 왜 존재하는지, 무엇을 배우고 무엇을 성취해야 하는지를 깨닫는 과정입니다.

'수행'이라는 개념은 다양한 철학과 종교에서 중요한 의미를 지니며, 각각의 전통에서 이를 다르게 표현합니다. 석가모니는 이 과정을 '쓸고(苦, 고통)'로 정의하며, 이를 통해 우리는 고행을 해야 한다고 가르쳤습니다. 그는 사람 존재가 본래 고통을 겪는 존재임을 강조하며, 그 고통을 이해하고 해탈하는 방법으로 수행을 제시했습니다. 이 고행을 통해 우리는 궁극적인 '깨달음'을 얻을 수 있다고 했습니다. 즉, 고통을 통해 우리가 성숙하고, 진정한 자유를 얻는 길이 열린다는 것입니다.

공자 또한 인생의 어려움과 고난을 중요하게 다루었습니다. 그는 이를 '어지러울 난(亂)'이라고 표현하며, 사람이 겪는 세상의 혼란과 난제를 이해하고, 그것을 극복하는 것이 중요하다고 강조했습니다. 공자에게 있어 사람은 도덕적 수행을 통해 자신의 덕을 쌓고, 사람 관계에서 올바른 길을 선택하는 것이 중요한 과제였습니다. 그는 사회와 개인의 조화로운 관계를 이루기 위해 지속적으로 수행하며 배우는 삶을 살 것을 권유했습니다.

기독교에서는 이를 '죄인'이라고 표현하셨습니다. 기독교에서 사람은 본래 죄인이지만, 구원을 위해 자신을 돌아보고 회개하며 신의 뜻을 따르는 삶을 살아야 한다고 가르칩니다. 이러한 회개와 수행을 통해 우리는 '깨어 있음' 또는 '지혜'를 얻고, 궁극적으로 신과의 관계를 회복하며 구원받을 수 있습니다. 즉, 사람의 본성과 세상의 고통을 인식하고 그것을 넘어서는 방법을 배우는 것이 기독교적 수행의 핵심입니다.

수행을 통해 얻는 '깨달음'은 단순히 지식을 쌓는 것이 아니라, 자신과 세상에 대한 깊은 이해와 통찰을 얻는 과정입니다. 석가모니가 말한 '득도(得道)'는 이와 같은 깨달음의 상태를 의미하며, 사람이 자신의 본성과 세상의 진리를 직관적으로 이해하고, 고통의 원인을 인식하며 그에서 벗어나는 길을 찾는 것을 뜻합니다. 이는 단순한 지적 이해가 아니라, 존재의 본질을 경험적으로 깨닫는 과정을 의미합니다.

기독교에서 말하는 '깨어 있음'이나 '지혜'도 마찬가지로, 단지 세상의 지식을 아는 것에 그치지 않습니다. 이는 우리가 영적으로 성장하고, 신의 뜻을 따르며, 세상의 진리와 삶의 목적을 이해하는 데 필요한 내적인 변화를 말합니다. 이와 같은 깨달음은 우리가 삶을 어떻게 살아야 할지에 대한 명확한 방향을 제시하며, 그 과정에서 우리는 사람 존재의 진정한 목적을 이해하고, 궁극적으로 더 나은 존재로 거듭날 수 있습니다.

따라서 우리가 이 시대를 살아가는 동안, 수행은 그 자체로 중요한 의미를 지니며, 이를 통해 우리는 고난을 이해하고 극복할 수 있는 능력을 얻게 됩니다. 이 과정은 단지 개인적인 성찰에 그치지 않고, 우리의 삶의 목적을 발견하고, 다른 이들과의 관계 속에서 더 나은 길을 선택하는 데 필수적인 과정입니다. 결국, 수행을 통해 우리는 고통과 시련을 초월하여, 궁극적인 깨달음에 도달할 수 있습니다.

그러므로 우리는 항상 배워야 하고 선을 행하여야 합니다. 우리는 똑같은 능력을 갖추고 태어나지 않았습니다. 전생에서의 보상으로 다른 사람들보다 월등히 뛰어난 능력을 갖추는 사람들도 많습니다. 그 능력에 안주하지 않고 더 많은 지혜를 쌓고 더 많은 선행을 한다면, 우리는 결국 우리의 창조주께 갈 수 있으며 그곳은 소위 천국이라는 곳이라고 판단합니다.

4-4) 운명인가 선택인가: 불우한 환경에서 태어나는 사람들

성경에서 가장 큰 죄로 간주되는 것 중 하나는 바로 성령을 거스르거나 모독하는 죄입니다. 이 죄는 하나님과의 관계를 끊는 중대한 범죄로, 성령의 사역과 인도를 부정하거나 거부하는 행위로 이해됩니다. 특히 성령을 거스르는 행위는 신앙생활의 핵심을 부인하는 것이기 때문에 매우 심각한 죄로 여겨집니다. 또한, 성경에서는 무당과 같은 영적인 부정적 존재와의 연관을 막으려는 경고도 명시되어 있습니다. 무당의 활동은 단순히 사람의 삶에 악영향을 미치는 것을 넘어, 사후 세계의 영혼들이 떠나지 못하고 무당에게 달라붙게 만들어 윤회가 제대로 이루어지지 않게 한다고 언급할 수 있습니다. 이로 인해, 영혼들이 정해진 구원의 길을 가는 데 방해가 되므로 하나님께서 무당을 벌하시려는 이유가 여기에 있다고 해석됩니다.

'누가, 왜 종교를 찾는가?'라는 질문은 종교의 본질을 이해하는 데 중요한 출발점이 됩니다. 종교를 찾는 이유는 사람마다 다르지만, 많은 이들이 인생에서 겪는 극심한 시련과 고통이 큰 계기가 됩니다. 사업의 실패, 연애의 좌절, 사랑하는 사람의 죽음 등은 사람들에게 깊은 상실감을 주며, 이러한 고통 속에서 종교적 위안을 찾고자 하는 이들이 많습니다.

 이러한 상황에서 사람들은 신과의 관계를 회복하고, 자신의 존재의 의미와 목적을 다시 찾으려 합니다. 종교는 단순히 고통에서 벗어나기 위한 수단일 뿐만 아니라, 삶의 큰 위기를 극복하려는 방법으로 여겨지며, 하나님께 다가가는 길로 인식되기도 합니다. 종교가 제공하는 위로와 통찰은 이처럼 큰 시련을 겪고 있는 이들에게 중요한 역할을 합니다.

 그러나 종교를 찾는 이들에게, 보완이 필요한 교리나 왜곡된 신앙이 흔히 사람들을 그릇된 길로 이끌 수 있다는 점입니다. 예를 들어, "예수님만 믿으면 그동안 지은 모든 죄가 용서되고 천국에 갈 수 있다."라는 단순화된 교리는 종교의 진정한 의미와 신앙의 깊이를 왜곡할 위험이 있습니다. 이처럼 사람들이 종교를 찾는 의도는 순수하더라도, 올바른 신앙의 길을 찾지 못하고 불완전한 교리로 인해 하나님의 뜻에 다가가지 못할 수 있습니다. 이러한 교리와 신앙의 지도는 하나님의 뜻을 온전히 깨닫고 따르는 데 방해가 되며, 때로는 영적 회복을 더디게 만들기도 합니다.

 결국, 하나님께 다가가는 진정한 길은 신앙의 본질을 제대로 이해하며, 성령을 거스르거나 모독하는 죄 그리고 영적 오류를 피하는 것입니다. 무당과 같은 경우, 일부는 사람들에게 위로와 치유를 제공하며 선한 일을 하지만, 그중 일부는 잘못된 영적 길을 따르거나 불법적인 방식으로 사람들을 유혹하기도 합니다. 이러한 오류들은 하나님과의 관계를 왜곡시키고, 영적 성장에 장애가 될 수 있습니다. 따라서 올바른 교리와 신앙생활을 통해 하나님과의 관계를 회복하는 것이 중요합니다. 종교적 경험은 단순한 위안을 넘어서, 우리의 영혼이 진정으로 구원받고 성장하는 과정이어야 합니다.

[마태 12:31-32] "그러므로 내가 너희에게 말하겠다, 각종 죄와 모독은 사람들에게 용서가 될 수 있으나, 성령을 거스르는 모독은 사람들에게 용서될 수 없다. 또 누구든지 인자를 거슬러 말하는 자는 용서받을 수 있어도 누구든지 성령을 거슬러 말하는 자는 용서받을 수 없다. 이는 이 세상에서나 오는 세상에서도 마찬가지이다."와 [마가 3:29] "성령을 거슬러 모독하는 자는 결코 용서받지 못하고 영원한 정죄의 위험에 처하게 될 것이다." (해설: 이 구절들은 성령을 거스르거나 모독하는 행위가 얼마나 심각한 죄인지 경고하는 내용을 담고 있습니다. 마태복음에서는 성령을 거스르는 죄가 이 세상뿐만 아니라 다음 생에서도 용서받을 수 없음을 강조하며, 성령의 역할과 권위를 깨닫지 못한 결과로, 개인의 영적인 진보와 구원이 방해받을 수 있음을 시사합니다. 성령을 거스르는 자는 후생에서도 불리한 환경에 놓이거나 어려운 삶을 경험할 수 있으며, 이는 그들의 영적 무지와 하나님과의 단절에서 비롯된 것입니다. 마가복음에서는 성령을 모독하는 행위가 결코 용서받을 수 없으며, 이는 영원한 정죄에 처하게 되는 심각한 결과를 가져올 것임을 경고합니다. 결론적으로 불완전한 교리나 왜곡된 신앙을 통해 사람들을 잘못된 길로 인도하는 것은 그만큼 큰 죄를 짓는 것이며, 하나님 앞에서의 심판을 피할 수 없다는 교훈을 줍니다. 따라서 이 구절은 신앙을 전하고 가르치는 모든 이들에게 성령의 진리를 신중하게 다루고, 그 권위를 존중하며 전해야 한다는 중요한 메시지를 전달합니다.)

[마태 16:19] 베드로에게 천국의 열쇠를 네게 주니 네가 무엇이던 땅에서 묶으면 하늘에서도 묶일 것이다. (해설: 이 말씀은 베드로에게 천국의 열쇠를 주신다는 표현을 통해, 하나님의 뜻에 따라 사람들을 인도

하고 교회의 권위를 행사할 책임을 부여하신 것으로 볼 수 있습니다. 이는 교회가 불완전하거나 왜곡된 교리를 바로잡고, 진리의 말씀을 올바르게 가르치며, 하늘의 뜻과 연결된 판단과 결정을 내려야 한다는 의미를 내포합니다.)

[말라기서 4:1] 보라, 이는 화덕같이 탈 그날이 오기 때문이니, 교만한 자와 악을 행하는 자는 정녕 다 그루터기가 되리라 오는 그날이 그들을 태우니 그들에게는 뿌리나 가지도 남지 않을 것이다. 만군의 주가 말씀하신다. (해설: 이 구절은 하나님의 심판이 임하는 날을 예고하며, 교만한 자들과 악을 행한 자들이 완전히 멸망할 것임을 경고합니다. "뿌리나 가지도 남지 않을 것이다."라는 표현은 이들이 더 이상 존재하지 않게 될 것을 의미합니다. 이는 종말론적인 사건으로, 현세의 멸망을 넘어서 하나님 앞에서의 최종적인 심판을 나타냅니다.)

[마태 23:13] 그러나 위선자인 서기관들과 바리새인들아, 너희에게는 화가 있을 것이다. 이는 너희가 사람들에게 천국을 닫아 버려서 너희 자신도 들어가지 않고 들어가려고 하는 사람들도 들어가지 못하게 하기 때문이다. (해설: 예수님이 당시의 위선적인 종교 지도자들인 서기관들과 바리새인들에게 내린 강력한 책망입니다. 이 구절은 단순한 고발이 아니라 영적인 교훈을 담고 있으며, 그 당시뿐만 아니라 오늘날의 종교 지도자들에게도 중요한 교훈을 제공합니다. 현재 자신도 교리에 사로잡혀 무슨 일을 하고 있는지 모르는 종교 지도자들이 해당될 수 있습니다. 종교 지도자들은 자신의 교리나 전통에 갇히지 말고, 하나님의 말씀을 충실히 전하며, 사람들이 진정으로 천국으로 가는 길을 열어 줄 책임이 있다는 것입니다. 천국의 길을 막는 교회나 지도자들은 하나님

앞에서 심각한 책임을 묻는다는 것을 명심해야 합니다. 교회나 신앙 공동체의 역할은 하나님의 사랑과 구원의 복음을 전하는 것이며, 이를 통해 사람들을 하나님과 올바르게 연결해 주는 것입니다. 따라서 우리는 교리나 전통의 틀에 갇히지 않고, 하나님께서 원하시는 진리를 진심으로 전하고 실천해야 한다는 교훈을 이 구절에서 얻을 수 있습니다.)

[마태 23:14] 위선자인 서기관들과 바리새인들아, 너희에게 화가 있을 것이다. 이는 너희들이 과부들의 집을 삼키며 남들에게 보이고자 길게 기도하기 때문이다. 그러므로 너희는 더 큰 심판을 받을 것이다. (해설: 특히 사업 실패나 이혼, 사별 등의 이유로 마지막으로 기댈 곳을 찾은 이들에게 종교 단체가 비즈니스의 대상으로 전락하게 되면, 결국 더 큰 심판을 받게 된다는 것을 의미합니다.)

[출애굽기 20:5] 너는 그것들에게 절하지 말고 그것들을 섬기지 말아야 한다. 이는 나 주 너의 하나님은 질투하는 하나님이니 나를 미워하는 자들의 삼사 대까지, 그 조상들의 죄악을 그 자손들에게 미치게 할 것이다. (해설: 우상 숭배에 대한 강력한 경고입니다. 하나님은 자신을 질투하는 하나님으로 묘사되며, 하나님을 미워하는 자들의 죄가 삼 대, 사 대에 걸쳐 그 자손에게까지 영향을 미친다고 경고하십니다. 이는 단순히 우상에게 절하지 말라는 명령을 넘어서, 하나님을 무시하거나 거부하는 죄가 후손에게까지 이어져 영적인 결과를 초래한다는 중요한 교훈을 전합니다.)

[에스겔 13:20] 그러므로 주 하나님께서 이렇게 말씀하십니다. 보라, 나는 너희가 거짓된 가르침으로 사람들의 혼을 잘못된 길로 이끄는 그 방법들을 대적하겠다. 나는 너희의 손에서 그것들을 찢어 버리고, 그렇

게 잘못된 길로 이끌었던 사람들의 혼을 다시 그 길로 돌아가게 할 것이다. (해설: 이 구절은 하나님의 경고와 의도를 담고 있습니다. 원어를 직역하면 "혼을 잘못된 길로 이끄는"을 '혼을 사냥하여 달아나게 한다' 라고도 해석할 수 있습니다. 이 표현은 거짓된 가르침이나 미혹된 신앙으로 사람들의 영혼을 잘못된 길로 인도하는 종교 지도자들의 행위를 의미합니다. 이는 그들의 신앙을 왜곡시키거나 영적으로 잘못 이끄는 것에 대한 경고를 전달하고 있습니다.)

[말라기서 3:5] 나는 심판을 위해 너희에게 가까이 올 것이다. 나는 마술사들, 간음하는 자들, 거짓 맹세하는 자들, 품꾼을 그의 삯으로 억압하는 자들, 과부와 고아를 억압하는 자들, 외국인을 무시하는 자들, 그리고 나를 두려워하지 않는 자들을 신속히 심판할 것이다. 만군의 주가 말한다.

[요한계시록 3:5] 그러므로 네가 어디서 떨어졌는지를 기억하고 회개하며, 너는 처음 일들을 행하라. 만일 그렇지 않고 회개하지 아니하면 내가 속히 너에게 와서 네 촛대를 그 자리에서 옮기리라.

4-5) 빅뱅설과 별자리(천문학), 사주, 풍수지리

복음 말씀 외에도 우리가 흔히 접하는 사주, 풍수지리, 별자리 등이 성경과 어떤 연관성을 가질 수 있는지 함께 살펴보고자 합니다. 조금 다른 관점에서 바라보면, 이러한 것들은 예정설의 개념과 어느 정도 닮아 있는 면이 있습니다.

사주, 풍수지리, 별자리 등은 사람의 성향이나 운명의 흐름을 어느 정도 맞출 수 있는 특징을 가지고 있지만, 그것이 100% 정확한 것은 아닙니다. 왜냐하면 우리의 운명은 고정된 것이 아니라, 사람의 자유 의지를 통해 변화하고 개척될 수 있는 부분이 존재하기 때문입니다.

결국, 우리의 삶에서 가장 중요한 것은 사람의 자유 의지와 이를 바탕으로 한 깨달음 그리고 행동입니다. 따라서 사주, 풍수지리, 별자리와 같은 것들을 맹신하기보다는 참고 자료로 활용하는 것이 바람직하다는 말씀을 드리며 이야기를 시작하고자 합니다.

빅뱅설과 별자리

우주가 팽창하고 폭발하면서 모든 행성이 생겨났고, 그중 하나가 지구라는 과학자들의 가설을 빅뱅설이라 합니다. 그러나 성경은 이와 다른 시각을 제시합니다. 창세기에 따르면, 하나님께서는 6일째 되는 날 사람을 위해 별들을 창조하셨다고 기록되어 있습니다. 이와 관련된 성경적 근거는 마태복음에 등장하는 동방 박사들의 이야기를 통해 확인할 수 있습니다.

이웃 나라 동방 박사들은 메시아의 탄생을 별자리를 통해 미리 알고, 예수를 축복하기 위해 먼 길을 떠납니다. 그 여정에서 로마의 식민지였던 유대 땅의 왕, 헤롯을 찾아가게 되죠. 학자들은 이 동방 박사들이 아마도 페르시아의 고위층 인물들, 즉 천문학에 해박한 사람들로 추정합니다. 그들이 왕과 교류하며 예우를 받았다는 점, 그리고 예수께 드린 황금, 유향, 몰약과 같은 귀한 선물들을 고려하면 이들이 평범한 이들은 아니었음을 알 수 있습니다. 당시 교통수단이 발달하지 않았던 시대에 하늘의 별을 의지해 예정된 위치를 찾아낸다는 것은 결코 쉬운 일이 아니었을 것입니다.

결국, 동방 박사들은 별자리를 따라가 예수님의 탄생 장소를 정확히 찾아내는 데 성공합니다. 이는 고대부터 현대까지 이어져 온 별자리의 중요성을 상기시켜 줍니다. 예컨대, 항해사들이 바다 위에서 북극성과 별자리를 의지해 길을 찾았던 것처럼, 별자리는 사람에게 매우 중요한 역할을 해 왔습니다.

필자 역시 처음에는 빅뱅설을 받아들였습니다. 그러나 별들이 사람에게 실질적으로 유익한 역할을 하고, 정황상 그 존재가 우연의 산물이라고 보기 어려운 점들을 깨달으면서 지금은 하나님께서 사람을 위해 별을 창조하셨다는 창조론을 더 신뢰하게 되었습니다.

반면, 빅뱅 이론에는 여전히 풀리지 않는 여러 의문점이 존재합니다. 예를 들어, 빅뱅 이전의 우주 상태를 명확히 설명하지 못할 뿐만 아니라, 우주가 왜 폭발적으로 팽창했는지에 대한 합리적이고 충분한 근거도 제시하지 못하고 있습니다. 이러한 한계들 때문에 필자는 우주의 기원을 이해하는 데 있어 창조론이 더 설득력 있다고 생각하게 되었습니다.

빅뱅, 물

빅뱅 이론은 우주가 약 138억 년 전, 하나의 매우 뜨겁고 밀도 높은 점에서 폭발하며 팽창하기 시작했다는 과학적 이론입니다. 초기 우주는 플라즈마 상태로, 기본 입자들이 형성되었고, 시간이 지나면서 점차 냉각되어 원자와 분자가 생성되었습니다. 빅뱅 후 약 3억 8천만 년이 지나면서 수소(H)와 헬륨(He)이 주를 이루는 최초의 별이 만들어졌고, 별 내부의 핵융합 반응과 초신성 폭발을 통해 더 무거운 원소들이 형성되었습니다.

물(H_2O)은 산소(O)와 수소(H)가 결합하여 만들어지며, 빅뱅 직후의 우주에는 물 자체가 존재하지 않았습니다. 대신, 별의 내부와 초신성 폭발에서 생성된 산소가 우주 공간에 퍼지면서 수소와 결합하여 물 분자가 형성되기 시작했습니다. 이 물 분자는 먼지와 가스 구름에 포함되어 우주 곳곳으로 흩어졌고, 이후 행성계가 형성되는 과정에서 지구와 같은 행성 표면에 물이 축적되었습니다.

결론적으로, 물은 빅뱅 이후 우주의 진화 과정에서 별의 형성과 그 내부 반응을 통해 생성된 물질로, 생명체가 존재하는 데 중요한 역할을 하며 우주 진화의 핵심적인 산물 중 하나로 여겨집니다.

성경에서의 별

성경 창세기에는 하나님께서 사람 창조 이전, 셋째 날에 하늘의 별들을 만드셨다고 기록되어 있습니다. 이는 단순한 장식이나 우연의 산물이 아니라 사람을 위한 목적 아래 창조된 것임을 시사합니다. 하나님께서는 별들을 통해 사람이 삶을 영위하며 방향을 찾고, 시간을 이해하고, 자연의 질서를 깨닫도록 하셨습니다. 이러한 점에서 필자는 진화론보다 창조론, 빅뱅설보다 하나님께서 별을 창조하셨다는 믿음을 더욱 신뢰합니다.

[창세기 1:14] "하나님께서 말씀하시기를 '낮과 밤을 나누기 위하여 하늘의 창공에 광명들이 있으라. 그것들로 하여금 징조와 계절과 날짜와 연도를 위해 있게 하라. 그리고 광명들은 하늘의 창공에 빛이 되어 땅 위에 빛을 주라.' 하시니 그대로 되었습니다."

이 말씀에서 별과 하늘의 광명은 단순히 빛을 발하는 존재에 그치지 않고, 인간이 시간을 계산하고 계절을 이해하며, 중요한 징조를 깨닫는 데 중요한 역할을 한다는 사실을 알 수 있습니다. 과거 농경 사회에서는 별과 하늘의 움직임이 계절을 예측하는 데 필수적인 지침이었고, 오늘날에도 바다를 항해하거나 우주의 비밀을 탐구하는 데 별은 여전히 중요한 길잡이로 작용하고 있습니다.

만약 빅뱅 이론처럼 우주가 단순히 우연한 폭발로 인해 형성되었다면, 이웃 나라의 동방 박사들이 별을 보고 예수님의 탄생 장소를 정확히 찾아낼 수 있었을까요? '빅뱅 이론'과 같은 가설은 여전히 검증되지 않은 단계에 있으며, 과학적으로 진위가 확인되지 않은 상태입니다. 가설의 진위 여부가 확실히 검증되면, 그때 비로소 '이론' 대신 '법칙'이라는 명칭으로 인정받게 됩니다.

동방 박사들이 별을 보고(마태 2:1-12) 예수님의 탄생을 예측한 이야기는 별의 상징성과 우주의 질서가 우연이 아닌 의도적 설계의 산물임을 성경적으로 뒷받침하는 대표적인 사례라 할 수 있습니다. 이는 하늘의 광명이 단순한 천체를 넘어, 인간의 삶과 신앙에 깊은 영향을 미치는 도구로 창조되었음을 시사합니다.

필자는 별들이 단순한 자연 현상이 아닌, 창조주 하나님의 계획과 의도가 담긴 정교한 작품이라는 믿음을 가지고 있습니다. 빅뱅설처럼 물리적 폭발로 우주와 별이 우연히 탄생했다는 가설은 과학적 호기심을 자극하지만, 별이 가진 사람 중심적 의미와 질서를 설명하기엔 부족함이 있다고 생각합니다.

결국, 별은 단순한 천체를 넘어 사람과 창조주의 연결 고리를 상징하는 중요한 창조물임을 성경을 통해 다시금 깨닫게 됩니다.

별자리(천문학)와 점성술: 그 기원과 변천사

천문학은 하늘에 있는 별자리와 지구의 위치 및 현상을 연구하는 학문으로, 고대 사회부터 학문으로 인정받아 왔습니다. 한편, 점성술은 천체의 위치를 사람의 심리, 미래의 사건 예측, 밀교적 지식의 원리로 해석하는 분야입니다. 현대 이전 시대 대부분의 문화권에서는 천문학과 점성술을 하나로 보았고, 명확히 구분하지 않았습니다.

고대 바빌로니아에서는 천체 현상의 관찰자이자 해석자로서 천문학자와 점성술사가 같은 역할을 했습니다. 그러나 이는 천문학과 점성술이 같은 것임을 뜻하지는 않습니다. 고대 그리스의 소크라테스 이전 철학자들은 별과 행성의 본질을 탐구했고, 에우독소스는 행성의 이동을 관찰하며 지구중심적 우주론 체계를 정립했습니다. 이 체계는 아리스토텔레스와 프톨레마이오스 시대까지 유지되었습니다.

프톨레마이오스는 화성의 역행을 설명하기 위해 주전원을 도입했으나, 사모스의 아리스타르코스가 최초로 태양중심설을 제안했습니다. 그러나 그의 이론은 2,000년 동안 주목받지 못했고, 아리스토텔레스의 지구중심설이 선호되었습니다. 플라톤의 철학은 천문학 연구를 장려하며, 하늘의 움직임이 우주의 질서와 조화를 증명한다고 보았습니다.

점성술과 천문학의 분화

기원전 3세기, 바빌로니아의 점성술이 그리스에 전파되면서 점성술은 헬레니즘 철학자들에게 비판받기도 했습니다. 그러나 스토아 철학은 대년(행성이 주기를 마치고 초기 위치로 돌아오는 시점)과 영원한 순환의 개념으로 점술과 운명론을 가능하게 했습니다.

헬레니즘 시대의 '아스트로노미아'(천문학)와 '아스트롤로지아'(점성술)는 자주 혼용되었으나, 개념적으로 같지는 않았습니다. 아리스토텔레스는 물리적 접근법을 선호하며 점성술을 포함한 용어로 '아스트롤로지아'를 사용했습니다. 중세에는 헬레니즘과 아랍 점성가들의 문헌이 라틴어로 번역되면서 점성술이 유럽 전역에 퍼졌습니다.

중세 후기에는 점성술의 수용 여부가 왕실의 허가에 달려 있었습니다. 이후 프랜시스 베이컨 시대에 점성술은 형이상학적 믿음으로 여겨져 점차 과학적 관찰에서 멀어졌고, 17세기와 18세기에는 미신으로 간주되며 천문학과 분리되었습니다.

서양과 동양의 점성술

서양 점성술은 춘분점에서 시작해 12개의 별자리로 황도를 나누며, 각각의 별자리는 태양, 달, 행성의 이동과 사람 경험을 상징한다고 봅니다. 양자리, 황소자리, 쌍둥이자리 등으로 이어지는 별자리는 바빌로니아 점성술에서 시작되어 헬레니즘 문화를 거쳐 발전했습니다. '위와 같이 아래도'라는 원리에 따라 하늘의 현상이 사람의 행동에 영향을 미친다고 믿습니다.

반면, 중국 점성술은 시간과 주기에 주목하며, 황도대가 아닌 시간의 흐름에 따른 운명을 중시합니다. 그러나 서양, 서아시아, 중국 점성술 모두 출생 순간의 동쪽 지평선에 떠오르는 별자리인 상승점을 중요하게 여기는 공통점을 가집니다.

풍수지리: 성경과의 연관성

성경 창세기 23장에는 땅의 기운과 사람의 삶이 밀접하게 연관되어 있음을 보여 주는 이야기가 나옵니다. 사라가 127세에 세상을 떠났을 때, 아브라함은 그녀를 장사 지내기 위해 자신의 땅이 아닌, 가나안 땅 헤브론의 묘실을 구입합니다. 흥미롭게도 이곳은 아브라함 자신의 땅이 있었음에도 불구하고 400세겔이라는 값을 지불하고 매입한 땅입니다. 이는 단순한 매매가 아니라, 땅의 기운과 위치를 신중히 고려한 결과로 볼 수 있습니다.

또한 야곱의 이야기를 통해서도 땅의 중요성을 알 수 있습니다. 이집트에서 성공한 그의 아들 요셉이 부유하고 높은 지위에 있었음에도, 야곱은 자신의 유언대로 이집트가 아닌 선조들이 묻힌 땅(가나안 땅)에 장사되었습니다. 이는 단순히 전통의 문제를 넘어, 땅의 기운이 삶과 죽음 이후에도 중요한 영향을 미친다는 점을 강조합니다.

성경 속 땅의 기운과 복

성경에서는 하나님이 특정 땅에 축복을 내리거나, 때로는 저주를 내리신다고 기록하고 있습니다. 이는 땅 자체가 사람의 길흉화복에 영향을 줄 수 있다는 암시로 읽힙니다. 그리고 이러한 땅의 선택이 단순히 사람의 의지로 결정되는 것이 아니라, 복과 선행에 따라 좌우된다는 점도 언급됩니다.

예를 들어, 한 사람이 부모를 장사 지내기 위해 좋은 땅을 찾지 않았음에도 불구하고 결과적으로 좋은 땅에 묻히는 경우가 있습니다. 이는 그 사람의 전생이나 현생에서의 선행과 복의 결과일 수 있다는 해석입니다. 반대로, 아무리 좋은 땅을 골랐다고 해도 복이 없거나 관리를 소홀히 하면 그 땅의 기운 역시 좋은 영향을 미치지 못할 것입니다.

풍수지리의 교훈: 땅보다 중요한 것

풍수지리는 분명 사람의 삶과 죽음에 영향을 줄 수 있는 중요한 요소로 여겨져 왔습니다. 하지만 성경과 인생의 교훈은 땅 자체보다는 사람의 선행과 의지가 더 중요하다는 점을 강조합니다. 아무리 좋은 못자리를 찾았다고 해도, 그곳을 방치하거나 성묘조차 하지 않는다면 그 기운은 점차 약화될 수 있습니다.

따라서, 땅의 기운은 사람의 선행과 의지가 뒷받침될 때 비로소 의미를 가집니다. 풍수지리의 중요성을 인정하더라도, 땅보다 중요한 것은 자신의 삶에서의 선한 행위와 올바른 태도임을 잊지 말아야 합니다. 성경의 이야기는 이를 우리에게 깊이 일깨워 주는 가르침이 아닐까 합니다.

결국 풍수지리보다 중요한 것은 사람의 선행과 의지입니다.

[창세기 23:1-2] 사라는 127세였고, 그것이 그녀의 나이였습니다. 사라는 가나안 땅 헤브론, 즉 키럇아르바에서 세상을 떠났습니다. 아브라함은 사라를 위해 그곳에 가서 울며 애도했습니다.
[창세기 23:6] 묘지 중에서 좋은 자리를 선택하여 장례를 치르시길 바랍니다.

사주(명리학)

필자는 사주 명리학을 공부하면서 그 정확성에 깊은 놀라움을 금할 수 없었습니다. 처음에는 단순한 호기심에서 시작했지만, 점차 이 학문에 대해 깊이 파고들수록 그 정확도가 너무 높아, 마치 우리의 운명이 거의 정해져 있는 것 같다는 느낌을 받았습니다.

서양의 사상은 성경에 뿌리를 두고 있는 반면, 동양에서는 주역을 통해 사상과 이치의 기초를 찾을 수 있었습니다. 고대 동양의 현자들은 사람을 자연의 일부로 보고, 이 세상의 이치를 음과 양 그리고 다섯 가지 에너지인 목(木), 화(火), 토(土), 금(金), 수(水)의 상호 작용으로 이해하고 해석했다고 전해집니다. 만물은 음양의 변화 속에서 이루어진다는 이치는 낮과 밤, 남과 여처럼 간단한 예로 설명할 수 있습니다.

또한 동양 사상에서는 음양뿐만 아니라 5행을 통해 만물의 존재와 변화를 설명합니다.

첫째, 목(木)은 용출하는 에너지로, 어린아이가 어지럽히는 힘처럼 창조적이고 발전적인 에너지를 상징합니다. 둘째, 화(火)는 발산하는 에너지로, 청년기가 집중과 열정을 다하는 시기를 표현하며, 불이 타오르는 것처럼 집중적인 에너지를 나타냅니다. 셋째, 토(土)는 변환하는 에너지로, 우리가 한 분야에서 다른 분야로 전환할 수 있는 에너지입니다. 넷째, 금(金)은 수렴하는 에너지로, 우리가 얻은 성취와 결과를 상징하며, 우리가 얻은 결실을 열매로 비유할 수 있습니다. 마지막으로, 수(水)는 응축하는 에너지로 모든 생명이 결국 죽음에 이르게 되는 자연의 이치를 표현하며, 물이 땅속으로 스며드는 것처럼 생명의 끝을 상징합니다.

이 다섯 가지 에너지는 우리의 태어날 시점에서 이미 각기 다른 비율로 내면에 갖고 태어나며, 매년 변화하는 에너지가 우리의 삶에 영향을 미쳐 우리가 경험하는 변화와 성장을 이끕니다. 사주 명리학은 이러한 에너지들이 어떻게 우리에게 영향을 미치는지 그리고 매년 각 해가 우리 삶에 어떤 변화를 가져오는지를 알아내는 학문입니다. 이를 통해 우리는 자신의 운명과 삶의 흐름을 더 잘 이해하고, 각 에너지가 주는 의미를 바탕으로 자신에게 맞는 방향으로 살아갈 수 있는 지혜를 얻을 수 있다는 것을 알 수 있습니다.

즉, 사주는 사람이 태어난 해, 월, 일, 시를 바탕으로 그 사람의 운명과 성향을 분석하고 예측할 수 있는 학문입니다. 사주 명리학을 통해 운명의 길흉화복 주기를 알 수 있으며, 그 길흉화복이 예상대로 맞아떨어지는 경우가 많았습니다. 사주는 태어난 순간의 천간과 지지에 따라 그 사람의 팔자, 즉 운명을 예고하는데, 이 8자(여덟 글자)의 배열은 사람의 삶을 완성하는 중요한 열쇠가 됩니다.

사주는 개인의 운명을 분석하는 통계적 학문으로, 윤회의 개념을 포함하여 사람의 삶에 영향을 미치는 요소들을 다룹니다. 사주에 따르면, 사람은 50% 정도가 과거의 업이나 인연(카르마)에 의해 영향을 받으며(조상궁과 부모궁 등의 역할), 40%는 국가나 시대적 흐름과 같은 큰 환경적 요인에 의해 결정됩니다. 나머지 10%는 개인의 선택과 노력에 따라 달라진다고 합니다. 이렇게 세 가지 요소가 복합적으로 작용하여 한 사람의 운명과 역사가 이루어진다고 볼 수 있습니다.

사주의 쟁점

사주 전문가들은 같은 사주를 가진 사람들조차 다소 차이가 나는 삶을 살아가는 경우가 많다는 점을 강조합니다. 이는 시대적 배경, 가정환경, 부모의 영향, 사회적 조건 등이 큰 영향을 미친다는 점에서 사주

뿐만 아니라 그 외적인 환경 요소들도 함께 고려해야 함을 시사합니다.

결국, 사주를 통해 알게 된 운명의 흐름을 잘 파악하고, 그에 맞는 노력을 기울여 인생을 잘 살아가는 것이 핵심입니다. 사주는 하나의 참고자료일 뿐, 그 자체로 모든 것을 결정짓지는 않기 때문에 자만하거나 과도하게 의존하지 않고, 적극적으로 자신의 삶을 개척해 나가는 자세가 중요합니다.

참고로 사주와 점은 본질적으로 전혀 다른 형태의 접근 방법입니다. 사주는 명리학과 통계학을 기반으로 하여, 사람의 운명과 성향을 분석하는 학문입니다. 반면, 점은 접신의 과정을 통해 이루어집니다. 이는 귀신이 무당에게 붙어 그 사람의 과거를 전달하는 형태로, 사람의 과거에 대한 정보는 비교적 정확하게 맞출 수 있지만, 미래를 예측하는 데에는 한계가 있습니다.

무당이 접신을 한 후 과거를 맞추는 것은 그 사람의 삶에서 이미 발생한 사건들이나 정보들을 귀신이 전해 주는 형태로, 어느 정도 일치할 수 있습니다. 그러나 미래에 대해 예측하려는 것은 또 다른 문제입니다. 미래는 사람의 의지와 외부 환경, 우연적인 사건 등 여러 변수에 의해 달라지기 때문에 무당이 이를 정확하게 예측하기란 매우 어려운 일입니다.

실제로 명리학을 제대로 공부하지 않으면 잘못된 해석이나 부정확한 조언을 받을 수 있으므로, 신중하게 접근하는 것이 중요합니다. 따라서 사주와 점을 혼동하지 말아야 합니다. 사주는 통계를 바탕으로 과학적 접근과 논리로 운명을 분석하는 것이고, 점은 접신의 차원에서 사람의 과거와 연결되어 있기 때문에 권장하기가 어렵습니다.

[전도서 3:1] 하늘 아래 모든 것에는 시기가 있고, 모든 목적에는 때가 있으니

4-6) 예정설(운명설)

많은 사람이 자신이 하는 일에 대한 확신이 부족하거나, 자신의 미래에 대해 궁금증을 느끼면서 철학관이나 점을 보러 가는 경우가 많습니다. 이런 마음속에서 '내 인생은 이미 예정된 것 아닐까?' 하는 운명론적인 생각이 자주 떠오르곤 합니다.

예레미야서에서 이런 말을 찾아볼 수 있습니다. "네가 태어나기 전부터 너였음을 알았다." 이 말씀은 우리가 사람으로서의 삶을 살아가면서 마주하는 여러 가지 복잡한 질문들에 대해 생각할 여지를 줍니다.

이 부분에서 중요한 점은 하나님께서 모든 사람에게 동일한 기회를 주지 않으셨다는 것입니다. 우리가 지금 겪고 있는 불평등한 상황들은 우리가 전생에서 쌓은 복과 업에 따라 다르기 때문입니다. 그러나 하나님께서는 자유 의지를 주셨기에, 우리는 현생에서 선을 행하여 업을 끊을 수 있고, 반대로 악을 행하여 업을 더 쌓을 수도 있습니다.

[예레미야 1:4-5] 여호와의 말씀이 내게 임하셨습니다. 하나님께서 말씀하시기를, '내가 너를 어머니 뱃속에 있을 때부터 알았고, 네가 태어나기 전에 이미 너를 구별하여 열방의 선지자로 세웠다'라고 하셨습니다.

이 구절은 하나님께서 우리가 태어나기 전부터 각자에게 맞는 목적과 계획을 미리 준비해 두셨음을 보여 줍니다. 우리의 삶은 단순한 우

연이나 불행의 연속이 아니라, 정해진 계획과 목적을 가진 여정이라는 뜻입니다. 그러나 이 예정된 계획이 모든 것을 고정된 운명으로 규정하는 것은 아닙니다. 하나님은 우리에게 자유 의지를 주셨고, 이를 통해 우리의 노력과 믿음, 실천으로 삶을 변화시킬 수 있음을 성경의 여러 사례를 통해 알 수 있습니다.

다음은 성경에서 운명, 자유 의지 그리고 노력의 중요성을 대표적으로 보여 주는 세 가지 사례입니다.

1) 히스기야왕의 생명 연장(열왕기하 20:1-6)

히스기야왕은 중병에 걸려 죽음을 맞이할 것이라는 이사야 선지자의 경고를 받았습니다. 이사야는 "집 안을 정리해라(가족에게 유언을 남기고 준비해라). 네가 죽고 다시 살지 못할 것이다."라는 하나님의 말씀을 전했습니다. 그러나 히스기야는 이 경고에 절망하지 않고, 즉시 하나님께 간절히 기도하며 자신의 삶을 돌아보고 회개하였습니다. 그는 눈물로 자신의 진심을 고백하며 하나님께 자비를 구했습니다.

결국 하나님께서는 히스기야의 기도를 들으시고 그의 생명을 15년 더 연장해 주셨습니다. 그뿐만 아니라, 그의 나라를 보호하고 적들로부터 구원하겠다고 약속하셨습니다.
(핵심 메시지: 정해진 운명처럼 보였던 죽음이 히스기야의 간절한 기도와 믿음으로 변화되었음을 보여 줍니다.)

2) 출애굽 이후 이스라엘 백성의 시험(민수기 14장)

출애굽 후, 이스라엘 백성은 약속의 땅인 가나안에 도착하기 전 12

명의 정탐꾼을 보냈습니다. 그러나 정탐을 마치고 돌아온 대부분의 사람은 가나안 거민의 강함과 성벽의 견고함을 보고 두려워하며 불평했습니다. 그들은 하나님을 신뢰하지 못하고 이집트로 돌아가고 싶다는 불평을 늘어놓았습니다.

이에 하나님께서는 그들이 약속의 땅에 들어가지 못할 것이라고 선언하셨습니다. 그러나 여호수아와 갈렙은 끝까지 하나님을 신뢰하며, "여호와께서 우리와 함께하시니 두려워할 이유가 없다."라고 말하며 믿음을 고백했습니다. 결국 이 두 사람만이 가나안 땅에 들어가는 축복을 누릴 수 있었습니다.
(핵심 메시지: 두려움과 불신으로는 운명을 변화시킬 수 없지만, 끝까지 하나님을 믿고 따르는 자는 그 운명을 바꿀 수 있습니다.)

3) 룻의 헌신과 보아스와의 결혼(룻기 2-4장)

룻은 이방인 모압 여인이었고, 남편이 죽은 뒤 시어머니 나오미와 함께 어려운 환경 속에서 살아야 했습니다. 그녀는 자신의 고향과 가족을 떠나 시어머니를 끝까지 섬기며 헌신을 다했습니다. 나오미를 부양하기 위해 밭에서 이삭을 줍는 등 성실히 일하며 생활을 이어 갔습니다.

룻의 헌신과 성실함은 보아스라는 사람을 만나게 하는 계기가 되었고, 그는 룻에게 친절과 호의를 베풀며, 결국 그녀와 결혼하여 가정을 이뤘습니다. 이 결혼은 단순한 복 이상의 의미를 가졌습니다. 룻은 다윗왕의 조상이 되었고, 예수 그리스도의 족보에 오르게 되었습니다.
(핵심 메시지: 헌신과 성실함은 고난 속에서도 운명을 변화시키는 강력한 도구임을 보여 줍니다.)

이처럼 성경의 사례는 운명론을 넘어, 우리의 믿음과 노력, 성실한 실천이 삶을 변화시키는 중요한 요소임을 보여 줍니다. 비록 삶에는 우리가 통제할 수 없는 부분도 존재하지만, 주어진 상황에서 최선을 다해 삶을 개선할 선택권은 우리에게 있습니다. 결국, 사람의 자유 의지를 통해 바꿀 수 있는 부분이 많으며, 우리의 삶은 스스로의 선택과 나아가는 방향에 따라 달라질 수 있다는 점을 깨닫게 됩니다.

운명론에 지나치게 의존하여 무당 등 외부의 힘에 기대는 것보다는, 자신의 노력으로 미래를 조금씩이라도 변화시킬 수 있다는 점을 기억해야 합니다. 전생에서 쌓아 온 업은 현생에서 선행을 통해 변화시킬 수 있으며, 이를 통해 업의 사슬을 끊을 수 있습니다.

따라서 우리는 매 순간 최선을 다해 자신의 운명을 스스로 개척해 나가야 합니다. 각자가 맡은 책임을 충실히 이행하는 것이 중요합니다. 예를 들어, 학생은 학업에 최선을 다하고, 직장인은 자신의 직무에 성실히 임하며, 누구나 자신을 발전시키는 방향으로 노력해야 합니다. 운명론에만 의지하기보다, 자신의 노력과 선택이 삶을 변화시키는 핵심적인 요소임을 잊지 말아야 합니다.

Science without religion is lame, religion without science is blind.
종교 없는 과학은 불완전하고, 과학 없는 종교는 맹목적이다.
- 알베르트 아인슈타인

5. 과학과 성경의 교차로

 우리가 과학을 믿는 이유는 무엇일까요? 그 이유는 과학이 합리적 근거와 객관적인 절차를 통해 결론을 도출하기 때문입니다. 누구나 이해할 수 있는 명확한 논리와 증거가 있기 때문에 많은 사람들이 과학을 신뢰합니다.
 반면, 성경은 종종 신화적으로 보이는 부분이 많습니다. 무신론자들은 이러한 비논리적이고 비과학적인, 신화적인 요소들 때문에 하나님을 믿지 않는 경우가 많습니다. 특히, 고등 교육을 받은 현대인들에게는 성경이 더욱 믿기 어려운 경우가 많습니다. 그러나 필자는 성경을 과학처럼 합리적이고 논리적인 근거를 통해 해석할 수 있으며, 성경 역시 과학과 전혀 상충하지 않음을 보여 주고자 합니다.

노아 시기의 대홍수: 고대 문명의 증거

 성경에서 노아의 홍수 이야기는 잘 알려져 있습니다. 이 이야기는 지구를 덮은 거대한 홍수로, 노아와 그의 가족이 구원받는 내용을 담고 있습니다. 일부는 이 이야기를 신화적 요소로 간주하지만, 실제로 여러 고고학적 발견과 지질학적 증거들이 이 이야기를 지지하는 것으로 해석됩니다. 예를 들어, 세계 여러 지역에서 발견된 퇴적물의 층에서 과거 대규모 홍수가 발생한 증거가 발견되었습니다. 또한, 고대 문명들… 예를 들어, 바빌로니아, 아시리아 그리고 메소포타미아에서는 유사한 홍수 이야기가 전해지고 있습니다. 이는 단순히 신화가 아니라, 고대인들이 경험했던 실재 사건을 기초로 한 이야기일 가능성을 시사합니다.

출애굽기와 홍해의 기적: 물리학적 접근

출애굽기에서 이스라엘 백성이 홍해를 건넌 기적적인 사건은 성경에서 중요한 사건 중 하나입니다. 많은 사람들이 이 이야기를 초자연적 기적으로 보고 믿지만, 일부 과학자들은 물리적, 지질학적 관점에서 이 사건을 설명하려고 시도했습니다. 최근의 연구들에 따르면 홍해 지역에서 특정 조건에서 발생할 수 있는 '자연적인' 기적이 존재할 수 있다는 가능성이 제시되었습니다. 예를 들어, 특정 바람의 방향과 세기가 결합되면 홍해의 일부가 순간적으로 물이 갈라지듯 보일 수 있다는 이론이 있습니다. 이는 성경의 이야기와 과학적 설명이 충돌하지 않고, 기적이 일어난 상황을 자연적 법칙의 관점에서 이해할 수 있음을 보여줍니다. 또한, 모세와 이스라엘 백성이 홍해 하단부의 낮은 물속 지역을 통과했을 가능성도 함께 고려할 수 있습니다.

과학과 성경의 관계

과학과 성경은 각기 다른 방식으로 진리를 탐구합니다. 과학은 자연 세계를 이해하는 도구로서 실험과 증거에 의존하지만, 성경은 인간 존재의 의미와 목적을 다루는 교훈을 제공합니다. 두 영역은 서로 다른 질문에 답을 하며, 그 목적도 다릅니다. 과학이 '어떻게'라는 질문에 답한다면, 성경은 '왜'라는 질문에 답합니다. 이 둘은 서로 충돌하지 않으며, 오히려 서로를 보완할 수 있는 중요한 영역을 차지하고 있습니다.

과학이 세상을 이해하는 하나의 방법이라면, 성경은 인간 존재와 삶의 궁극적인 목적에 대해 깊이 있는 답을 제시합니다. 과학과 성경이 다루는 분야는 다르지만, 서로를 보완하며 세상의 진리를 탐구하는 중요한 역할을 하고 있습니다. 둘을 나누는 것이 아니라, 함께 이해할 때 우리는 더 풍성하고 깊이 있는 진리를 발견할 수 있을 것입니다.

5-1) 과학은 어떻게 탄생했나?

중세 시대, 유럽을 지배하던 로마 가톨릭은 종교적 권력을 바탕으로 여러 부당한 행위들을 저지르기도 했습니다. 그 당시 수많은 무고한 사람들이 정치적인 이유로 희생되었습니다. 종교가 타락한 가장 큰 예로는 면죄부 판매와 성 베드로 성당 건축 사건이 있습니다. 이 사건들 이후, 유럽 전역에는 흑사병(페스트)이 창궐하기 시작했습니다. 당시 사람들은 전염병에 대한 이해가 부족했기 때문에 하나님께 기도하며 성당에 모여 병을 고쳐 달라고 빌었습니다. 그러나 사람들이 성당에 몰리면서 오히려 전염병은 더욱 확산되어 많은 사상자가 발생했습니다. 이 시점에서 사람들은 신의 힘보다는 과학적 접근이 더 중요하다는 사실을 깨닫기 시작했습니다. 위생 관리와 치료제 개발 등의 과학적 노력이 흑사병을 해결할 수 있는 방법이라는 인식이 퍼지기 시작한 것입니다. 결과적으로, 중세의 신권이 약화되고 과학과 산업 발전이 이루어지면서 근대화가 이루어졌습니다. 과학은 사람이 문제를 해결하는 데 있어 더 강력한 도구임을 입증한 중요한 전환점이 되었습니다.

중세 시대의 흑사병(페스트)은 치명적인 전염병으로, 크게 임파선 흑사병과 폐 흑사병 두 종류가 있었습니다. 흑사병이라는 이름은 걸리면 피부가 검은빛으로 변하는 증상에서 유래한 것입니다.

역사

초기에는 흑사병의 근원을 제대로 알지 못해 유대인들이 병을 퍼뜨렸다는 추측이 많았습니다. 이는 유대인들이 흑사병으로 인해 다른 사람들에 비해 상대적으로 적은 피해를 입었기 때문입니다. 그러나 그 이유는 유대인들이 그들의 율법에 따라 손과 발을 청결히 하고 병자들을 격리하는 등의 조치를 취했기 때문이었습니다. 교황이 학살을 금지했음에도 불구하고, 유럽 각지에서 유대인 학살은 끊이지 않았습니다.

14세기 상황 및 전염 경로

흑사병이 언제 어디서 어떻게 발생했는지에 대해서 확실하게 알 수는 없지만 당시 유럽인들은 14세기 이전에는 이 전염병이 생긴 일이 없었으므로 멀리 아시아나 이집트 등에서 발생해 유럽에 옮겨 온 것이라고 추측하였습니다. 흑사병은 중세 유럽에 큰 재앙을 일으켰습니다.

1348년에서 1350년 사이, 이 병으로 죽은 사람은 약 2,500만 명에서 3,500만 명에 달했습니다. 이는 당시 유럽 인구의 3분의 1에 해당하는 수치입니다. 원인을 알 수 없었고, 예방도 불가능해 사람들은 불안에 떨었습니다. 흑사병은 1334년 중앙아시아에서 시작돼 1346년 카파성 전투로 유럽에 전파된 것으로 알려집니다. 몽골 병사들이 부패한 시체를 성안으로 던졌고, 그들과 함께 병균이 유럽으로 퍼졌다고 추측됩니다. 1347년, 흑사병은 이탈리아 전역에 퍼지며 1348년에는 프랑스를 휩쓸었습니다. 피렌체와 파리에서는 많은 사람이 죽었고, 1349년에는 영국까지 확산되었습니다. 결국, 흑사병은 1350년까지 북유럽과 러시아까지 영향을 미쳤습니다. 흑사병이 빠르게 퍼진 이유는 당시 무역의 활발한 왕래와 도시의 비위생적인 환경 때문이었습니다.

흑사병의 영향

약 400년간의 흑사병 유행은 유럽에 엄청난 영향을 끼쳤습니다. 특히, 인구가 밀집한 도시 지역은 큰 피해를 입었습니다. 농업 의존도가 높았던 당시 사회에서 노동력이 부족해지고, 식량이 감소하는 등의 문제도 발생하였으며 독일에서는 경작하지 않는 땅이 60%를 넘었고, 많은 사람이 굶어 죽었습니다.

흑사병에 대한 대응

당시 사람들은 흑사병을 막기 위해 다양한 방법을 시도했지만 대부분 효과가 없었습니다. 예를 들어, 개와 고양이가 병을 옮긴다고 생각해 이들을 처치했지만, 오히려 쥐가 더 번식하게 되어 흑사병이 더욱 확산되었습니다. 또한, 악취가 전염병을 예방한다고 믿고 불이나 공동 화장실에서 악취를 맡으려 했습니다. 흡연자들은 담배를 많이 피우면 페스트에 걸리지 않는다고 믿었고, 가장 널리 사용된 치료법 중 하나는 과다한 체액을 뽑아내 건강의 균형을 맞추려는 방혈법이었습니다. 페스트 환자에게는 임파선종 절개 수술이 시도되었지만, 오히려 환자들에게 더 큰 고통을 안겨 주며 상황을 악화시켰습니다. 또한, 로마 가톨릭은 집단 기도를 통해 페스트를 극복할 수 있다고 믿고 기도 활동을 했지만, 그 결과 페스트는 더 많이 퍼지게 되었습니다.

사회적 변화

흑사병 폭풍 후, 유럽의 경제는 극적으로 변화하였습니다. 흑사병으로 노동 인구의 반이 죽으면서 유럽을 재건할 식량과 원료를 충분히 생산해 내기 위해서는 남은 노동자들이 절대적으로 필요했습니다. 이 것으로 노동자들의 상황은 완전히 바뀌었습니다. 그들은 더 이상 속박받는 무기력한 농노가 아니었습니다. 노동자들은 이제 자신들의 노동에 대하여 어떠한 가격도 요구할 수 있을 정도로 높은 상품 가치를 지니게 되었습니다. 심각한 노동력 부족은 높은 임금, 생산 비용 그리고 하늘 높은 줄 모르고 뛰어오르는 인플레이션을 낳았습니다. 많은 회사들이 파산했고, 재산을 잃었습니다. 노동 집약적이던 봉건 체제가 붕괴되기 시작한 것입니다. 14세기 말부터 진행된 한자 상권의 쇠퇴도 흑사병으로 인한 인구 감소로 경제적 수요가 줄었기 때문이라고 볼 때 인구와 경제, 흑사병의 삼각관계가 다시금 선명해집니다. 결국 흑사병이 창궐함으로써 인구가 감소해 임금은 상승하고 농산물 가격은 하락했습니다.

한편, 이러한 노동력 부족 현상을 타개하기 위해 강제로 임금을 동결하고 농노 해방을 중지시키는 봉건 영주들도 있었습니다. 이러한 대응책은 지위 향상을 꾀하려는 농민들의 커다란 반발을 불러왔으며, 농민봉기의 형태로 표출되었습니다. 농민 봉기들은 대부분 실패하였지만,

서유럽에서 차츰 농노제가 사라져 가는 계기가 되었습니다. 또한 여유로워진 경지는 다시 목초지로 전환되어 가축이 늘어나고 육식의 음식 문화는 회복되었습니다. 도시에서는 살아남은 사람들이 죽은 귀족이나 상인의 재산을 다양한 방식으로 접수했습니다. 그리고 새로운 많은 사람들이 텅 빈 도시로 유입되었습니다. 따라서 도시의 운영권도 이 과정을 통해 재산을 획득한 신참자들에게 돌아갔습니다. 한마디로 도시는 기존의 권위와 질서가 완전히 흔들릴 정도로 바뀌었습니다. 흑사병은 유럽 사회의 구조와 질서를 흔들어 놓았고, 경제적, 사회적, 종교적 변화가 일어났습니다. 이로 인해 르네상스가 일어나게 되었습니다.

흑사병 이후의 변화

흑사병은 종교계에 큰 충격을 안겨 주었습니다. 중세 교회는 신의 대리자로서 절대적인 권위를 자랑하며 사람들의 삶을 이끌었으나, 흑사병의 대유행은 교회의 신성한 권위에 대한 신뢰를 크게 흔들었습니다. 수많은 사람이 교회의 기도와 의식이 효과를 보지 못했다고 느끼면서, 교회의 권위가 급격히 약화되었기 때문입니다. 따라서 2천 년 동안 굳건히 유지된 교회의 권위가 이런 엄청난 재앙 앞에서 영향을 받지 않았다면 오히려 이상했을 것입니다.

그리스도교(로마 가톨릭 + 동방 교회)는 유럽 전역을 확고하게 장악하고 있었던 지배력 덕분에 그런 폭풍을 어느 정도 이겨 낼 수 있었습니다. 하지만 교회의 권위는 흑사병 때문에 적지 않은 상처를 입었습니다. 교회가 질병 앞에 무기력하다는 사실이 드러나면서 흑사병이 프로테스탄트교의 출현을 재촉하는 결과를 가져온 것은 어찌 보면 당연한 것입니다.

또한 흑사병은 유럽의 문화 발전에도 영향을 미쳤습니다. 인본주의 성향이 발전하고, 시장 경제가 활성화되며 동서양의 문물 교류가 활발해졌습니다. 이로 인해 이탈리아 르네상스가 꽃을 피우게 되었고, 문화와 예술의 발전이 일어났습니다.

르네상스의 발전

르네상스는 중세의 억압을 넘어서 사람 가치의 존중과 과학 중심의 사회로 나아갔습니다. 인본주의와 함께, 유럽은 새로운 문화적 전환기를 맞이하게 되었습니다.

흑사병 이후 문화 발전을 요약하면 다음과 같습니다.

1) 문예 부흥의 시작

르네상스 시대는 흔히 밝고 희망적인 시기로 묘사되지만, 실제로는 흑사병, 정치적 갈등, 전쟁이 끊이지 않던 혼란의 시기였습니다. 문화는 궁정과 교황청 같은 소수의 영역에서만 꽃피웠고, 대중은 미신과 마술에 의존했습니다. 이탈리아 르네상스는 유럽 근대 문화를 이끌었지만, 당시 이탈리아는 여러 소국으로 분열되고 외세의 간섭으로 국가 통일과 근대화가 지연되었습니다. 1600년에는 우주의 무한성을 주장한 브루노가 화형을 당하고, 갈릴레이는 지동설로 종교 재판을 받는 등 과학 연구의 자유가 심각히 제한되었습니다. 16세기 후반 이탈리아 미술은 매너리즘에 빠지며 창조적 중심지가 북유럽으로 이동했고, 17세기에는 가톨릭교회의 영향으로 바로크 미술이 발전했지만 여전히 일부

지도층의 문화에 그쳤습니다. 그러나 전염병 이후 인본주의와 시장 경제가 부흥하며 동서양 문명의 교류로 문예 부흥이 본격화되었으며 밀라노, 베니스, 피렌체, 나폴리 등은 르네상스의 발원지로 자리 잡았습니다.

2) 르네상스 공동체

이 시기의 공동체는 지역 중심의 시장과 화폐 경제가 본격적으로 등장하면서 교황의 절대 권력이나 영주의 압정에서 벗어난, 한자 동맹이나 길드와 같은 새로운 공동체들이 발전할 수 있었습니다.

3) 귀족 계급과 서민

영주 체제가 몰락하고 시장 경제가 성숙하면서 봉건적 질서에서 벗어난 서민들의 삶의 질이 향상되었습니다. 이는 경제적, 사회적 변화의 중요한 전환점을 나타냅니다.

4) 르네상스와 인본주의

이탈리아 르네상스는 유럽의 사조인 인본주의와 깊은 연관이 있습니다. 흑사병 이후, 교황 중심의 신앙 체제에서 벗어나 과학 중심의 사회로의 변화가 이루어졌습니다. 이는 사람들의 사고방식을 크게 바꾸었으며, 르네상스는 사람 중심의 사고와 문화적 번영을 끌어낸 중요한 시기로 자리 잡았습니다.

필자가 생각하기에, 만약 유럽에 흑사병이 없었다면, 오늘날 우리가 누리는 발전적인 삶을 얻지 못했을지도 모른다고 여겨집니다. 그 당시 사람들은 분명히 엄청난 고통과 슬픔의 나날을 보냈겠지만, 장기적인 관점에서 보면 하나님은 '악'을 통해 종교의 권위를 낮추고, 과학과 문명의 발전을 위한 기틀을 마련하신 '선'을 행하신 것이 아닌가 하는 생각이 듭니다. 어쩌면 이 과정을 통해 인류는 더 나은 지식과 문화를 향해 나아갈 수 있었던 것이라고 믿습니다.

[〈보카치오의 작품에 묘사된 1,348년 피렌체 전염병〉,
The Plague of Florence in 1348]

5-2) 창조와 진화, 그리고 그 사이의 진실

[미켈란젤로의 〈천지창조〉]

여태껏 제가 만난 대부분의 목회자들은 믿음만을 강조하면서, 그 믿음이 이유 없이 받아들여져야 한다고 주장해 왔습니다. 창조론과 진화론에 대한 논의에서조차 창조론에 대한 믿음을 강조하며, 믿기 어려운 부분이 있다면 신앙이 부족하다고 말하곤 했습니다. 이는 합리적인 의심을 제기하거나 질문을 던지는 것 자체를 부정적으로 바라보는 경향이 있었습니다.

하지만 오늘날 지식과 논리로 무장한 청년들에게는 더 이상 그저 "믿어라."라는 말만으로 설득이 되지 않습니다. 창조론이 왜 맞고 진화론이 왜 틀렸다고 주장하는지에 대해 정확한 설명과 근거가 필요합니다. 그들은 단순히 믿음에 의존하기보다는 과학적인 접근을 통해 세상과 자연을 이해하려고 하며, 창조론을 믿기 위해서는 신뢰할 수 있는 논리적 근거와 과학적 설명이 뒷받침되어야 합니다.

따라서 창조론과 진화론을 비교할 때, 그 차이를 명확히 설명하는 것이 중요합니다. 예를 들어, 창조론은 하나님에 의한 창조를 전제로 하지만, 진화론은 자연 선택과 유전자 변이를 통해 생물이 진화해 왔다고 주장합니다. 각 이론의 근거와 주장, 그리고 그에 대한 과학적, 철학적 논의들을 제시하면서 두 관점에 대해 심도 깊은 이해를 제공할 수 있어야 합니다.

이제는 단순히 믿음을 강요하는 것이 아니라, 그 믿음이 왜 타당한지를 논리적으로 설명할 수 있는 역량이 요구되는 시대입니다.

① 창조론과 진화론의 정의

창조론

창조론은 성경을 근거로 하여 하나님이 사람을 포함한 모든 우주 만물을 창조하셨다고 믿는 이론입니다. 창세기 1장에 따르면, 하나님은 처음에 우주와 지구, 그 안의 모든 생물을 창조하셨으며, 특히 사람은 다른 동물들과 구별되는 특별한 존재로 창조되었다고 합니다.

창조의 과정에서 하나님은 먼저 물을 창조하시고, 이후 태양을 창조하여 낮과 밤을 구분하셨습니다. 그 후, 하나님은 물을 한곳으로 모아 마른 땅이 나타나게 하시고, 그 위에 식물들을 창조하셨습니다. 다음으로 하나님은 동물들을 창조하시고, 마지막으로 6일째에 인간을 창조하셨다고 성경은 기록합니다. 창조론은 이처럼 하나님이 모든 것을 계획적으로 창조하셨으며, 사람은 하나님의 형상대로 특별하게 창조된 존재라는 것입니다.

[창세기 1:1-9] 처음에 하나님께서 하늘과 땅을 창조하셨습니다. 땅은

아무 형태도 없고 텅 비어 있었으며, 어둠이 깊은 물 위에 있었습니다. 하나님의 영은 물 위를 떠다니셨습니다. 하나님께서 말씀하시기를, "빛이 있어라." 그러자 빛이 생겼습니다. 하나님께서 그 빛을 보시고는 그것이 좋다고 하셨습니다. 하나님은 그 빛을 어둠과 나누셨습니다. 하나님은 빛을 '낮'이라 부르시고 어둠을 '밤'이라 부르셨습니다. 저녁이 되고 아침이 되니 첫째 날이 되었습니다. 하나님께서 말씀하시기를, "물들 가운데 하늘이 있어라. 하늘은 물을 나누는 역할을 하게 하여라." 하나님께서 하늘을 만드시고, 하늘 위의 물과 아래의 물을 나누셨습니다. 하나님은 그 하늘을 '하늘'이라 부르셨습니다. 저녁이 되고 아침이 되니 둘째 날이 되었습니다. 하나님께서 말씀하시기를, "하늘 아래 물들이 한곳으로 모이고, 마른 땅이 드러나라." 그러자 그대로 되었습니다.

진화론

진화론은 찰스 다윈(Charles Darwin)의 이론에 기반을 두고 있습니다. 다윈은 사람이 아메바와 같은 단세포 생물을 통해, 오랜 시간을 거쳐 진화한 결과라고 주장했습니다. 그의 이론에 따르면, 생물은 아메바 → 물고기 → 파충류 → 초식 동물 → 육식 동물 → 원숭이 → 사람으로 진화해 왔다고 합니다.

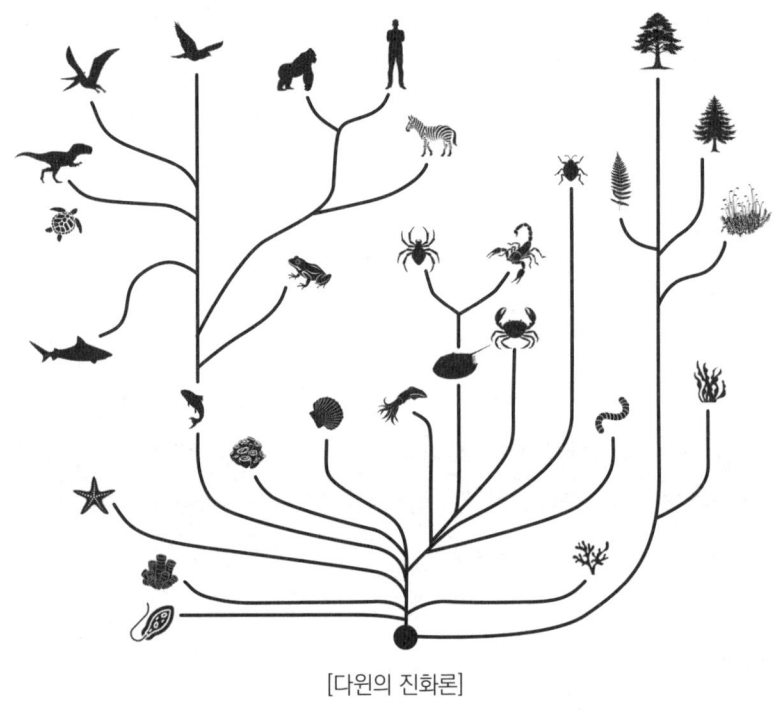

[다윈의 진화론]

다윈의 진화론: 다윈의 진화론에서 중요한 주장 중 하나는 생물들이 진화하는 과정에서 다양한 중간 형태의 생물이 존재해야 한다는 것입니다. 그러나 진화론의 주요 오류 중 하나는 바로 이 중간 단계의 화석이 발견되지 않았다는 점입니다. 진화가 천천히 이루어졌다면 각 종에서 다음 종으로 넘어가는 과정에서 연속적인 중간 단계의 개체가 존재했어야 했지만, 그 화석은 발견되지 않았습니다. 예를 들어, 말에서 원숭이 그리고 사람으로 진화하는 과정에서 말과 원숭이 사이의 중간 단계 화석이 있어야 했지만, 현재까지 발견된 화석들은 그러한 중간 단계의 생물 화석을 포함하고 있지 않습니다. 현재까지 수십만 개의 화석이

발견되었고, 그중 약 88%는 현재의 생물들과 일치하는 특징을 가지고 있으며, 나머지 약 12%는 멸종된 종들입니다. 이는 고대의 비둘기나 개가 오늘날의 비둘기와 개와 같은 특징을 지닌다는 것을 의미합니다. 이러한 사실은 진화론에서 주장하는 연속적인 중간 단계 생물의 존재 여부에 대한 의문을 제기합니다.

※ 시조새는 '연속적인 중간 단계'의 화석이 아니라, 원래 생긴 형태가 지금의 새보다 크지만 결국 멸종된 종들 중의 하나라고 판단합니다.

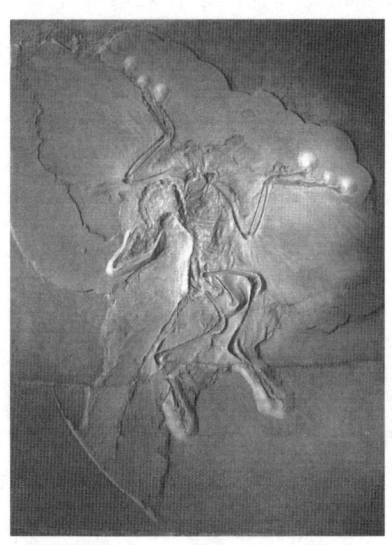

[베를린 자연사박물관에 전시된 시조새 표본 사진 H. Raab]

과학자들은 인류 역사를 약 400만 년에서 200만 년 사이로 추정하고 있으며, 종교인들은 성경에 따라 인류가 약 6,000년 전 아담과 하와로부터 시작되었다고 믿고 있습니다. 일부 종교인들이 지구의 대홍수 사건 등을 지질 노화 근거로 인류 역사가 400만 년이 아닌 약 6,000년이라고 주장하지만, 탄소 동위 원소 및 다양한 방사성 동위 원소 측정법에 따르면 이 주장은 오차가 존재하더라도 약 6,000년까지 좁혀지기 어렵다는 의견이 많습니다. 필자는 '3. 금단의 질문: 카인의 아내는 누구인가? (저자의 통찰)'에서 말씀드린 것처럼 이를 보다 통합적인 시각에서 해석할 수 있다고 생각합니다. 즉, 제가 앞에 말씀드린 것처럼 성경에서 말하는 '6일째 창조된 사람'과 창세기 1장에서 창조된 사람은 서로 다른 종류의 인간이라고 보는 것이 과학과 종교를 융합하는 데 더 적합하다고 제안합니다. 따라서 성경에서 말하는 '6일째 창조된 사람'은 약 400만 년에서 200만 년 전에 존재했던 인류의 화석들과 일치한다고 볼 수 있습니다. 반면, 성경에 나오는 아담과 하와는 영, 혼, 육을 모두 갖춘 완전한 존재로, 약 6,000년 전의 인류 역사로 이해할 수 있습니다.

창조론에 따르면, 첫 번째 사람인 아담과 하와는 영혼과 육체가 모두 완전한 존재로 창조되었으며, 오늘날의 사람과 유사한 외형을 가지고 있었다고 합니다. 따라서 과학자들이 발견한 화석들, 예를 들어 베이징 원인이나 오스트랄로피테쿠스는 창세기에서 언급된 '6일째 창조된 사람'의 초기 형태, 즉 혼과 육체만 가진 원시 인류로 볼 수 있습니다. 이들의 외형이 원숭이와 유사한 이유는 바로 이 원시적인 형태에서 비롯되었기 때문이라고 할 수 있습니다.

그러나 신앙적인 관점에서는 이 초기 인류가 아닌, 영혼과 육체 모두 가진 현대의 사람, 즉 아담과 하와가 우리의 신앙적 조상의 자리를 차지한다고 볼 수 있습니다. 이러한 시각은 과학과 신앙이 서로 충돌하지 않고 조화를 이룰 수 있음을 시사합니다. 필자는 과학이 인류의 초기 형태에 대한 이해를 제공하는 한편, 신앙은 현재 사람의 본질과 영적 기원을 설명하며, 두 영역이 서로를 보완하고 조화를 이룰 수 있다고 생각합니다.

② 우리는 왜 사기를 당하는가?

뜬금없이 사기 이야기를 꺼낸 이유는 사기꾼의 방식과 진화론의 설명 방식이 유사한 점이 있기 때문입니다. 우리는 종종 다단계와 같은 사기를 당하곤 합니다. 그 이유는 상위 사업자, 즉 돈을 벌고 있는 사람들이 존재하기 때문입니다. 이들을 보고 '나도 돈을 벌 수 있을 거야'라고 생각하며, 자신도 돈을 벌고 소개하면 또 돈을 번다는 거짓말에 속게 되죠. 사람들이 이를 전파하면서 일정한 투자금이 모이면, 결국 그 사업의 오너는 사라지고 먹튀가 되어 버립니다.

이와 비슷하게, 진화론의 일부는 사실로 받아들일 수 있는 부분도 있습니다. 예를 들어, 진화론에서 언급되는 DNA와 관련된 내용 중 일부는 타당한 측면이 있습니다. 사람의 DNA는 환경과 조건에 따라 적응하거나 변화할 수 있다는 점은 널리 알려진 사실입니다.

그러나 중요한 것은, 이러한 변화가 종간의 진화를 의미하는 것이 아니라는 점입니다. 변화는 사람이라는 한 종 내에서만 일어납니다. 예를 들어, 부모가 건강한 운동선수라면 자녀가 건강할 가능성이 높고, 반대로 부모 중에 암 환자가 있다면 자녀가 암에 걸릴 확률이 더 높아지는 것처럼, 이는 유전의 개념으로 설명됩니다.

과학에서는 이를 '유전'이라 부르지만, 종교적 관점에서는 이를 '죄와 복의 되물림'으로 해석할 수 있습니다. 성경에서도 부모의 행동이 자손에게 영향을 미칠 수 있음을 언급합니다. 예를 들어, '출애굽기'에는 다음과 같은 내용이 기록되어 있습니다.

[출애굽기 20:5-6] 그것들에게 절하지 말며 그것들을 섬기지 말라. 나 여호와 너의 하나님은 질투하는 하나님인 즉 나를 미워하는 자의 죄를 갚되 아비로부터 아들에게로 삼사 대까지 이르게 하겠지만, 나를 사랑하고 내 계명을 지키는 자에게는 천대까지 은혜를 베풀 것이다.

 이 구절을 보면, 우리의 행동과 죄가 자손들에게까지 미친다는 것을 알 수 있습니다. 우리의 삶과 선택은 단지 나 자신만의 문제가 아니라, 다음 세대에까지 영향을 끼칠 수 있음을 시사합니다. 그렇기에 우리는 부모와 조상에게 받은 복에 감사하며, 우리의 행동이 후손들에게 미칠 영향을 깊이 생각해야 합니다. 또한, 성경에서는 모세의 수명을 기준으로 약 120세를 장수의 기준으로 여깁니다. 그러나 과학과 의학이 계속 발전하고 있는 오늘날, 우리가 건강에 대한 지식을 바탕으로 올바른 생활습관과 운동을 꾸준히 실천하며 죄를 멀리한다면 언젠가 다시 장수하는 시대가 찾아올 것이라 믿습니다. 과학의 진보가 인류에게 더 나은 건강과 장수를 가져다줄 날을 기대합니다.

[신명기 34:7] "모세가 죽을 때에 나이가 백이십 세였지만, 그 눈이 흐리지 아니하였고 기력이 쇠약하지 않았다." (해설: 이 구절은 모세의 수명이 120년이었다는 사실과 그의 건강 상태가 매우 좋았음을 강조하고 있습니다.)

5-3) 노아의 방주: 역사인가, 상징인가?

성경에서 가장 중요한 사건 중 하나는 바로 노아의 방주 사건입니다. 이 사건은 하나님께서 세상에 악이 너무 많아 사람을 만드신 것을 후회하시고, 결국 노아의 가족을 제외한 모든 동식물을 멸망시키기로 결심하신 이야기입니다.

하나님께서 세상을 창조하시고 사람을 만드셨을 때, 6일째 창조된 혼과 육을 가진 존재들과 영, 혼, 육이 모두 있는 존재들이 서로 함께 살아가는 모습을 보셨습니다. 그러나 시간이 지나면서 세상은 악으로 가득 차게 되었습니다. 영이 추가된 존재들조차 탐욕과 죄 앞에서는 혼과 육만을 가진 존재들과 큰 차이가 없었습니다. 하나님께서는 이러한 사람의 타락한 모습을 보시고, 결국 사람을 만드신 것에 대해 후회하셨습니다.

그 후, 하나님은 세상을 정화하는 시간을 가지기로 결심하셨습니다. 이 결정을 통해 하나님은 사람을 멸망시키기로 하시고, 죄와 악으로 물든 세상에 새로운 시작을 주려 하셨습니다. 이 사건은 사람의 죄악을 심판하시는 하나님의 의로움과 그 속에서 사람을 구원하려는 하나님의 은혜가 동시에 나타나는 중요한 순간으로 필자는 판단합니다.

노아의 방주는 이와 같은 상황에서 등장합니다. 하나님은 노아에게 방주를 만들라고 명하시고, 그 크기와 형태에 대한 구체적인 지침을 주셨습니다. 방주는 총 120년의 세월을 걸쳐 노아와 그의 가족에 의해 제작되었습니다. 방주를 만드는 일은 단순히 나무를 쌓아 올리는 작업이 아니라, 신의 뜻을 따르며 세상과의 단절을 의미하는 중요한 사명으로, 노아는 이 과정을 통해 사람과 하나님 사이의 구원의 역사를 준비하게 됩니다.

노아와 그의 가족이 방주를 완성한 후, 하나님은 그들에게 생명의 구원을 약속하셨고, 이후 대홍수가 시작되었으며, 세상의 모든 생명은 멸망하게 됩니다. 그러나 노아와 그의 가족은 방주 안에서 구원을 받으며, 새로운 시작을 맞이하게 됩니다. 이 사건은 죄와 악에 대한 하나님의 심판을 담고 있는 하나님의 정의를 깊이 이해할 수 있는 중요한 사건 중 하나로 여겨집니다.

[네덜란드 사업가 요한 휘버스가 네덜란드 도르트레흐트의 한 부두에서 제작한 방주 사진, SBS NEWS]

다른 성경 학자들은 노아의 방주 사건이 단순한 역사적 사건이 아니라, 그 안에 담긴 의미를 중심으로 해석하기도 합니다. 예를 들어, 방주를 사람의 삶에 비유하고, 방주 안에 탑승한 다양한 동물들을 우리의 내면에 존재하는 다양한 특성들에 비유하는 방식입니다. 방주 내에는 순한 동물들(선)과 육식 동물들(악)이 모두 있지만, 그들 모두를 '영'을 가진 노아가 통제하며 안전하게 보호하는 형태로, 결국 우리의 내면을 잘 관리할 수 있는 사람이 바로 노아와 같다는 해석이 가능합니다. 즉, 방주가 단지 물리적 공간만을 의미하는 것이 아니라, 사람 존재의 내면과 영적인 성장의 과정으로도 해석된다는 것입니다. 이러한 해석 방식을 알레고리 해석법이라고 합니다.

저 역시 이러한 해석이 충분히 의미가 있다고 생각합니다. 우리의 내면에서 선과 악이 공존하듯, 방주 안에도 여러 종류의 동물이 존재하며, 이를 통해 우리가 어떻게 자신을 통제하고 조화롭게 살아갈 수 있을지를 묘사한다고 볼 수 있습니다. 그러나 동시에, 사람의 수명이 점차 감소한 점이나 호주 해저에서 발견된 일부 고대 문명과 같은 역사적 증거들을 고려할 때, 저는 노아의 방주가 단순한 은유나 비유가 아닌 실제 사건이었을 가능성이 높다고 판단합니다. 성경의 이야기와 역사적 증거들을 종합적으로 살펴보면, 노아의 방주는 그 자체로 중요한 의미를 지닌 역사적 사건이며, 그 사건이 우리에게 전달하고자 하는 교훈은 매우 깊고 실질적이라고 느껴집니다. 즉, 방주는 단순한 신화나 비유를 넘어, 실제로 일어난 사건으로서 오늘날 우리에게 여전히 큰 교훈을 주고 있다는 것입니다.

참고로 방주 사이즈는 다음과 같습니다. 앞서 말씀드린 것과 같이 방주의 크기는 길이가 300큐빗, 폭이 50큐빗, 높이가 30큐빗이었다고 기록되어 있습니다. 큐빗은 고대 이집트, 바빌로니아에서 사용한 길이의 단위로, 팔을 뻗었을 때 팔꿈치에서 가운데 손가락 끝까지의 길이를 나타냅니다. 1큐빗이 나타내는 길이는 나라와 시대에 따라 조금씩 다른데, 약 46~56cm습니다. 그렇다면 1큐빗을 가장 짧은 46cm(=0.46m)로 해서 노아의 방주의 용적을 계산해 보면 방주는 네

모난 배를 뜻하므로 직육면체로 생각하고, 길이×폭×높이로 용적을 계산합니다.

이것을 식으로 나타내면

$(300 \times 0.46) \times (50 \times 0.46) \times (30 \times 0.46) = 43,801(㎥)$가 됩니다. 1톤을 2.83㎥로 계산하면 노아의 방주의 총 톤수는 $43,801 \div 2.83 = 15,477$(톤)입니다.

노아의 방주는 15,000톤이 넘는 큰 배였습니다. 이 정도면 522대의 일반 자동차를 쌓아 두거나 65대씩 차를 넣은 8개의 화물 기차를 쌓아 둘 수 있는 크기입니다.

[창세기 6:14-16] 너는 고페르나무를 사용해 방주를 만들고, 그 안에 여러 칸을 나누어 안팎으로 방수 처리를 하여라. 이 방주의 크기는 길이 300큐빗, 너비 50큐빗, 높이 30큐빗으로 정하라. 방주에 창문을 만들어 위에서부터 한 큐빗 아래에서 마무리하고, 출입문은 방주의 측면에 두어라. 내부는 아래층, 중간층 그리고 위층으로 나누어 설계하여라.

5-4) 성경에 담긴 숫자의 의미

우리는 과학을 통해 세상의 이치를 이해하고, 그 근거를 숫자와 수학적 원리로 증명합니다. 숫자는 과학의 발전을 이끈 중요한 도구이자, 자연 법칙을 해석하는 언어입니다. 예를 들어, 물리학의 많은 이론이 수학적 수식으로 표현되며, 천문학에서는 별과 행성의 움직임을 정확히 예측하기 위해 복잡한 수학적 모델을 사용합니다. 이처럼 숫자는 과학에서 근거가 명확하고 객관적인 방법으로 사용되며, 우리가 이해할 수 있는 자연의 원리를 규명하는 데 필수적인 역할을 합니다.

성경에서도 숫자는 중요한 의미를 가집니다. 성경에 등장하는 숫자들은 단순한 상징이나 신화적인 요소가 아니라, 역사적 사건과 하나님의 계획에 뿌리를 두고 있습니다. 예를 들어, 숫자 '40'은 반복적으로 등장하며 중요한 의미를 지니고 있습니다. 예수님이 광야에서 40일 동안 시험을 받으셨고, 이스라엘 민족은 40년 동안 광야를 방황했습니다. 이는 단순한 상징적 숫자가 아니라, 하나님께서 사람들에게 주는 훈련과 시험의 기간을 나타내는 구체적인 역사적 사건을 반영한 숫자입니다.

성경에서 숫자는 실제로 역사적인 사건을 기록하는 중요한 수단으로 사용되었습니다. 민수기에서는 이스라엘 백성의 인구수를 정확히 통계적으로 기록하는데, 이는 단순히 상징적인 숫자가 아니라 당시 사회의 규모와 하나님이 이끄시는 백성의 크기를 정확히 파악하려는 의도가 담겨 있습니다. 이처럼 성경에서의 숫자는 신화적 해석이 아니라 구체적이고 역사적인 기록으로서 중요한 역할을 합니다.

성경에서 사용되는 숫자들은 과학적으로도 근거가 있는 기록들이며, 신학적 의미뿐 아니라 실제 역사적 사건들을 정확히 기록하는 중요한 역할을 합니다. 오늘날 우리가 과학에서 숫자와 데이터를 통해 세상과 우주를 이해하듯이, 성경에서도 숫자는 신의 계획과 역사적 사건을 이해하는 중요한 열쇠가 되어 줍니다.

따라서 성경의 숫자들은 신화적이고 비과학적인 것이 아니라, 과학처럼 명확하고 구체적인 의미를 지니며, 하나님의 섭리와 인간 역사의 일관된 흐름을 담고 있는 중요한 지침서로 볼 수 있습니다. 성경에 등장하는 숫자들은 우리가 신앙의 눈으로 바라볼 때 그 깊은 의미를 발견할 수 있으며, 동시에 그것이 역사의 기록임을 인식함으로써 더 큰 신뢰와 가르침을 얻을 수 있습니다.

현대인들이 자주 하는 거짓말 중 하나는 "다음에 밥 한번 먹자."라는 말입니다. 대개 형식적인 인사일 뿐 실제로 그 약속이 지켜질 확률은 희박합니다. 하지만 숫자가 포함된 약속은 그 의미가 달라집니다. 예를 들어, "이번 주 토요일(2월 28일) 오후 1시에 서울역 스타벅스에서 만나자."라고 말하면, 그 약속은 구체적이고 실천에 옮기지 않으면 신뢰를 잃을 수 있는 상황이 됩니다. 숫자는 명확성을 제공하고, 약속을 지켜야 하는 책임감을 부여합니다.

성경에서도 숫자의 중요성을 강조하는 부분이 많습니다. 숫자가 단순한 수치를 넘어서, 하나님의 계획과 질서, 믿음의 실현을 나타내는 중요한 역할을 합니다. 예를 들어, 아브라함의 나이를 '대충 200살쯤'으로 표기했을 가능성도 있지만, 성경에서는 그 나이를 정확히 175세로 명시하고 있습니다(창세기 25:7). 이는 아브라함이 살았던 시간과 시대를 정확히 기록한 것입니다. 또한, 노아의 방주에 대한 기록도 매우 구체적입니다. 그 크기와 치수는 철저히 명시되어 있으며, 이는 하나님의 명령을 따라 방주를 건설한 노아와 그의 가족이 정확한 지침을 따랐다는 의미를 내포합니다.

이처럼 성경에서 등장하는 숫자들은 단순히 수학적 개념을 넘어서, 하나님의 뜻과 역사적 사건을 증명하는 중요한 지표로 작용합니다. 따라서 성경에 나타난 숫자들은 그 자체로 큰 의미가 있으며, 역사적 사실을 증명하는 데 중요한 역할을 합니다. 숫자는 그 자체로 구체성과 정확성을 의미하며, 이는 하나님의 뜻이 세상에 실현되는 방식과 맞물려 있습니다. 성경에서의 숫자는 단순한 수치가 아니라 신앙과 역사를 이해하는 중요한 열쇠로 기능합니다.

성경에서 숫자는 단순한 수치를 넘어서 중요한 상징적 의미를 지니고 있습니다. 특히, 성경에서는 '7'과 '40'이라는 숫자가 자주 등장하며, 이 숫자들이 가진 의미에 주목할 필요가 있습니다.

1: 하나 됨과 하나님을 상징합니다.

예수님께서는 제자들과 함께 기도하시면서 "아버지, 당신이 저와 결합해 계시고 제가 당신과 결합해 있는 것처럼, 그들이 모두 하나가 되게 해 주십시오."라고 말씀하셨습니다. 이는 하나님과의 결합을 의미하며, '하나 됨'을 강조하는 중요한 구절입니다(요한 17:21; 마태 19:6).

3: 확증을 의미합니다.

성경에서 세 번의 반복은 중요한 의미를 지닙니다. 예를 들어, 세 명의 증인이 있으면 어떤 사건에 대해 진실이 확증되는 것처럼, 세 번의 반복은 어떤 사실을 확증하거나 강조하는 역할을 합니다(에스겔 21:27; 사도행전 10:9-16; 요한계시록 4:8; 8:13).

6: 불완전함을 상징합니다.

숫자 6은 온전함을 의미하는 7보다 하나 적은 숫자로, 불완전하거나 하나님의 적과 관련된 것을 상징할 수 있습니다(역대상 20:6; 다니엘 3:1; 요한계시록 13:18).

7: 온전함을 상징하는 숫자입니다.

하나님은 이스라엘 사람들에게 예리코성을 7일 동안 행진하게 하고,

일곱째 날에는 일곱 번 행진하라고 명령하셨습니다. 성경에서 숫자 7은 온전함과 완전함을 상징하며, 예수님께서는 "일흔일곱 번까지 용서하라."라고 하셔서 '제한 없이' 용서하라는 메시지를 전달하셨습니다(여호수아 6:15; 마태 18:21-22). 또한, 성경의 창조 이야기에 따르면, 하나님은 세상을 7일 동안 창조하시고 마지막 날은 안식일로 정하셨습니다. 이처럼 숫자 7은 창조와 완전함의 상징으로 자주 사용됩니다.

12: 완전함과 신성한 질서를 의미합니다.

성경에서는 '12'라는 숫자가 자주 등장합니다. 예를 들어, 새 예루살렘에는 '12개의 기초석'이 있고, 그 위에는 '12명의 사도의 이름'이 기록되어 있습니다. 이 숫자는 하나님이 정하신 완전한 질서를 상징합니다(요한계시록 21:14; 창세기 49:28).

40: 시험과 심판, 인내를 상징합니다.

숫자 40은 시험, 심판, 환란을 나타내는 중요한 숫자입니다. 예를 들어, 하나님께서 세상 전체를 물로 심판하실 때 그 기간이 40일이었고, 모세는 시나이산에서 40일 동안 기도하며 십계명을 받았습니다. 예수님은 광야에서 40일 동안 기도하며 마귀와 싸우셨습니다. 또한 이스라엘 백성은 40년 동안 광야를 방황하며 하나님의 인내를 시험받았습니다. 이처럼 40은 중요한 시험의 기간으로 자주 등장합니다(창세기 7:4; 에스겔 29:11-12).

(※ 십계명: 하나님께서 이스라엘 백성과 맺은 언약의 핵심으로, 출애굽기 20장과 신명기 5장에 기록된 10가지의 계율입니다. 하나님께서

모세를 통해 시내산에서 주신 율법으로, 인간과 하나님, 그리고 인간 상호 간의 관계에서 지켜야 할 도덕적, 영적, 윤리적 기준을 제시합니다. 자세한 내용은 '9-2) 탐욕과 십계명'을 참조하시길 바랍니다.)

Faith is like a lamp in the dark;
it does not remove the maze but shows the way through it.

믿음은 어둠 속의 등불과 같다.
미로를 없애지는 못하지만 그 속을 헤쳐 나가는 길을 비춰 준다.

- 티베트 속담

6. 신앙과 종교: 사람이 만든 길

"당신은 왜 교회와 절 등을 다닙니까?"라는 질문을 받았을 때, 많은 사람들이 "구원받기 위해서" 또는 "마음의 평화를 얻기 위해서"라고 답합니다. 구원, 즉 죽어서 지옥이 아닌 천국에 가고 싶기 때문에 교회에 간다고 말하는 것이죠. 그런데 제가 교인들에게 윤회에 대해 이야기하면, 종종 반사적으로 거부 반응을 보입니다. 특히 신앙이 깊을수록 그 거부 반응은 더욱 강해지며, 필자를 종종 이상한 사람이나 이단으로 단정 짓기까지 합니다. 저는 종교 생활을 하고 있지 않지만 성경을 공부하여 삶의 질을 향상시키는 학문적인 접근을 추구하는 사람입니다. 그런데 '이단'이란 무엇일까요? 필자가 생각하는 '이단'이란, 기독교 내에서 십계명을 위반하거나 성경의 가르침을 벗어난 종교를 의미합니다. 그렇다면 윤회는 과연 십계명을 위반하는 내용일까요?

사실, 개신교가 처음 등장했을 때, 가톨릭과 개신교는 서로를 이단이라고 주장했습니다. 그리고 그 이후에도 불완전한 교리들로 인하여 교회와 가톨릭은 수많은 살육과 전쟁, 억압이 천 년 이상 이어졌습니다. 종교는 양날의 검과 같습니다. 그것을 올바르게 승화시킬 수 있다면, 종교는 살기 좋은 세상을 만드는 도구가 될 수 있습니다. 그러나 불완전한 교리로 잘못 해석하면, 종교는 사람들 사이에서 적대와 증오를 조장하는 도구로 변질될 수 있습니다. 참고로, 가톨릭의 대표적인 타락은 면죄부 판매와 성 베드로 성당 건축 헌금 사건에서 비롯되었습니다. 이 사건은 개신교의 탄생을 촉발했지만, 그 후에도 개신교 내에서 결과적으로 비슷한 교리가 형성되었음을 부인할 수 없습니다. 개신교의 보완과 개선이 필요한 교리 중 하나는 '예수만 믿으면 천국에 간다'는 주장입니다. 이는 면죄부 판매와 유사하게, 천국행 티켓을 팔려는 형태로 변질될 위험이 있습니다. 또한, 지나치게 쉽게 죄를 용서받을 수 있다는 믿음은 사람들의 타락과 습관적인 죄에 대한 경각심을 약화시킬 수 있으며, 교회의 부패를 부추길 여지를 남기게 됩니다.

결국 종교는 본질적으로 신앙과 사랑, 자비를 실천하는 장이어야 합니다. 그러나 종교가 본래의 뜻에서 벗어나거나 그 가르침이 왜곡될 경우, 사람들에게 해를 끼치는 결과를 초래할 수 있습니다. 따라서 종교의 진정성과 올바른 해석을 지키기 위한 노력이 여전히 중요한 이유입니다. 신앙은 단순히 구원받기 위한 도구가 아니라, 우리 삶 속에서 사랑과 자비를 실천하며, 서로를 존중하고 이해하는 길로 나아가야 한다는 점을 잊지 말아야 합니다.

6-1) 신앙과 종교의 정의

종교와 신앙은 상당히 다른 개념임에도 불구하고, 많은 사람들이 두 용어를 혼용하여 사용하고 있습니다. 대부분 사람들은 종교가 곧 신앙이고, 신앙이 곧 종교라고 생각하며 "특별히 다른 것이 있나요?"라고 질문하기도 합니다. 그렇다면 종교와 신앙은 실제로 무엇을 의미할까요?

- **종교(宗敎): '마루 종' + '가르칠 교'입니다.**

종교는 우리가 사회에서 살아가는 법, 즉 '어떤 방식으로 살아야 하는지'를 가르치는 것입니다. 이를 통해 사람은 더 나은 삶을 추구하게 되며, 올바른 생활 규범을 제시합니다.

- **신앙(信仰): '믿을 신' + '우러를 앙'입니다.**

신앙은 '믿고 따르는 일'로, 나의 믿음을 지키고 그 믿음을 바탕으로 신이나 가치에 대한 신뢰를 확립하는 것입니다.

종교는 사람이 추구하는 욕구를 신앙생활을 통해 채우고, 궁극적으로 행복을 추구하도록 돕는 역할을 합니다. 반면 신앙은 사람의 욕심이 곧 죄라는 사실을 깨닫고, 그 근원인 탐욕을 제거하려고 노력하는 과정입니다. 즉, 종교는 우리가 살아가는 법을 가르쳐 주며, 신앙은 우리를 더 나은 존재로 만들어 주기 위해 탐욕을 버리도록 이끕니다.

천주교, 개신교, 불교 등 각 종교의 경전과 성경을 살펴보면 공통적으로 '탐욕을 버리라'는 메시지를 담고 있습니다. 그런데도, 우리의 종교와 신앙은 많은 경우 기복 신앙 위주로 변질되는 경향이 있습니다. "하나님, 예수님, 부처님께 기도한 후 나와 내 가족에게 복을 주세요." 라는 기도 방식으로 바뀌어 버린 것입니다. 이를 교회에서는 종종 '3복 체제'라고 부르며, 예수님을 믿으면 현생에서 복을 받고(돈, 건강 등), 가족에게 복을 주며, 결국 천국에 가는 것으로 이해되곤 합니다. 하지만 이러한 접근은 참된 신앙의 본질에서 벗어난 것이 아닌가 하는 생각이 듭니다. 참신앙이란, 단지 물질적이고 기복적인 복을 넘어서 마음의 평화와 영적인 성숙을 추구하는 것이어야 한다는 점에서 아쉬운 부분이 많습니다.

6-2) 천주교, 개신교 그리고 그 너머

하나님을 믿는 방식과 관련해, 사람들은 종종 자신이 속한 교회의 정통성과 순수성을 주장합니다. '정통 교회'나 '공인된 교회'는 주로 가톨릭교회를 의미했으며, 중세 초기 가톨릭은 로마, 알렉산드리아, 안티오키아, 예루살렘의 4대 총대주교구로 시작되었습니다. 이후 수도가 콘스탄티노플로 옮겨지면서, 콘스탄티노플이 총대주교좌로 승격되어 로마에 이어 두 번째로 중요한 지위를 얻게 됩니다.

이 시기에 교회는 지역적으로 동방과 서방으로 나뉘었으며, 이는 동로마 제국과 서로마 제국의 분리와 맞물려 있었습니다. 결국, 서로마 제국은 오늘날의 로마 가톨릭교회로 발전하여 라틴 전례를 사용하게 되었고, 동로마 제국의 교회들은 희랍(그리스) 전례를 따랐습니다.

그러나 알렉산드리아, 안티오키아, 예루살렘의 3개 교구는 사라센의 공격으로 동로마 제국의 영토를 잃고, 자치권을 상실했습니다. 이 과정에서 주교들은 로마나 다른 교구로 피신했고, 로마와 콘스탄티노플 주교 간의 수위권 다툼이 심화되었습니다. 결국, 1000년경 두 교회는 분리되어 라틴 전례를 따르는 로마는 로마 가톨릭으로, 그리스 전례를 따르는 콘스탄티노플은 정교회로 불리게 되었습니다. 흔히 정교회는 그리스 정교회라고도 합니다.

로마 가톨릭과 그리스 정교회가 분열된 주된 종교적 이유는 성상 숭배에 대한 입장 차이 때문입니다. 동로마 교회의 교황(그리스 정교회)은 서유럽의 교황(로마 가톨릭)에게 성상 숭배를 금지하라고 했습니다.

그러나 로마 가톨릭 교황은 반대했습니다. 그 이유는 상을 통해 무지한 백성들에게 종교를 가르쳐야 한다고 생각했기 때문입니다. 반면, 그리스 정교회는 성경을 기준으로 해석하여 하나님께서는 어떤 경우에도 성상을 만들지 말라고 하셨다고 믿었고, 이에 따라 성상은 없어져야 한다고 주장했습니다. 그리스 정교회는 마리아상이나 조각, 동상을 사용하지 않고, 오직 그림으로만 신성을 표현하는 특징이 있습니다.

두 교파의 공통점은 분명히 하나님의 뜻을 따른다는 점입니다. 처음에는 두 교파 모두 윤회 사상이 존재했으나, 콘스탄티누스 대제가 성경을 변형하기 시작하면서 그 사상은 점차 사라졌습니다. 구약을 믿는 유대인들은 '하나님의 선택을 받은 민족'이라는 자만에 빠졌고, 천주교는 유대교와 로마의 기존 종교인 미트라 신앙을 일부 교리와 결합하여 교리를 형성하게 되었습니다. 개신교는 성금을 많이 내면 죄를 사해 준다는 면죄부 발행과 성 베드로 성당 건축 헌금 문제를 계기로 성경을 재해석하자고 하여 탄생했지만, 개신교 역시 예수만 믿으면 천국에 가고 불신자는 지옥에 간다는 교리에 갇히게 되었습니다. 이러한 교리들은 성경에 대한 깊은 이해보다는 교회 내부의 권력 구조와 밀접하게 얽혀 있었으며, 결국 그리스도교 내에서 또 다른 종파들이 형성되는 배경이 되었습니다.

루터

마르틴 루터는 1483년 11월, 독일 아이슬레벤에서 태어났습니다. 그의 아버지는 어려운 환경 속에서도 구리 광산에서 일하며 아들이 양질의 교육을 받을 수 있도록 경제적 기반을 마련했습니다. 루터는 1501

년에 에르푸르트대학교에 입학하며, 그곳에서 처음으로 성경을 읽었습니다. 그는 "그 책을 보게 되어 매우 기뻤고, 언젠가는 나도 그런 책을 가지게 될 만큼 복 받은 사람이 되고 싶었다."라고 말했습니다.

스물두 살에 루터는 아우구스티누스 수도원에 들어갔고, 후에 비텐베르크대학교에서 신학 박사 학위를 취득했습니다. 그는 자신이 하나님의 은혜를 받을 자격이 없다고 느끼며 종종 절망했습니다. 그러나 성경 연구와 기도, 묵상을 통해 하나님의 은혜가 돈으로 살 수 없는 것임을 깨달았습니다. 그는 하나님의 은혜는 믿음을 통해 주어진다고 이해했습니다.

루터는 성경을 깊이 연구하고, 자신의 깨달음이 맞는지 확인하기 위해 성경 전체를 다시 살펴보았습니다. 그렇게 그는 믿음에 의해 의롭다고 인정받는다는 교리를 확신하게 되었고, 이는 그의 가르침의 핵심이 되었습니다. 하지만 그는 행위의 중요성에 대해서는 지나치게 간과했습니다. 실제로 성경을 이해한 필자는 믿음과 행위가 모두 구원에 필수적임을 깨달았습니다. 루터는 가톨릭교회의 면죄부와 성 베드로 성당 건축비를 비판하며 중요한 변곡점을 만들었지만, 믿음만을 강조하는 해석은 또 다른 문제를 낳았습니다.

면죄부 판매에 분개하다

루터는 면죄부 판매와 교회에 대한 교리적 불만으로 로마 가톨릭 교회와 갈등을 빚었습니다. 당시 사람들은 죄를 지은 후 죽으면 일정 기간 연옥에서 고통을 받으며, 면죄부를 사면 그 기간을 줄일 수 있다고 믿었습니다. 면죄부 판매업자들은 이를 이용해 대중을 대상으로 사업을 키웠습니다.

 루터는 면죄부 판매에 분개하며, 교회의 부패를 고발하는 95개 조항을 작성했습니다. 그는 교황의 권위에 도전하며, 종교 개혁의 물결을 일으켰습니다. 1517년, 그는 95개 조항을 마인츠 대주교와 학자들에게 보냈고, 이를 통해 종교 개혁이 본격적으로 시작되었습니다. 그보다 100년 전, 체코의 종교 개혁가 얀 후스도 면죄부를 비판했으며, 영국의 존 위클리프는 교회의 전통이 성경에 근거하지 않는다고 주장했습니다. 루터는 인쇄기를 통해 자신의 생각을 널리 퍼뜨릴 수 있었고, 그의 95개 조항은 빠르게 퍼져 나갔습니다. 교회 개혁의 문제가 전 유럽으로 확산되었고, 루터는 독일에서 가장 유명한 인물이 되었습니다.

 교황 레오 10세는 루터에게 파문을 선언했으나, 루터는 이를 공개적으로 불태우며 도전을 이어 갔습니다. 1521년, 그는 보름스 의회에 소환되었고, 자신의 믿음을 확고하게 주장하며, 반대자들이 성경을 통해 잘못을 입증하지 않는 한 주장을 철회하지 않겠다고 선언했습니다.

9월 성경

 루터는 바르트부르크성에서 피신 중에도 큰 성과를 이루었습니다. 1522년, 그는 그리스어 성경을 독일어로 번역한 《9월 성경》을 출판했습니다. 이 성경은 당시 엄청난 수요를 불러일으켰으며, 12개월 동안 6,000부가 인쇄되었습니다. 루터는 성경을 누구나 쉽게 이해할 수 있도록 번역하여 독일 전역에 표준 독일어를 확립하는 데 기여했습니다.

 루터는 1525년 카타리나 폰 보라와 결혼했으며, 가정을 꾸리고 여섯 자녀와 학자들을 돌보며 생애 말기까지 활발한 활동을 했습니다. 그는 여러 논문을 발표하고, 《루터의 탁상담화》라는 책을 남겼습니다. 이 책은 독일어 출판물 중 성경 다음으로 많이 팔렸습니다.

루터의 성경 번역은 독일어 문학에 큰 영향을 미쳤고, 그의 문체는 강력한 사명 의식과 분노를 드러냈습니다. 그러나 그는 농민 봉기에 대해 반란을 무력으로 진압해야 한다고 주장하며 논란을 일으켰습니다. 또한, 유대인들에 대해 비판적인 글을 남기기도 했습니다.

루터의 유산

루터는 종교 개혁을 이끌며, 믿음에 의한 의롭다는 가르침을 남겼습니다. 개신교는 스칸디나비아, 스위스, 영국, 네덜란드에 퍼졌고, 오늘날 수억 명의 신자를 보유하게 되었습니다. 그는 여전히 많은 사람에게 영향을 미치고 있으며, 1983년에는 루터 탄생 500주년을 기념하기도 했습니다.

루터는 날카로운 지성과 기억력 그리고 강한 신념을 가진 인물이었으며, 그가 남긴 유산은 오늘날까지 많은 사람에게 영향을 주고 있습니다.

[마틴 루터, 1483-1546] [존 칼뱅, 1509-1564]

칼뱅

스위스의 종교 개혁은 프랑스 출신 존 칼뱅(1509-1564)의 지도 아래 한층 발전했습니다. 칼뱅은 학생 시절 프랑스에서 프로테스탄트 사상을 접했고, 1534년 종교적 박해를 피해 스위스 바젤로 망명했습니다. 이곳에서 칼뱅은 프로테스탄트를 변호하기 위해 《기독교 강요》를 집필하며 초기 교부와 중세 신학자, 루터, 츠빙글리의 사상을 체계적으로 요약했습니다. 이 저서는 이후 유럽과 아메리카의 개혁 교회 교리의 기초가 되었습니다.

칼뱅은 하나님을 절대적 주권자로, 사람을 타락한 죄인으로 규정하며, 구원이 사람의 행위가 아닌 하나님의 뜻에 달렸다고 주장했습니다. 그는 예정론을 통해 "하나님께서 누구를 구원하고 누구를 멸망시킬지 이미 결정하셨다."라고 단언하며, 구원이 사람의 공로나 선택이 아닌 하나님의 자비나 심판에 의존한다고 설명했습니다. 이러한 주장은 당시 사회에 큰 영향을 끼쳤지만, 지나친 금욕주의와 편협한 구원관을 낳아 논란을 빚었습니다.

칼뱅은 그리스도인이 죄는 물론 쾌락과 경박함을 멀리하며 거룩한 삶을 살아야 한다고 강조했습니다. 더 나아가 그는 교회가 세속적 제약을 넘어 진정한 경건한 사회를 이끄는 중심이어야 한다고 주장했습니다. 그러나 교회만이 하나님께 다가갈 수 있다는 그의 주장은 성경적 근거가 부족하며, 택한 자만 구원받는다는 교리는 사회적 갈등과 종교적 문제를 불러일으켰습니다.

칼뱅은 1536년 프랑스 출신 개혁가 기욤 파렐의 권유로 제네바에 정착해 함께 칼뱅주의를 실천하기 시작했습니다. 그들은 제네바를 '하나님의 도성'으로 만들기 위해 종교적, 사회적 규율을 강화했습니다. 예식과 공중도덕, 심지어 위생과 화재 예방까지 아우르는 엄격한 규칙을 정하고, 위반자들에게 벌칙을 부과했습니다. 한 역사 교본에 따르면, 한 미용사가 신부의 머리를 단정치 못하게 꾸며 주었다는 이유로 이틀간 구류되었고, 이 일을 도운 사람들도 같은 처벌을 받았습니다. 춤추거나 카드놀이를 하는 것도 금지되었으며, 신학적으로 반대하는 자들은 가혹한 처벌을 받았습니다.

칼뱅의 교회법 아래, 4년 동안 58명이 처형되고 76명이 추방되었으며, 16세기 말까지 약 150명이 화형당했습니다. 그중에는 삼위일체 교리를 부정한 스페인 의사이자 신학자 미구엘 세르베토도 포함되었습니다. 세르베토는 삼위일체를 거부한 죄로 모든 종파로부터 '이단자'로 낙인 찍혔고, 결국 칼뱅의 주도 아래 화형당했습니다. 이러한 잔혹한 처벌은 칼뱅의 종교적 엄격함을 단적으로 보여 줍니다. 칼뱅과 츠빙글리 역시 신학적 견해가 다른 반대파를 가혹하게 처벌하며 잔인한 숙청을 하였는데 그 방법이 마녀사냥과 조금도 다를 바가 없었습니다. 화형을 시키고 가죽을 벗기는 잔악한 행위를 했습니다.

칼뱅은 제네바에서 사망하기까지 자신의 개혁 운동을 지속했으며, 그의 사상은 유럽과 그 너머로 확산되었습니다. 프랑스에서는 칼뱅주의자들이 위그노로 불리며 극심한 박해를 받았고, 네덜란드에서는 네덜란드 개혁 교회의 기반이 되었습니다. 스코틀랜드에서는 존 녹스가 칼뱅주의를 따르는 장로교를 설립했으며, 영국에서는 청교도들과 함께 북아메리카로 전파되었습니다.

결론적으로, 루터가 종교 개혁의 문을 열었다면, 칼뱅은 이를 체계적으로 발전시키고 확산시키는 데 중대한 역할을 했습니다. 그러나 그의 지나친 엄격함과 편협한 교리는 때로 사람들에게 두려움과 고통을 안겼습니다. 이런 시대를 상상하면, 그의 영향력은 놀라운 동시에 그 통치 방식은 섬뜩하기까지 합니다.

만약 제가 이 시기에 태어났다면 어땠을까? 생각만 해도 끔찍합니다. 이렇게 왜곡된 교리는 사람들을 무지와 잔혹함으로 몰아넣으며, 신앙의 이름 아래 비극을 만들어 냅니다.

종교 개혁의 한계

가톨릭교회의 비성경적인 월권행위를 개혁하려고 애썼던 프로테스탄트 교회도 결국 같은 오류를 범하게 되었습니다. 시간이 흐르면서, 그리스도의 가르침에서 점점 멀어지며 권위주의적인 규칙을 만들어 가톨릭의 월권행위와 닮아 갔습니다.

로마 가톨릭교회는 교황의 지배 아래 수 세기 동안 세상을 다스렸습니다. 그러나 점점 더 세속화되면서 초대 교회의 순수한 모습과는 멀어졌습니다. 그동안 교회 개혁을 외치는 소리가 이어졌으나, 가톨릭은 권력을 남용하고 부를 축적하는 행위를 멈추지 않았습니다. 그러다 16세기에 이르러 프로테스탄트 종교 개혁이라는 거대한 반란이 일어나게 되었습니다.

누가 진정한 이단인가?

여기서 질문이 떠오릅니다. 과연 이단은 누구일까요? 잘못된 것을 바로잡으려는 자들일까요? 아니면 기존 교리를 고수하려는 자들일까요?

이단의 정의는 관점에 따라 크게 달라질 수 있습니다.

루터는 면죄부 판매를 비판했고, 츠빙글리는 교직자 독신제와 마리아 숭배를 문제 삼았습니다. 칼뱅은 교회가 원래의 순수한 원리로 돌아가야 한다고 주장했습니다. 하지만 이들이 개혁을 외치던 시기에도, 개신교 지역 역시 성경의 해석과 소유가 철저히 교회의 권위 아래 통제되었으며, 일반 백성이 자유롭게 이를 읽고 해석하는 것이 때로는 위협이 될 수 있었습니다.

[요한일서 4:1-3] "사랑하는 자들아, 영을 다 믿지 말고 오직 영들이 하나님께 속하였나 분별하여야 한다. 많은 거짓 선지자가 세상에 나왔기 때문이다. 하나님의 영은 이것으로 알 수 있으니, 곧 예수 그리스도께서 육체로 오신 것을 시인하는 영마다 하나님께 속한 것이요, 예수를 시인하지 아니하는 영마다 하나님께 속한 것이 아니니 이것이 곧 적그리스도의 영이다. 오리라 한 말을 너희가 들었거니와 지금 벌써 세상에 존재하고 있다." (해설: 예수님의 말씀에 따르면, 재림은 단순히 육체적으로 예수님이 다시 나타나는 것만을 의미하지 않습니다. 예수님은 이미 말씀으로 세상에 오셨고, 현재에도 그 말씀을 통해 세상에 대한 구원과 진리를 전하고 계십니다. 이는 예수님의 재림이 물리적인 형태로 이루어지는 것이 아니라, 말씀을 통해 우리의 삶 속에 계속해서 현존하고 있다는 의미입니다. 따라서 참된 선지자는 예수님의 말씀을 통해 이미 재림하셨다고 주장하는 사람입니다. 그들은 예수님의 가르침을 따르며, 그 진리로 사람들을 인도하려는 이들입니다. 반면, 거짓 선지자는 자신이 재림 예수라고 주장하는 자들입니다. 그들은 예수님의 위치와 권위 그리고 구원의 역할을 자신에게 부여하려고 하며, 종종 교묘하

게 사람들을 이끌고 자신의 명예와 권력을 추구합니다. 이들은 예수님의 말씀이 아닌 자기 자신을 중심으로 세상의 구원을 주장하려는 위험한 사람들입니다. 따라서 예수님이 말씀하신 재림은 '말씀을 통해' 이루어지고 있는 것이며, 그 진리와 가르침을 따르는 것이 진정한 재림의 의미를 이해하는 길임을 알 수 있습니다.)

종교 개혁의 성과와 한계

물론, 종교 개혁은 몇 가지 긍정적인 성과를 남겼습니다. 가장 큰 업적 중 하나는 성경을 평범한 사람들의 언어로 번역한 것입니다. 이는 성경 연구와 성경 언어에 대한 이해를 대중적으로 확산시키는 계기가 되었습니다. 그러나 종교 개혁이 진정한 하나님의 말씀으로 돌아가는 전환점이 되었느냐에 대해선 의문이 남습니다.

왜 그랬을까요? 개혁의 과정에서 그들 역시 권력의 유혹을 벗어나지 못했기 때문입니다. 기존 가톨릭교회에서 벗어났지만, 여전히 삼위일체, 대속죄, 영원한 고통 같은 비성경적 교리를 이어 갔습니다. 그뿐만 아니라, 그들 또한 교직자와 평신도로 나뉜 계급적 교회 구조를 유지했습니다. 예수님에 대한 믿음은 강조했지만, 실천적 선의 중요성은 뒷전이 되었습니다.

결국 그들은 '개혁된' 교회라기보다 또 다른 형태의 세속적 종교로 변질되고 말았습니다.

이 모든 문제의 근본은 성경 그 자체가 아니라, 사람의 탐욕과 무지함이 성경 해석에 개입되었기 때문입니다. 당시 교회나 성당은 종교를 상업화하고, 교리 중심의 권위를 앞세우는 방향으로 나아갔습니다. 개혁이라는 명목 아래 새로운 교리를 만들어 내고, 그 과정에서 자신들에게 유리한 권력을 구축했던 것입니다.

개혁이라는 이름으로 많은 지지자와 돈과 권력을 얻게 되면 자연스럽게 탐욕이 뒤따릅니다. 그러다 보면 처음의 순수한 의도는 사라지고, 권력과 명예, 부를 유지하기 위한 도구로 종교가 변질됩니다. 현재의 신종 종교들 역시 처음에는 순수한 목적에서 시작했으나, 시간이 흐르면서 권력과 탐욕에 물들어 변질된 사례가 많습니다.

종교 개혁을 되돌아보며

종교 개혁은 분명 역사의 중요한 전환점이었지만, 그 한계 또한 뚜렷했습니다. 탐욕과 권력이라는 사람의 본성은 종교 개혁의 이상을 일부 왜곡시켰습니다. 따라서 우리는 과거를 반성하며 진정한 신앙과 종교의 본질을 되찾으려는 노력을 계속해야 할 것입니다.

필자 역시 영적 체험과 이 책의 내용을 두고 여러 목사님들과 대화를 나눈 적이 있습니다. 성령의 인도하심을 통해 깨달은 많은 주제들, 예를 들어 카인의 아내, 귀신, 예수를 믿지 않은 아이들의 운명(지옥행 여부 등)과 같은 문제들에 대해 저는 답을 드렸지만, 놀랍게도 대부분의 목사님은 이에 대해 명확한 이해하지 못하고 계셨습니다.

이러한 경험을 통해 느낀 것은, 성경을 바르게 해석하고 진리를 깨닫는 데 있어서 성령의 인도하심이 얼마나 중요한지를 실감하게 되었습니다. 책에서 다루는 깊은 주제들은 단순히 지식이나 신학적 논의로만 해결되는 것이 아니라, 하나님과의 친밀한 교제와 성령의 인도 없이는 온전히 이해하기 어려운 부분이 많다는 것을 깨달았습니다.

성경에서 예수님과 석가께서 각각 40일 동안 마귀의 시험을 받으신 사건은 단순히 물리적이고 외적인 고난을 넘어서, 그들의 내면과 영혼을 시험하는 과정이었습니다.

이는 각각의 시험을 통해 그들이 받은 영적 능력, 즉 초자연적인 힘이나 카리스마, 설득력 등을 어떻게 사용해야 하는지에 대한 중요한 교훈을 담고 있습니다.

예수님은 마귀의 유혹을 세 번에 걸쳐 받으셨습니다. 첫 번째 유혹은 육신의 욕망을 자극하는 것, 즉 돌을 빵으로 바꾸라는 유혹이었고, 두 번째 유혹은 권력과 영광을 약속하며 예수님을 경배하라고 했습니다. 세 번째는 하나님을 시험하라는 것이었습니다. 예수님은 각각의 유혹을 성경 말씀으로 물리치시며, 자신의 사명과 하나님의 뜻에 순종하는 모습을 보이셨습니다. 이 시험은 단순히 예수님 개인의 의지력 시험이 아니라, 그가 어떤 방식으로 주어진 영적 능력과 권력을 사용해야 하는지를 묻는 시험이었습니다.

석가모니 또한 보리수 아래에서 40일 동안 고행하며 마귀의 유혹을 받았습니다. 그가 깨달은 것은 탐욕, 성냄, 어리석음이라는 세 가지 장애물을 이겨 내고 진리를 깨닫는 것이었습니다. 이러한 깨달음은 영적 권력을 얻는 것이 아니라, 자신과 세상을 이롭게 하는 방법을 찾아내는 데 중점을 두었습니다.

이 두 사건에서 공통적으로 중요한 점은, 영적 능력이나 초자연적인 힘을 얻었다고 해서 그것이 반드시 권력을 행사하거나 사람들의 인기를 얻는 데 사용되는 것은 아니라는 것입니다. 시험은 그 능력을 어떤 목적을 위해 사용할 것인지 그리고 결국 그 능력에 의해 탐욕이나 자아 중심의 욕망에 빠지지 않고, 선을 행하며 자비를 베풀 수 있는지를 묻고 있습니다.

따라서, 예수님과 석가모니의 시험은 단순히 '힘'을 얻는 것의 문제가 아니라, 그 힘을 어떻게 다루고, 어떻게 살아가는 것이 진정으로 의미 있는 삶인지를 찾는 과정이었다고 할 수 있습니다. 이를 통해 우리가 깨달아야 할 점은, 우리 또한 영적인 능력을 갖추는 것이 아니라, 그 능력을 어떻게 선하고 바르게 사용할 것인지에 대한 깊은 고민과 자문을 해야 한다는 것입니다.

다시 스스로에게 "우리의 신앙이란 무엇인가?"라는 질문을 하자면, '깨어 있으며 탐욕을 버리고 선을 행하며 악을 행하지 않는 자신의 믿음과 의지 그리고 실천'이라고 생각합니다.

6-3) 교리의 미로 속에서 길을 찾다

교리란, 종교적인 원리와 이치를 의미합니다. 각 종교 단체, 예를 들어 천주교, 개신교, 유대교 등은 성경을 해석하는 과정에서 자신들이 추구하는 목적과 신념에 맞춰 해석합니다. 교리는 단순히 종교적 교훈을 넘어서, 그 종교의 신앙 체계와 실천을 이끄는 중요한 원칙이 됩니다. 이러한 해석 방식은 각 교단의 역사적 배경과 문화적 맥락 그리고 믿음의 핵심 가치에 따라 달라질 수 있습니다.

각 종교가 자신들의 교리를 만들고 발전시키는 과정은 단순히 신앙을 설명하는 것 이상의 의미를 지닙니다. 그것은 그 종교가 사회와 상호 작용하고, 신도들이 어떻게 삶을 살아가야 하는지에 대한 지침을 제시하는 역할을 합니다.

종교마다 교리의 내용은 다를 수 있지만, 그 교리들이 성경이나 경전의 해석에 기반을 두고 있어야 합니다. 그러나 각 종교는 그 해석을 통해 자신들만의 독특한 신앙과 관습을 정립하고, 그에 따라 교리가 형성됩니다. 이러한 과정에서 교리는 종교 공동체를 하나로 묶는 중요한 요소가 되지만 자신의 교리와 다른 단체를 '이단'이라고 부르는 것입니다.

[마태 23:15] 위선자인 서기관들과 바리새인들아, 너희에게 화가 있을 것이다. 이는 너희가 한 사람의 개종자를 얻으려면 바다와 육지를 두루 다니다가 얻고 나면 그를 너희보다 두 배나 더 악한 지옥의 자식으로 만들기 때문이다. (해설: 이 구절은 불완전한 교리가 얼마나 파괴적인 결과를 초래할 수 있는지를 잘 보여 줍니다. 예수님께서 말씀하신 대로, 잘못된 가르침을 받은 사람들은 종종 그들보다 더 악한 길로 빠져들게 됩니다. 역사적으로 보면, 기독교 신자들이였던 히틀러, 스탈린 등과 같은 인물들은 각기 다른 이념이나 사상을 통해 많은 사람을 개종시키고, 그 결과로 그들의 추종자들이 악의 길로 인도되었음을 알 수 있습니다. 이러한 사례들은 불완전한 교리가 얼마나 위험하고, 그 교리를 전파하는 자들의 책임이 얼마나 큰지에 대한 경고로 해석될 수 있습니다. 따라서 교리와 이념의 가르침을 전파하는 자들은 그 책임감을 깊이 인식하고, 올바른 진리를 전하려는 노력이 필요함을 이 구절은 강하게 시사합니다.)

아돌프 히틀러

"나는 과거에도 지금도 가톨릭교도이며 앞으로도 신도로 남을 것이다." 히틀러의 자서전인 《나의 투쟁》에서, "나는 무릎을 꿇고 앉아서 이런 격동의 시대에 나를 살게 해 주신 신께 감사를 드렸다."라고 말했고, 1920년에 루돌프 헤스라는 사람은 바이른 수상에게 보낸 편지에서 "저는 히틀러 씨를 개인적으로 잘 알며 그와 돈독한 사이입니다. 그는 진심 어린 친절함이 몸에 배어 있는 훌륭한 인격자이자 독실한 가톨릭 신자였습니다."라는 말에서 알 수 있듯이 그는 천주교 신자였습니다. 또한 1933년 베를린 연설에서 히틀러는, "우리는 사람들이 이 신앙을 필요로 하고 요구한다고 확신했습니다. 따라서 우리는 무신론 운동에 맞서 싸움을 시작했고, 그저 몇 차례 이론적 선언문을 낭독하고 마는 것이 아니었습니다. 우리는 그것을 분쇄해 왔습니다."라고 하면서 오히려 자신의 가톨릭 신앙을 사람들에게 관철시켰습니다.

조셉 스탈린

1894년의 어린 스탈린은 조지아의 소도시 고리에서 가난한 구두 수선공의 아들로 태어났으며, 러시아 정교회 신학교에 입학했습니다. 초기 스탈린에게는 기독교 신앙으로 러시아 사회에 큰 영향을 끼치던 정교회 성직자가 되는 것이 최선의 진로였습니다. 그러나 제정 러시아의 독재를 목격하면서, 자신의 탐욕을 위하여 스탈린은 마르크스주의를 받아들였습니다.
(※ 출처: 《Stalin: A Biography》- Robert Service의 책은 스탈린의 생애, 초기 신앙과 마르크스주의 수용 과정 중 일부 요약)

희대의 사악한 지도자들 중 기독교 집안에서 태어난 사람들도 있습니다. 그들은 "예수만 믿으면 어떤 죄도 용서받을 수 있고 사후 천국까지 간다."라는 불완전한 교리 등으로 악행을 저질렀다고 봅니다. 아무리 악행을 하더라도, 자신들은 천국에 대하여 보장받은 사람이라고 인식하고 자신이 저지른 죄는 예수만 믿으면 언제나 용서된다는 교리가 있었기 때문이라고 생각합니다.

[마가 7:7] 그러면서도 사람들의 계명들을 교리들로 가르치니, 그들이 나를 헛되이 경배하는도다. (해설: 사람이 만든 계명을 교리로 가르친다는 것은 하나님의 말씀인 성경에 충실하지 않고, 성경 중심의 삶을 살기보다는 사람들의 전통과 교리에 얽매여 살아가는 것을 의미합니다. 이는 선을 행하고 악을 피해야 한다는 본래의 가르침을 벗어나 교리라는 장벽에 갇혀 있음을 나타냅니다.)

[마가 7:6] 주께서 그들에게 대답하시며 말씀하시기를, "너희 위선자들에 대해 이사야가 정확히 예언했다. 기록된 대로, 이 백성은 입술로는 나를 공경하지만, 그들의 마음은 나에게서 멀리 있다."

[마가 8:15] 그때 주께서 그들에게 당부하여 말씀하시기를 "주의하라, 바리새인들의 누룩과 헤롯의 누룩을 조심해야 한다." (해설: 마태복음에서는 누룩이 부풀어 오르면서 선한 영향력이 확산되는 모습으로 묘사됩니다. 이 경우, 선한 행동과 가르침은 사람들 사이에서 자연스럽게 퍼져 나가며 선순환을 이루게 됩니다. 반면, 마가복음에서는 누룩이 악을 부풀게 하는 상징으로 사용됩니다. 악의 영향력은 탐욕과 같은 부정적인 마음에서 시작하여 점점 더 퍼져 나가며, 그로 인해 사회나 개인의 삶에서 부정적인 결과를 초래하게 됩니다. 초기 바울은 교회가 선을 실천하고 악을 피해야 한다고 강조했으며, 이는 기독교가 추구해야 할

중요한 교리였음을 알 수 있습니다. 이 두 가지 누룩은 각각 선과 악의 확장을 암시하며, 신앙생활에서 어떤 선택을 하느냐에 따라 그 결과가 달라질 수 있음을 경고하는 말씀입니다.)

[역대상 17:4] 가서 내 종 다윗에게 말하여라. 주가 이같이 말하거늘, 너는 내가 거할 집을 짓지 마라. (해설: 하나님은 사람들이 자신에 대한 신뢰보다는 교리나 신상, 성전, 또는 궤와 같은 물리적인 것들에 의존할까 봐 걱정하셨습니다. 그래서 하나님은 다윗에게 신전이나 교회를 짓지 말라고 명령하셨습니다. 이는 하나님께서 사람의 마음을 중심으로 한 진정한 신뢰와 믿음을 원하신다는 것을 보여 줍니다. 물리적인 건물이나 형식에 의존하지 않고, 진정한 신앙은 마음과 행동에서 드러나야 한다는 깊은 메시지를 전달하고 있습니다.)

말라기서 1장의 말씀은 형식적이고 깨어 있지 않은 예배 그리고 교리에 갇힌 예배에 대해 강하게 경고합니다. 하나님은 그러한 예배를 저주하시며, 그 예배가 하나님을 모욕하는 것이라고 말씀하십니다.

[말라기서 1:7] 너희가 더러운 빵을 내 제단에 바치고는 '우리가 어떻게 주를 더럽혔습니까?'라고 말하지만, 사실 '주의 상은 멸시해도 된다'라고 말함으로써 더럽힌 것과 같다. (해설: 여기서 하나님은 형식적이고 무심한 제사를 비판하고 있습니다. 예배는 단지 규례와 교리를 따르는 것이 아니라, 하나님께 드리는 진정성과 경건한 마음이 필요하다는 교훈을 전합니다. 제사와 예배가 단지 외적인 형식에만 치우쳐 있을 때, 그것은 하나님을 무시하는 행위가 될 수 있습니다. 하나님은 제사의 형식보다는 그 제사를 지내는 사람의 마음을 중시하십니다. 교리와

전통에 갇힌 예배는 하나님에 대한 진실된 경배가 아니라, 그저 의무를 수행하는 것에 지나지 않음을 경고하고 있습니다.)

[말라기서 1:9] 너희가 나를 기쁘게 해 주지 않겠느냐? 내가 받는 제물이 더럽혀졌다는 걸 깨닫고, 내 이름을 영광스럽게 하여 나를 기쁘게 해 주지 않겠느냐? 나는 너희에게 다시 한번 은혜를 베풀기를 원한다.
[말라기서 1:14] 이는 내가 위대한 왕이고, 내 이름은 온 세상에서 두려움과 경외의 대상이 되기 때문에, 나에게 더럽게 드려진 제물과 서원은 결코 받아들여지지 않을 것이다. 속여서 제사를 드리는 자는 저주를 받을 것이다. (해설: 형식적인 예배는 오히려 저주받는다고 하십니다.)
[요한일서 2:4] 하나님의 말씀을 지키지 않는 사람은 거짓말을 하는 사람이다. 그가 하나님의 계명을 지키지 않는다면, 그 사람은 진리가 아니라 하나님 자신이 진리이심을 깨달아야 한다.
[요한계시록 2:7] 이긴 자에게는 내가 생명의 나무에서 열매를 주어, 그가 그곳에서 나와 함께 먹을 수 있게 할 것이다. (해설: 이 구절에서 하나님은 교리를 넘어서는 참된 신앙을 이기는 자에게 약속하십니다. '이기는 자'란 교리의 틀에 갇히지 않고, 진리와 성령의 인도하심을 따르는 사람을 의미합니다. 그러므로 참된 신앙의 승리는 단지 외적인 교리의 지식을 넘어, 하나님과의 깊은 관계 속에서 그분의 뜻을 따르고 실천하는 삶을 의미합니다. 이러한 신앙을 지닌 자에게는 하나님의 낙원, 즉 생명나무를 주셔서 영원한 생명을 얻게 하신다고 약속하십니다. 교리의 얽매임을 이기고, 진리 안에서 자유로운 삶을 사는 자들에게 주어지는 상급입니다.)

필자는 예수께서 말씀하신 율법의 완성이 단순히 구약의 613개 율법을 완전하게 하는 것에 그치지 않는다고 믿습니다. 이는 시대를 거치며 교리가 성장하고 성숙해 가는 과정을 포함한다고 생각합니다. 예수님의 가르침은 과거의 율법을 완성하는 데 그치지 않고, 오늘날 우리 교리를 더욱 깊고 조화롭게 발전시키라는 메시지를 담고 있는 것으로 이해됩니다.

[요한계시록 2:9] 나는 너의 행위와 고난 그리고 가난을 알고 있다. 하지만 너는 실제로 부유하다. 또 나는 자칭 유대인이라고 하며 사실은 그렇지 않은 사람들의 모욕적인 말을 알고 있다. 그들은 실제로 사탄의 회당에 속한 자들이다.

[요한계시록 3:21] 이긴 자에게는 내가 내 보좌에 앉게 할 것이며, 내가 앉은 것처럼, 그도 나와 함께 앉을 것이다.

① 삼위일체설

성경을 읽다 보면, 개인적으로 가장 받아들이기 어려운 교리 중 하나가 바로 삼위일체설입니다. 삼위일체에서 '위(位)' 자는 지위나 자리, 즉 'Position'을 의미하는 글자입니다. 이는 성부(하나님), 성자(예수), 성령이 한 분이라는 개념을 나타냅니다. 그러나 이 해석은 성경에 대한 심각한 오류라고 볼 수 있습니다.

누가복음 18:18-19을 보면, 한 관원이 예수님께 물어봅니다. "선한 선생님이여, 내가 무엇을 하여야 영생을 얻을 수 있습니까?" 이에 예수님께서 "누가 선한 선생님이냐?"라고 반문하십니다. 이 말씀은 선하신 분은 오직 하나님뿐이라는 것을 알게 해 줍니다. 사람은 누구나 선과 악을 모두 가지고 있기 때문에 100% 선한 사람이 존재할 수 없다는 점을 예수님은 강조하신 것입니다. 즉, 예수님은 사람의 아들(인자)로서 태어나, 하나님의 말씀을 전달하며, 우리가 어떻게 천국에 갈 수 있는지를 몸소 보여 주신 분입니다. 그러나 예수님 자신이 하나님이 아니라는 점을 분명히 하신 것입니다.

이러한 해석은 예수님이 하나님의 아들이며, 그분의 역할과 목적이 무엇인지를 더 명확히 이해하게 해 줍니다. 삼위일체설은 이러한 예수님의 본질에 대한 올바른 이해를 흐릴 수 있기 때문에, 많은 신학자들과 성경 학자들은 이를 다시 한번 깊이 고민하고 성경의 본래 뜻에 맞는 해석을 찾기 위해 노력해야 합니다.

[마태 19:16-18] 그런데, 보라, 어떤 사람이 와서 주께 말씀드리기를 "선한 선생님, 내가 영생을 얻으려면 어떤 선한 일을 해야 합니까?"라고 하니, 예수께서 그에게 말씀하시기를 "어찌하여 네가 나를 선하다고 하느냐? 선한 이는 오직 하나님 한 분뿐이다. 그러나 네가 생명으로 들어가기를 원한다면 계명들을 지키라."라고 하셨습니다. 그가 주께 말씀드리기를 "어떤 계명입니까?"라고 하니, 예수께서 말씀하시기를 "살인하지 말라. 간음하지 말라. 도둑질하지 말라. 거짓 증거하지 말라. 네 아버지와 어머니를 공경하고, 네 이웃을 네 자신과 같이 사랑하라." 하셨습니다.

구약을 읽다 보면 성령이나 천사가 중간중간 등장하는 모습을 볼 수 있습니다. 그런데 사람들이 그 천사의 이름을 묻자, 천사는 자신이 누구인지 말하지 않으려 하셨습니다. 이는 사람들이 그 천사의 이름을 알게 되면, 무지한 이들이 그 천사를 숭배할지도 모른다는 우려에서 비롯된 것으로, 필자는 생각합니다. 성령이나 천사의 정체가 드러나는 것이 그 자체로 신성시되거나 숭배의 대상이 되는 위험을 피하려는 의도가 담겨 있는 것입니다.

이와 같은 맥락에서 삼위일체설도 성경에 없는 불완전한 교리로 보입니다. 사실, '삼위일체'라는 개념은 가톨릭 2차 종교 회의에서 교리로 확립되었습니다. 예수님께서 생애 동안 이를 언급하지 않으셨고, 사실상 삼위일체는 예수님에게도 전혀 생소한 개념이었습니다. 구약과 신약 모두에서 성부와 성자, 성령이 하나라는 말은 찾을 수 없습니다. 그런데 왜 '삼위일체'가 기독교 내 여러 교단에서 핵심 교리로 받아들여지고 있을까요? 그것은 성경에 명확히 기록되어 있지 않음에도 불구하고 종교 지도자들에 의해 교리로 확립되었을 가능성이 크다는 점을 시사합니다.

아울러 이스라엘 백성과 성경의 기록자들이 삼위일체의 개념에 대해 전혀 알지 못했기 때문입니다. 만약 그 개념이 있었다면, 성경 곳곳에 '삼위'라는 단어가 등장했을 것이 분명합니다. 구약의 위대한 예언자들, 심지어 예수님께서도 삼위일체에 대해 말씀하신 적이 없습니다. 그런데 이방인이었던 4세기의 성직자들이 어떻게 삼위일체의 개념을 알 수 있었을까요?

삼위일체 개념은 많은 역사학자에 의해 로마의 기존 신앙인 미트라에서 영향을 받았다고 주장됩니다. 당시 로마의 군인들은 미트라 신을 숭배하며, 그들의 신앙에는 태양신(성부 역할)과 태양신의 아들인 미트라(성자 역할)가 포함되어 있었습니다. 기독교가 로마 제국에서 공인되고 정착하면서, 미트라 신앙의 몇 가지 요소가 기독교에 영향을 미쳤고, 그 결과 예수님의 본래 모습과는 다소 다른, 여러 이질적인 요소들이 기독교에 스며들게 되었습니다. 결국, 로마의 미트라 신앙과 유대교 전통이 결합된 형태로 오늘날 우리가 알고 있는 기독교의 모습이 형성되었다고 할 수 있습니다.

따라서, 삼위일체설은 원래의 성경 메시지와는 다른 외부의 영향으로 발생한 교리로 볼 수 있으며, 그 해석과 도입에 대해 신중히 재검토가 필요하다고 여겨집니다.

[체사레 네비아의 〈니케아 공의회〉]

미트라 신앙

미트라 신앙은 BC 1세기 전반, 그리스도교가 유럽에 확산되기 전 로마 제국 내에서 널리 유포되었으며, 유대교와 함께 강력한 경쟁 종교로 자리 잡았습니다. 미트라 신앙의 기원은 고대 인도와 이란의 민족 시대까지 거슬러 올라가며, 태양신 숭배에서 유래하였습니다. 이 신앙은 기원전 약 2000년경 이집트에서 시작되어, 페르시아에서 발전한 뒤 그리스로 전파되었고, 결국 로마 제국으로 확산되어 특히 군인들 사이에서 인기를 끌었습니다. 미트라 신앙은 고대 페르시아의 아르타크세르크세스 2세(재위 BC 404-BC 358)의 비문에도 등장할 만큼 그 역사가 깊습니다.

고대 페르시아에서 미트라스, 이집트에서는 오시리스, 그리스에서는 디오니소스, 시리아에서는 아도니스로 불린 미트라는 모두 비슷한 신화적 성격을 가진 존재들이었습니다. 기원전 3세기경, 페르시아의 조로아스터교와 결합되어 그리스와 로마에 전파되었고, 이 과정에서 로마의 미트라 신앙은 크게 변형되었음을 알 수 있습니다. 그 이유는 미트라 신앙이 소아시아와 메소포타미아 지역의 토착 종교와 혼합되었기 때문입니다. 이후 로마 제국에서는 미트라 신앙이 수호신으로 격상되었으며, 로마 군인들 사이에서 널리 믿어졌습니다.

오늘날 기독교에서는 미트라 신앙을 고대의 미신으로 간주하는 경향이 있지만, 사실 초기 기독교 형성 과정에서 로마의 미트라 신앙이 끼친 영향은 무시할 수 없습니다. 미트라 신앙에 대한 이해 없이는 기독교의 기원과 뿌리를 제대로 알기 어렵습니다. 특히 미트라는 신과 처녀에서 태어난 인물로 묘사되는데, 이는 예수님이 하나님과 동정녀 마리아에게서 태어난 이야기와 많은 유사점이 많습니다. 이러한 관계를 이해하는 것은 두 신앙 사이의 영향을 파악하는 데 중요합니다.

또한 미트라 신앙에서는 태양 숭배자들이 12월 25일을 미트라의 생일로 지켰는데, 이날은 예수님의 생일로 기념되게 되었습니다. (그전까지 예수님의 생일은 1월 6일로 지켰으며, 지금도 많은 교인은 12월 25일이 예수님의 실제 생일이라고 믿고 크리스마스를 기념합니다.)

미트라 신앙 내용 중 죽었다가 3일 만에 부활하는 이야기도 가지고 있습니다. 이 부활일은 춘분 후 첫 보름달이 지난 첫 주 일요일로, 기독교에서는 이날을 예수님의 부활절로 기념하게 되었습니다(이 계산법 또한 미트라 신앙에서 유래된 것입니다).

로마 제국이 기독교를 수용하는 과정에서, 미트라 신앙의 의식과 제도는 초기 기독교에 상당한 영향을 미친 것으로 보입니다. 미트라 신앙에서 강조되었던 천국과 지옥의 개념, 최후의 만찬, 어둠에 대한 빛의 승리를 상징하는 최후의 전쟁, 죽은 자의 부활과 심판, 구세주의 구원과 재림 등은 기독교에서도 유사한 형태로 나타납니다. 또한, 가톨릭 성직자들의 계급 체계, 예배 형식 그리고 의복, 주교관, 목걸이, 염주 등과 같은 예배 도구 역시 미트라 신앙의 영향을 받은 것으로 보입니다. 미트라 신앙은 이집트의 태양신 숭배에서 기원하여 바빌론과 페르시아를 거쳐 로마에 정착했고, 이러한 과정에서 다양한 문화적 요소가 혼합되었습니다. 그 결과, 기독교 역시 여러 종교적 요소와 문화가 융합된 형태로 발전하게 되었습니다. 이는 석가모니의 가르침을 기반으로 한 불교가 각국의 문화와 융화되면서 인도, 중국, 한국, 일본 등지에서 서로 다른 형태로 변화해 온 역사적 과정과 유사하다고 할 수 있습니다.

어떻게 예수님 이전의 종교들에서 예수님과 비슷한 이야기가 이렇게 자주 등장할 수 있었을까요? 신약 성경의 저자들이 미트라 신앙의 교리를 바탕으로 기독교를 형성한 것일까요? 아니면, 예수님 탄생 2,000년 전에 존재했던 미트라 신앙이 2,000년 후의 기독교에 영향을 미친 것일까요? 이 질문을 단순히 믿음으로 덮어 두기보다는 깊이 생각해 볼 필요가 있습니다.

비록 신약 성경의 내용이 미트라 신앙과 우연히 유사할 수 있다고 해도, 기독교의 일부 교리와 의식이 예수님과 무관하게 로마의 미트라 신앙에서 유래했다는 사실은 부정하기 어렵습니다. 그런데도, 기독교 지도자들은 신자들이 이 사실을 알지 못하도록 조치해 왔습니다. 만약 신자들이 이러한 사실을 알게 된다면, 기독교가 지금처럼 유지될 수 있었을까요?

로마 가톨릭교회의 창시자는 예수님이 아니라, 사도 바울의 서신들과 미트라 신앙의 영향을 받은 콘스탄티누스 황제라는 주장이 제기되기도 합니다. 니케아 공의회를 주도한 콘스탄티누스는 임종 직전에 세례를 받았지만, 평생 태양신 숭배 종교의 고위 성직자로 활동하며 여러 악행을 저질렀습니다. 이 같은 배경은 로마 가톨릭의 형성과 그 기반을 다시 한번 생각하게 만듭니다.

결론적으로, 삼위일체 교리가 태양신 숭배의 핵심이었던 미트라 신앙에 뿌리를 두고 있다는 주장은 상당한 설득력을 가지고 있습니다. 일부 학자들은 미트라 신앙에서 나타나는 태양신과 그의 아들 개념이 기독교 교리 속 삼위일체 교리로 발전했다고 보고 있으며, 이는 초기 기독교와 미트라 신앙 간의 연관성에서 중요한 의미를 가질 수 있습니다. 미트라 신앙에서는 태양신과 그의 아들로 나뉘는 신적 개념이 있었고, 이런 요소들이 기독교 교리 속에서 삼위일체로 발전했다는 것입니다.

삼위일체 교리는 예수님을 신격화하기 위한 중요한 교리로, 이를 통해 예수님을 하나님과 동일한 존재로 만들려는 의도가 있었습니다. 하지만 필자의 견해에 따르면, 기도의 대상은 오직 창조주이신 하나님 한 분이어야 합니다. 삼위일체가 진리라면 성령께 기도드려도 문제가 없어야 할 텐데, 이는 왜 기독교 신앙이 하나님께 집중되어야 하는지에 대한 논리적 혼란을 야기할 수 있습니다. 이러한 점들은 기독교 신앙의 본질에 대해 다시 한번 성찰할 필요성을 제기합니다.

따라서 모든 기도는 궁극적으로 하나님께 드려야 한다는 점을 분명히 할 필요가 있습니다. "예수님을 통해 하나님께 기도한다."라는 말은, 예수님의 가르침과 본을 따라 하나님께 직접 기도하는 것이 옳다는 뜻으로 이해할 수 있습니다. 예수님께서는 우리가 하나님과 직접적인 관계를 맺고 그분께 기도할 수 있도록 길을 열어 주셨습니다.

즉, 예수님의 역할은 하나님과의 관계를 회복하도록 돕는 데에 있으며, 기도의 궁극적인 대상은 오직 하나님입니다. 우리는 예수님께서 하나님을 우리에게 알리셨고, 하나님께 기도하는 방법을 가르쳐 주셨음을 기억해야 합니다.

[마태 20:20] 그 당시 세베대의 자녀들의 어머니가 두 아들과 함께 예수님께 와서 그에게 무엇인가를 요청했습니다. 예수님께서 "무엇을 원하느냐?"라고 묻자, 그녀는 "내 아들들을 주님의 왕국에서 하나는 오른편에, 다른 하나는 왼편에 앉게 해 주세요."라고 말했습니다. 이에 예수님은 "너희가 구하는 것을 알지 못한다. 내가 마시려는 그 잔을 너희가 마실 수 있겠느냐? 내가 받은 그 세례를 너희가 받을 수 있겠느냐?"라고 하셨고, 그들은 "예, 마실 수 있습니다."라고 대답했습니다. 예수님은 그들에게 "너희는 내 잔을 마시고, 내가 받는 세례를 받을 것이다. 그러나 나의 오른편과 왼편에 앉을 사람은 내가 주는 것이 아니라, 내 아버지께서 정하신 사람들만 받을 것이다."라고 말씀하셨습니다. (해설: 예수님이 사람들을 천국에 보내는 권한을 갖고 있지 않으며, 그 일은 하나님 아버지의 권한에 속한다는 것이라고 말씀하십니다. 예수님은 하나님의 뜻을 전달하는 메신저로서, 하나님의 계획과 목적에 따라 일하셨으며 하나님만이 천국, 지옥, 윤회 등과 관련된 결정은 하나님만

이 하실 수 있다고 판단합니다. 삼위일체 중 유일하게 일치하는 부분은 하나님의 뜻이 성령과 예수님의 말씀과 동일하다는 점뿐입니다.)

[역대하 18:20-21] 그때 한 영이 주 앞에 나아가서 말하기를 "제가 그를 속이겠습니다."라고 하였습니다. 주께서 그에게 "어떻게 하겠느냐?"라고 물으셨고, 그는 대답하기를 "제가 나가서 거짓된 말을 하여 그의 모든 예언자의 입에 들어가게 하겠습니다."라고 말했습니다. 이에 주께서 말씀하시기를 "너는 그를 속일 것이고, 그렇게 하라."라고 하셨습니다. (해설: 성령은 하나님 앞에 나아가 간청하고 충언을 드리는 존재로, 삼위일체 교리에서 성령은 하나님과 별개의 존재이며, 하나님의 명령을 받으며 수행하는 독립적인 역할을 하는 존재입니다.)

[앞면 부조에는 황소를 죽이는 미트라와 뒷면 부조에는 죽임을 당한 황소에 기대앉아 미트라와 태양신 솔이 만찬을 하는 장면, 루브르 박물관 소장, 미트라 신앙에는 재림 신앙 존재]

② 예수님은 우리의 죄를 위하여 십자가에 못 박히셨다?

대속 교리는 많은 기독교인에게 깊이 자리 잡은 신앙의 핵심이지만,

그 본질을 잘못 이해하면 신앙에 큰 혼란을 일으킬 수 있습니다. 대속 교리는 예수님이 우리의 죄를 대신하여 십자가에서 죽으셨다는 개념입니다. 그런데 이를 이해하기 전에, 성경에서 죄와 용서에 대해 어떻게 말씀하셨는지 제대로 살펴보는 것이 중요합니다.

먼저, 죄에 대한 기본적인 이해를 살펴보겠습니다. 예를 들어, A라는 사람이 B에게 사기나 상해를 가했다고 할 때, 일반적으로 우리가 기대하는 것은 A가 B에게 사과하고 용서를 구하는 것입니다. 이는 사람 사회에서 죄와 용서가 어떻게 이루어지는지에 대한 기본적인 이해이기도 합니다. 하지만 대속 교리에서는 A가 B에게 사과하지 않고, C에게 기도만 한다고 해서 죄가 사해진다고 주장하는 셈입니다. 그러나 성경에서는 사람 사이의 죄에 대해 명확히 다루고 있으며, 하나님께서 사람 사이의 죄를 어떻게 해결하는지에 대해 분명히 말씀하고 있습니다.

하나님은 성경을 통해 죄에 대해 엄격히 다루십니다. 예를 들어, 다윗의 죄를 보면 그는 자신의 죄에 대해 진심으로 회개하며, 하나님께 용서를 구하고 벌을 받는 과정이 나옵니다. 하나님은 죄에 대한 벌을 경감하거나 무시하지 않으셨습니다. 오히려 심각한 죄에 대해서는 그 죄가 당대뿐만 아니라 후손에게까지 영향을 미친다고 경고하셨습니다. 이와 같은 배경을 고려했을 때, 우리가 예수님을 통해 죄 사함을 받는다는 교리는 매우 신중하게 다루어야 하며 수정이 필요한 교리라고 생각됩니다.

대속 교리가 수정될 필요가 있는 교리라고 할 수 있는 이유는 이 교리가 성경의 원칙을 오해하거나 핵심적인 부분을 간과하고 있기 때문입니다. 이 교리는 단순히 우리가 예수님께 기도한다고 해서 죄가 사해진다는 의미로 해석될 가능성이 있는데, 이는 성경이 전하는 예수님의 희생의 깊은 본질을 축소시키는 심각한 오류를 범하는 것입니다.

예수님의 죽음은 흔히 하나님께서 사람을 구원하기 위한 대속적인 희생의 사건으로 이해되기도 하지만, 그 사건을 더 깊이 살펴보면, 당시 무지하고 깨어 있지 않은 백성들이 선동당한 결과로 초래된 비극이라는 점에서 중요한 교훈을 전해 줍니다.

당시 예수님의 십자가형은 단순히 로마 제국의 정치적 결정에 따른 형벌이 아니었습니다. 예수님은 선지자 및 메시아로서 하나님의 뜻을 전하고, 하나님의 나라를 선포하셨습니다. 그러나 많은 사람들은 그분의 메시지를 올바르게 이해하지 못하고, 오히려 예수님을 반역자로 간주했습니다. 당시 종교 지도자들과 권력자들은 예수님의 가르침이 자신들의 권위에 위협이 된다고 느껴 예수님을 죽이기로 결정을 내렸습니다.

사람의 뇌는 여러 연구에서 선동이나 세뇌에 취약하다는 점이 밝혀졌습니다. 예수님의 죽음은 선동된 군중의 압력에 의해 결정되었습니다. 당시 군중은 예수님께서 병자들을 치유하고 기적을 행하시는 모습을 보고 그분을 '왕'이라 부르며 따르고자 했습니다. 그들은 예수님이 자신들을 로마의 압제에서 해방시킬 정치적 지도자나 세속적 왕국의 통치자가 되리라고 기대했습니다. 하지만 예수님이 전하신 '하나님의 나라'는 이들의 기대와는 완전히 다른, 영적이고 내적인 자유와 구원을 의미하는 것이었습니다.

그분의 가르침은 죄에서 벗어나 하나님의 뜻을 따르는 삶을 강조했지만, 이 메시지는 군중이 바랐던 직접적인 정치적 해방과는 거리가 있었습니다. 이러한 기대의 괴리로 인해 군중은 점차 실망과 혼란에 빠지게 되었고, 종교 지도자들의 선동에 쉽게 휘둘리게 되었습니다.

그 결과, 예수님은 결국 무고한 죽음을 맞이하게 되었고, 그들의 선동이 가져온 결과는 그들이 예수님을 죽음으로 몰아넣었을 뿐 아니라, 그들의 마음속에 진리의 빛을 받아들이지 못하게 하였습니다. 예수님은 그들에게 "너희가 알지 못하는 것이다."라고 여러 번 말씀하셨습니다. 그들은 하나님을 위한 진리의 뜻을 이해하지 못하고, 세상의 욕망과 기대에 따라 움직였던 것입니다.

이 사건은 단지 당시 사람들의 무지와 깨어 있지 않음에 대한 교훈을 넘어서, 오늘날 우리가 예수님의 가르침을 어떻게 받아들이고, 그분의 뜻을 어떻게 이해하는지에 대한 중요한 메시지를 전달합니다. 또한 예수님의 죽음은 진리와 하나님의 뜻을 깨닫지 못한 채 행동했을 때 얼마나 큰 결과를 초래할 수 있는지를 잘 보여 줍니다. 만약 우리가 무지하고 깨어 있지 않으면, 우리는 하나님이 원하시는 길을 따르지 못하고, 세상의 욕망이나 편견에 의해 쉽게 길을 잃을 수 있다는 점을 경고하는 대목이기도 합니다.

결국 예수님의 죽음은 우리가 진리와 하나님의 뜻을 제대로 이해하고 그에 따라 살아가야 한다는 중요한 교훈을 주며, 무지와 선동이 큰 결과를 초래할 수 있다는 사실을 깨닫게 합니다. 또한, 대속 교리가 종교적 차원에서 용서를 쉽게 받을 수 있다는 인식으로 이어지면, 교만과 죄의 반복을 초래할 수 있습니다. 대속은 사람들이 죄를 쉽게 용서받을 수 있는 길을 열어 주지만, 그로 인해 진정한 회개나 반성 없이 '대속'만 의지하려는 태도가 생길 위험을 내포하고 있습니다.

사람 사이에서 진심으로 사과하고 반성하며 용서를 구하는 과정이 우선 필요합니다. 인간관계에서 용서를 받으려면 먼저 자신의 잘못을 인정하고, 그로 인한 아픔에 대해 진심으로 반성하는 과정이 중요합니다다. 하나님과의 관계에서도 마찬가지로, 우리가 죄를 지었을 때 그 죄를 고백하고 회개하며 하나님께 잘못을 고백하는 것이 필수적입니다.

대속 교리의 문제는 우리가 죄를 짓고 그에 대한 책임을 지지 않으면서 "예수님이 대신 속죄해 주셨다."라는 믿음만으로 죄를 반복하거나 가볍게 여길 위험이 있다는 점입니다. 이는 죄에 대한 반성과 회개를 무의미하게 하고, 교만과 안일함으로 이어질 수 있습니다.

그러나 우리가 사람들과의 관계에서 진심으로 사과하고 용서를 구하고, 하나님께 진정으로 회개하는 자세를 취한다면, 대속이란 교리 없이도 하나님께서 새로운 기회를 주실 것입니다. 하나님은 진심으로 회개하는 마음을 기쁘게 받으시며, 우리는 변화와 성장을 경험할 수 있습니다. 대속이 없다면 우리가 죄를 짓지 않도록 경각심을 가질 것이고, 그 과정에서 하나님과의 관계가 더 깊어질 것입니다.

하나님께서 성경을 통해 죄가 가볍지 않음을 보여 주는 구절들 중 하나로 사무엘 11-12장을 소개하고자 합니다.

[사무엘하 11장] 그해가 지난 후 왕들이 전쟁에 나갈 때가 되어, 다윗은 요압과 그의 신하들 그리고 온 이스라엘을 보내어 암몬 자손을 처치하고, 그들이 랍바를 포위하게 했습니다. 그러나 다윗은 예루살렘에 남아 있었습니다. 저녁 무렵, 다윗이 왕궁 지붕에서 거닐다가 한 여인이 목욕하는 모습을 보았습니다. 그 여인은 매우 아름다웠습니다. 다윗이 사람을 보내어 그녀가 누구인지 알아보게 하니, 그들이 말하기를 "이 여인은 엘리암의 딸이자, 헷인 우리야의 아내 밧세바입니다."라고 했습니다. 다윗은 사람을 보내어 그녀를 불러들였고, 그녀가 다윗에게 왔을 때 다윗은 그녀와 함께 누웠습니다. 이는 그녀가 불결함을 정결케

한 후의 일이었습니다. 그 여인은 집으로 돌아갔습니다.

그러나 얼마 후, 그 여인은 다윗에게 "제가 아이를 가졌습니다."라고 알렸습니다. 다윗은 요압에게 사람을 보내어 힛인 우리야를 데려오게 했습니다. 우리야가 다윗에게 왔을 때, 다윗은 그에게 전선에서의 상황을 물었습니다. 그 후 다윗은 그에게 "집에 가서 발을 씻으라."라고 말했습니다. 우리야는 왕궁에서 나갔지만, 왕이 보낸 음식을 따라갔음에도 불구하고 집에 가지 않고 왕궁 문에서 지냈습니다.

사람들이 다윗에게 "우리야가 집에 가지 않았습니다."라고 보고하자, 다윗은 그에게 "왜 집에 가지 않았느냐?"라고 물었습니다. 그러자 우리야는 "언약궤와 이스라엘과 유다의 군사들이 장막에 있고, 내 주 요압과 그의 부하들이 전장에서 싸우고 있는데, 어떻게 내가 집에 가서 편히 쉬고 내 아내와 동침할 수 있겠습니까? 나는 왕의 진심으로 맹세합니다. 그런 일은 하지 않겠습니다."라고 대답했습니다.

다윗은 그에게 "오늘 여기서 지내라. 내일 너를 보내겠다."라고 말했습니다. 그 후, 우리야는 그날과 그 이튿날 예루살렘에 머물렀고, 다윗은 그를 다시 불러 함께 음식을 먹으며 취하게 했습니다. 그 후, 저녁에 그가 자신의 신하들과 함께 잠자리에 들었지만, 집으로 돌아가지 않았습니다.

다윗은 아침에 자신의 오른팔인 요압에게 편지를 써서, 그 편지를 우리야의 손에 들려 보냈습니다. 그 편지에는 "우리야를 전쟁의 최전선에 배치시키고, 그를 공격하는 적에게서 물러나게 하여, 그가 죽게 하라."라고 적혀 있었습니다. 요압은 그 편지를 받은 후, 우리야를 전투에서 가장 치열한 곳에 배치했습니다. 그때 성읍의 사람들이 나와 싸우면서 다윗의 군사 중 일부가 쓰러졌고, 그중에서 힛인 우리야도 죽었습니다.

우리야의 아내는 남편이 전사했다는 소식을 듣고 애곡하며 슬퍼했습니다. 그 애곡이 끝난 후, 다윗은 그녀를 자신의 집으로 데려왔고, 그녀는 다윗의 아내가 되어 아들을 낳았습니다. 그러나 다윗이 한 일은 주님께서 불쾌하게 여기셨습니다.

[사무엘하 12장] 주님께서 나단을 다윗에게 보내시자, 나단이 다윗에게 찾아가 말했습니다. "한 성읍에 두 사람이 있었다. 한 사람은 부자였고, 다른 사람은 가난한 사람이었다. 그 부자는 많은 양과 소를 가졌으나, 가난한 사람은 작은 암양 한 마리만 기르고 있었다. 그 암양은 그 사람과 그의 자식들과 함께 자라며, 그의 음식을 먹고, 그가 마시는 물을 마시고, 그의 품에 누웠으며, 그에게는 딸처럼 소중하게 여겨졌다. 그런데 어느 날 여행자가 그 부자에게 오자, 그 부자는 자신이 기르는 양과 소를 아끼고, 가난한 사람의 소중한 암양을 빼앗아 여행자를 위해 요리해 대접했다."
다윗은 이 이야기를 듣고 크게 분노하며 나단에게 말했습니다. "그 사람이 누구냐? 그가 반드시 죽어야 하며, 그가 가난한 사람의 양을 빼앗았으니, 그가 네 배로 갚아야 한다."
나단이 다윗에게 말했습니다. '당신이 바로 그 사람이다.' 주님께서 이렇게 말씀하셨다. '내가 너를 이스라엘의 왕으로 기름 부었고, 사울의 손에서 구해 내어 네게 그의 집과 아내들을 주었으며, 이스라엘과 유다를 네게 주었다. 만약 그것이 부족했다면, 더 많은 것을 주었을 것이다. 그런데 왜 네가 나의 계명을 업신여기고, 그가 보시기에 악한 일을 했느냐? 너는 우리야를 죽였고, 그의 아내를 취해 네 아내로 삼았으며, 그의 죽음을 암몬 자손의 손에 맡겼다. 그리하여 나는 네 집에 칼이 떠나지 않게 할 것이다. 내가 네 눈앞에서 너의 아내들을 취하여 네 이웃에게 주리니, 그가 대낮에 너의 아내들과 함께 동침할 것이다. 너는 그 일을 은밀히 행했으나, 나는 이 일을 온 이스라엘 앞에서 대낮에 행할 것이다.'

다윗은 나단에게 말했습니다. "내가 주님께 죄를 지었음을 고백합니다." 나단은 다윗에게 말했습니다. "주님께서 네 죄를 용서하셨으니, 네가 죽지 않을 것이다. 그러나 이 죄로 인해 네가 하나님의 원수들에게 큰 비방을 주었으니, 네가 낳은 아이는 반드시 죽게 될 것이다."

나단은 그 집을 떠났고, 주님께서 다윗과 우리야의 아내 사이에서 낳은 아이에게 병을 주셔서 그 아이가 심히 앓게 되었습니다. 다윗은 그 아이를 위해 하나님께 간구하고 금식하며, 밤새도록 땅에 엎드려 기도했습니다. 그의 신하들이 다윗에게 가서 그를 일으키려 했지만, 그는 일어나지 않았습니다. 일곱째 날, 그 아이가 죽었습니다. 다윗의 신하들은 그에게 아이의 죽음을 전하기를 두려워했습니다. 왜냐하면 아이가 살아 있을 때 다윗이 그들에게 들으려 하지 않았기에, 이제 아이가 죽었으니 그가 얼마나 슬퍼할지를 걱정했기 때문입니다.

그러나 다윗은 그들이 속삭이는 것을 보고, 아이가 죽었음을 깨달았습니다. 다윗은 신하들에게 물었고, 그들이 "예, 아이가 죽었습니다."라고 대답하였습니다. 그러자 다윗은 땅에서 일어나 씻고 기름을 바른 후 의복을 갈아입고, 주님의 집으로 가서 경배하였습니다. 그 후 그는 집으로 돌아가 음식을 먹었습니다. 그의 신하들이 그에게 말했습니다. "왕께서 왜 아이가 살아 있을 때는 금식하고 우셨으며, 아이가 죽자 일어나 음식을 드시나요?" 다윗은 말했습니다. "아이가 살아 있을 때 금식하고 울었던 이유는 하나님께서 아이를 살려 주실지도 모른다는 희망이 있었기 때문이다. 그러나 이제 그 아이가 죽었으니, 내가 금식할 이유가 없다. 나는 그 아이를 다시 데려올 수 없으며, 그 아이도 다시 내게 올 수 없다."

　11장을 상세하게 들여다보면 다음과 같습니다.

[사무엘하 11:8] 네 집에 가서 발을 씻으라. (해설: 다윗왕이 한창 전쟁 중인 장수 우리야에게 집으로 가라고 한 것은 빨리 밧세바와 관계를 가져서 다윗의 아이가 아니고 우리야의 아이인 것처럼 꾸미기 위한 간계였습니다. 구약에서 모세의 율법에 근거하면, 아무리 왕일지라도 간음할 경우, 둘 다 돌로 돌로 쳐형된다고 명시되어 있습니다.)
[사무엘하 11:11] 언약궤와 이스라엘과 유다의 군사들이 장막에 있고, 내 주 요압과 그의 부하들이 전장에서 싸우고 있는데, 어떻게 내가 집에 가서 편히 쉬고 내 아내와 동침할 수 있겠습니까? (해설: 왕의 호의를 거절하며, 충성스러운 장수인 우리야의 의연한 기개와 충성심을 엿볼 수 있는 장면입니다.)
[사무엘하 11:13] 술을 먹여서 밧세바에게 동침할 수 있는 상황을 만들어 주나 동침하지 않음과 그 후 우리야를 죽게 하려고 서신을 요압에게 보낸 후 요압에게도 누구나 전쟁터에 죽을 수 있으니 괘념치 말라고 합니다.

　사무엘하 12장은 나단(선지자)을 보내며 하나님 말씀을 대언합니다. 암몬 자손(하나님을 믿지 않은 민족)에게 우리야를 죽게 한 죄, 간음한 죄, 간음 후 그녀와 결혼한 죄, 간음 후 그 아이를 낳은 죄를 물으십니다.

사무엘하 12:22에서 다윗은 하나님께서 그에게 내린 벌을 거두어 주시기를 바라며 진심으로 회개하고 금식하며 기도했지만, 하나님께서는 그의 기도를 응답하지 않으셨습니다. 그 결과, 다윗이 기도하는 동안 태어난 아이는 죽음을 맞이하게 되었습니다. 이후 다윗은 밧세바를 위로하고, 그들과의 관계에서 솔로몬이라는 아들을 얻게 됩니다.

이 사건을 통해 알 수 있는 중요한 교훈은, 만약 하나님께서 다윗의 기도를 통해 죄를 용서해 주셨다면, 그로 인해 사회적인 혼란이 초래될 수 있다는 점입니다. 예를 들어, 죄를 범한 사람이 기도를 통해 그 죄의 결과를 변경하려 한다면, 억울하게 피해를 입은 이들은 어떻게 될까요? 또한, 이는 사후 세계의 질서에도 큰 혼란을 일으킬 수 있습니다. 하나님께서 우상 숭배에 대해 기도하는 것을 못마땅히 여기신 이유는 바로 여기에 있습니다. 우상을 숭배하는 사람들은 기도를 통해 상황을 바꿀 수 있는 능력이 없을 뿐만 아니라, 그들의 기도가 죄에 대한 뉘우침을 방해하는 요소가 되기 때문입니다. 그래서 하나님은 바알과 아세라와 같은 우상들을 없애라고 명하신 것입니다. 이러한 교훈을 통해 우리는 진정한 회개와 뉘우침이 중요하며, 하나님께서는 이를 통해 진정한 변화와 영적 성장을 이루어 가길 원하신다는 점을 이해할 수 있습니다.

신약 성경에서도 예수님은 자신이 우리의 죄를 대신하여 벌을 받았다고 명시적으로 말씀하신 적이 없습니다. 오히려 마태복음 27장에서 예수님은 십자가에서 "아버지, 나를 왜 버리셨습니까?"라는 인간적인 감정을 표현하시며, 고통 속에서 하나님과의 관계를 고민하셨습니다. 이는 예수님도 사람으로서 고난을 겪으셨음을 보여 주는 중요한 대목입니다.

마태복음 10:38에서는 예수님께서 자기 십자가를 지고 따르지 않으면 그 사람이 합당하지 않다고 말씀하셨습니다. 즉, 예수님께서는 죄가 없으신 분으로서 자신의 십자가를 지셨으며, 사람들에게도 각자의 죄와 책임을 스스로 짊어질 것을 가르치셨습니다. 이는 대속 개념과는 상반되는 말씀으로, 예수님께서 죄를 대신 지고 대속해 주는 것이 아니라, 각자가 자신의 죄를 고백하고 짊어져야 한다는 메시지를 전달하신 것입니다.

또한 구약에서 죄는 사함을 받을 수 있지만, 그에 대한 벌은 여전히 남아 있다고 여러 번 언급됩니다. 죄의 용서는 가능하지만 그로 인한 결과와 벌은 그대로 남아 있다는 개념은 중요한 교훈을 줍니다. 예수님의 죽음은 사람들이 잘못된 길로 가고 있다는 경고의 의미로, 죄를 짓고 그에 대한 책임을 회피하는 것이 아니라, 죄에 대한 경각심을 일깨워 주기 위한 것이었습니다. 예수님의 고난은 단순히 속죄의 의미만을 담고 있는 것이 아니라, 무지와 선동의 결과가 얼마나 참혹할 수 있는지를 몸소 보여 주신 사례입니다.

따라서 대속 교리는 예수님의 본래 메시지와는 거리가 먼 해석일 수 있습니다. 교회가 대속 교리를 활용해 면죄부를 판매하거나 종교를 상업화하는 것은 본래의 기독교 가르침을 흐리게 하고, 예수님의 이름을 상업적으로 이용하는 결과를 초래할 수 있습니다. 예수님의 고난과 죽음은 우리가 깨어 있어야 하며, 자신의 죄에 대한 책임을 지고 그 결과를 바로잡아야 한다는 중요한 교훈을 주고자 하신 일이었음을 잊지 말아야 합니다.

③ 구원에 대한 오해와 진실

여러분은 구원이 무엇이라고 생각하시나요? 신앙을 갖는 이유 중 하나가 구원인데, 구원의 의미를 제대로 이해하는 것이 중요하다고 생각합니다.

필자가 생각하는 구원의 의미는 깨달음을 통해 영혼이 성장하고 사람이 죄에서 벗어나며, 하나님과 올바른 관계를 회복하는 것입니다. 또한 구원을 통해 사후 세계에서 영원한 생명을 얻는 것이라고 믿습니다. 구원의 과정은 희로애락을 경험하며 윤회를 통한 영적 성장을 이끌어 내고, 궁극적으로 더 이상 윤회가 필요 없을 정도로 영혼이 성장하여 신과 만나는 것이라고 생각합니다. 현세에서의 구원은 죄와 유혹으로부터 자유롭게 살며, 작은 일에서도 감사와 행복을 느끼고 주체적으로 삶을 살아가는 것이라고 할 수 있습니다. 사후 구원은 영적 성장이 완성되어 더 이상 윤회가 필요 없고, 영혼이 안식처인 천국에서 영원히 살아가는 삶을 의미한다고 봅니다.

성경에서 구원에 대한 많은 구절을 쉽게 접할 수 있습니다.

KJV 외 다른 성경의 마태복음 9:22을 읽어 보면 "예수께서 돌이켜 그를 보시며 가라사대 딸아 안심하라 네 믿음이 너를 구원하였다."라고 하신 후 여자가 그 즉시 구원을 받으니라 는 의미로 표현되어 있습니다.
(영어 KJV 원문: "But Jesus turned him about, and when he saw her, he said, Daughter, be of good comfort; thy faith hath made thee whole. And the woman was made whole from that hour.")

예수님이 장님을 고치시는 장면에서 "made whole"로 표기되어 있습니다. 그러나 우리말로 번역할 때는 '치료되었다', '회복', '완전하게 되었다' 대신 '구원받았다'로 과잉 해석되는 경우가 있습니다. 특히, '구원'을 상징하는 단어인 'Save'는 본래 '위험이나 위협으로부터 벗어나다'라는 뜻을 가지고 있어, 단순히 위험에서 벗어난 상태를 의미합니다. 물론 구원은 영적인 의미를 포함하기도 하지만, 개신교와 천주교는 구원의 의미를 천국과 지옥(연옥 포함)이라는 두 가지 선택지로 나누고, 지옥에서 벗어나는 것을 곧바로 천국에 도달하는 것으로 해석해 왔습니다. 따라서 "made whole"이라는 표현을 '구원받았다'로 번역하는 것보다, 본래의 의미인 '치료되었다'나 '회복되었다'로 번역하는 것이 더 정확하고 본문에 부합하는 해석이라 할 수 있습니다.

이와 달리, 지옥에서 벗어나는 경우에는 단순히 천국에 도달하는 것만이 아니라 신의 최종 심판을 기다리는 시간, 윤회를 통한 새로운 삶의 순환 그리고 천국에 이르는 여정을 포함해 다양한 가능성이 열려 있다고 볼 수 있습니다. 그러나 윤회 개념을 부정하는 현재의 기독교는 이러한 다양성을 수용하지 않고, 지옥에서 벗어나는 것을 곧바로 천국에 도달하는 것으로 해석합니다. 이러한 제한된 관점은 천국과 지옥이라는 두 가지 선택지만을 절대화하면서, 인간의 구원 문제를 보다 유연하고 다층적으로 탐구할 기회를 놓치게 만듭니다.

결과적으로, 다음과 같은 이유들로 인해 기독교 교리에는 일정한 한계가 있음을 알 수 있습니다.

1) 지옥과 천국의 이분법적 교리:

'지옥에서 벗어나 천국에 도달한다'라는 개념은 현재의 기독교에서 널리 받아들여지는 교리입니다. 그러나 윤회를 인정하지 않는 현재의 기독에서는 이 교리가 단지 사람의 사후 세계에 관한 문제로 제한되어, 윤회와 같은 보다 복합적인 사상은 배제된 채 천국과 지옥의 개념만을 강조하고 있습니다. 이러한 사고방식은 단지 사람의 사후에만 집중하게 만들며, 죄와 구원의 과정을 단편적으로 다루는 경향을 낳았습니다.

2) **피해자로부터 용서받지 못한 악인도 예수 이름으로만 구원받을 수 있다는 논리:**

예수님을 믿으면 천국에 간다는 교리는 기독교에서 강조되는 신념입니다. 그러나 이는 예수님이 말한 구원의 의미, 즉 삶에서의 진정한 회개와 변화, 또는 인류에 대한 사랑을 반영하지 않는 표면적인 믿음만을 강조할 위험이 있습니다. 이러한 교리적 해석은 실제로 예수님의 가르침을 간과하는 결과를 초래할 수 있습니다.

3) **기타 종교의 성인들에 대한 해석:**

석가 외 위대한 영적 지도자와 같은 역사적 인물들이 예수님의 시대 이전이나 이후에 존재했으므로 그들이 천국에 있을지 지옥에 있을지를 두고 논의하는 부분도 문제가 될 수 있습니다. 이런 경우 예수님을 믿지 않은 사람들은 구원받지 못한다는 교리가 흔히 등장하지만, 많은 사람은 이론적으로 '그들도 천국에 있을 것'이라는 생각을 할 수 있습니다. 이러한 관점은 구원의 개념을 보다 넓은 시각에서 해석해야 할 필요성을 시사합니다.

4) 윤회와 구원의 교리의 개념을 통합화 필요:

윤회와 천국 개념을 동시에 다룬다면, '구원'은 단순히 사후 세계의 문제에만 국한되지 않고, 살아 있는 동안의 정신적, 영적 진화와도 관련이 깊다는 점을 강조할 수 있습니다. 예수님의 가르침도 외적인 믿음의 표명보다는 내적인 변화와 영적 해방의 의미를 중시하는 측면이 강합니다. 이에 따라 윤회와 구원의 교리를 포괄적으로 다루는 것이 중요합니다.

결론적으로, 구원의 개념을 단순히 천국과 지옥의 문제로 한정 짓는 것에는 한계가 있습니다. 예수님의 가르침은 사람 내면의 변화, 진리와 평화를 추구하는 과정에서의 영적 해방을 포함하는 더 넓은 의미를 가질 수 있습니다. 기존의 교리적 한계를 넘어서, 보다 포괄적이고 깊이 있는 신앙적 해석을 할 필요가 있습니다.

예수님께서 신약 성경의 기록을 두 명씩 짝지어서 작성하라고 하신 이유는 성경의 왜곡이나 훼손을 막기 위한 예방책으로 볼 수 있습니다. 여러 명이 함께 작업하면 서로 시너지를 얻고, 각자의 해석을 보완할 수 있기 때문입니다. 같은 뜻을 공유하는 사람들 사이에서 서로 도울 수 있는 점을 고려한 것이라 생각됩니다. 이는 시간이 흐르면서 성경이 정치적, 종교적 이유로 변형되거나 일부가 삭제될 가능성을 예견한 행동으로 볼 수 있습니다. 특히 요한계시록에서 "계시록만은 절대적으로 손대지 말라."라고 경고한 것은, 중요한 신앙적 진리와 메시지가 왜곡되지 않도록 보호하려는 예언적인 발언이었다고 할 수 있습니다.

한편, 신약 성경에서 예수님의 제자들이 쓴 복음서 중, 네 명의 제자만 기록된 이유는 성경의 형성 과정에서 많은 기록들이 삭제되었기 때문입니다. 553년 종교 회의에서는 상당수의 성경 기록들이 삭제되었고, 이로 인해 원래의 성경 메시지가 변질되었음을 암시하는 부분입니다.

특히 예수님이 십자가에 처형되던 순간, 좌도와 우도에 대한 묘사가 복음서마다 다르게 기록된 점은 성경이 편집되고 수정되었을 가능성을 다시 한번 더 보여 줍니다. 신약에서 가장 중요하고 절체절명의 순간이 예수님 처형 사건이었습니다. 어떻게 이런 중요한 사건이 복음서마다 다를 수 있을까요? 신약에서 이렇게 복음서마다 다르게 서술된 것은 큰 의문을 남깁니다. 이는 성경이 종교 회의에 의해 변형되고 훼손되었을 가능성을 시사합니다. 또한, 일반적으로 목회자들은 좌도와 우도와 관련하여 마태, 마가, 누가, 요한복음 중 특별히 누가복음을 중심으로 주로 설교하는 경향이 있습니다. 이는 누가복음에 나오는 "예수를 믿으면 천국에 간다."라는 메시지가 현재 기독교 교리와 맥락을 같이하기 때문입니다. 이 기록은 한 강도가 죄를 회개하고 예수님께 낙원에서 함께할 것을 약속받는 장면으로, 예수님을 믿는 믿음이 곧 구원의 길이라는 교리적 해석과 직접적으로 연결되며, 현대 기독교의 핵심 교리를 뒷받침하는 성경 구절로 자주 인용됩니다.

따라서 복음서마다 다른 기록은 당시의 정치적 상황과 교리적 필요에 따라 성경이 편집되고 변형되었을 가능성을 암시하며, 신약 성경의 일관성에 대한 논의는 여러 관점에서 제기될 수 있습니다. 복음서의 차이를 단순히 무시하기보다는, 그 배경과 의도를 깊이 탐구하고 성경이 어떻게 기록되고 변화되었는지를 비판적으로 고찰할 필요가 있습니다.

- 성경마다 상이한 예수님 처형의 순간 -

[마태 27:43-44] 그가 하나님을 신뢰한다고 하였으니, 만약 하나님께

서 그를 원하신다면 당장 그를 구원하실 것이다. 그가 '나는 하나님의 아들이다'라고 말했기 때문이다. 함께 십자가에 못 박힌 강도들도 이와 같이 예수를 조롱하였다.
[마가 15:32] 이스라엘의 왕 그리스도여, 지금 십자가에서 내려오셔서 우리가 보고 믿게 하소서라고 하였다. 함께 십자가에 못 박힌 자들도 예수를 욕하였다.
[누가 23:39-43] 그때, 함께 못 박힌 행악자 중 한 사람이 예수를 비난하며 "네가 그리스도라면, 네 자신과 우리를 구원하라."라고 말했다. 그러나 다른 행악자가 그를 꾸짖으며 말하였다. "너는 같은 죄를 짓고도 하나님을 두려워하지 않느냐? 우리는 우리가 행한 대로 마땅히 받는 것이지만, 이분은 아무 잘못이 없다." 그리고 예수께 "주님, 주의 나라에 임하실 때 나를 기억해 주세요."라고 말했다. 예수께서 그에게 대답하시기를 "내가 진실로 너에게 말한다, 오늘 너는 나와 함께 낙원에 있을 것이다."라고 하셨다.
[요한 19:18] 그들이 예수를 십자가에 못 박았다. 그리고 다른 두 사람도 예수와 함께 십자가에 못 박히고, 예수는 그들 사이에 놓였다. (요한복음에서는 좌도, 우도의 말에 대해 아무 기록 없음)

이와 같이 구약 성경이 하나의 사건을 일관되게 기록한 것과 달리, 신약 성경의 일부 구절에서는 동일한 사건이 서로 다르게 서술된 점은 신약이 누군가에 의해 수정되었음을 암시할 수 있습니다. 특히, 예수님이 처형당한 극적이고 중요한 순간조차 복음서마다 상이하게 기록되었다는 것은 쉽게 이해하기 어려운 일입니다. 사람들이 임종 직전에 회개하며 단지 "예수를 믿는다."라는 말 한마디로 천국에 갈 수 있을까요?

필자는 단언컨대, 그렇지 않다고 생각합니다. 천국에 가기 위해서는 깨어 있으면서 선행을 많이 하고 악을 멀리해야 합니다. 임종 직전의 회개와 믿음 고백은 죽음에 대한 강한 두려움에서 비롯될 수 있으며, 이는 진정한 믿음으로 보기 어렵습니다. 또한, 많은 사람들이 "천국에 갈 수 있다."라는 말에 의존하여 진심으로 회개하고 예수님을 믿는다고 주장하지만, 그 믿음이 삶 속에서 어떻게 실천되는지가 중요합니다. 믿음과 행위가 조화를 이루지 않는다면 천국에 대한 약속은 단순한 희망에 불과할 수 있습니다.

아시는 목사님들 중 한 분께 다음과 같은 질문을 한 적이 있습니다. "갓난아이가 교통사고로 죽게 되면 천국을 갑니까? 지옥을 갑니까?" 목사님께서는 지옥에 간다고 말씀하셨습니다. 이유는 "예수를 믿지 않았기 때문"이라고 합니다. 단, 유아 세례를 받았으면 천국에 간다고 합니다. 아무리 훌륭하고 선한 사람일지라도 예수님을 믿지 않으면 지옥에 간다고 하며, 세례가 무엇인지 모르는 아이가 부모의 의지로 세례만 받아도 천국 간다고 하니 참으로 통탄할 교리라고 제가 말씀을 드린 적이 있습니다.

사도행전 16:31에서 사도 바울은 "주 예수 그리스도를 믿으면, 너와 네 집안이 구원받을 것이다."라고 말했습니다. 사도 바울의 구절을 헬라어 및 KJV 원문으로 보면 다음과 같습니다.

Οἱ δὲ εἶπαν, Πίστευσον ἐπὶ τὸν Κύριον Ἰησοῦν, καὶ σωθήσῃ, σὺ καὶ ὁ οἶκός σου.
And they said, Believe on the Lord Jesus Christ, and thou shalt be saved, and thy house.

여기서 주목해야 할 표현은 헬라어로 Πίστευσον ἐπὶ(Believe on)입니다. 이 표현에서 전치사 ἐπὶ는 "위에" 또는 "위로"라는 의미를 가지며, 일반적인 문맥에서는 자주 사용되지 않는 독특한 문법입니다. 만약 단순히 예수 그리스도의 존재 자체를 믿으라는 의미였다면, 영어로는 "I believe in Lord Jesus Christ"와 같은 표현이 사용되었을 가능성이 높습니다. 그렇다면 "예수 그리스도 위에 있는 것을 믿으라."라는 말은 무엇을 의미할까요? 이는 예수님으로부터 나오는 하나님의 말씀을 가리킨다고 볼 수 있습니다. 결국 이 구절을 의역하자면, 예수 그리스도의 말씀을 믿으라는 것이며, 말씀을 믿는다는 것은 그분의 가르침에 따라 살아가는 실천적 믿음을 의미한다고 해석할 수 있습니다. 이러한 해석은 믿음이 단순히 예수님의 존재를 인정하는 것에 그치는 것이 아니라, 그분의 말씀을 신뢰하고 그 말씀을 행동으로 옮기는 것을 포함한다는 점을 강조합니다. 예를 들어, 영어에서 "I believe in you."는 "나는 너를 신뢰한다."라는 의미로 흔히 사용되지만, "I believe on you."는 거의 사용되지 않는 표현입니다. 반면, "I believe you."는 "네가 말하는 것을 믿는다."라는 의미를 전달합니다. 이처럼 "Believe on"은 예수님께 대한 단순한 신념을 넘어, 신뢰와 의지 및 실천을 포함한 독특한 의미를 담고 있습니다.

그리고 Save(σῴζω)를 천국에 간다라는 '구원'이 아닙니다. Save 원어 뜻은 '어떤 사람이나 사물을 위험하거나 불쾌한 상황으로부터 탈출시키거나 해로운 것을 피하게 돕는다'라는 뜻입니다. (Someone or something, you help them to avoid harm or to escape from a dangerous or unpleasant situation.)

이 말 역시, 꼭 사후 세계뿐만 아니라 현생에서도 예수 말씀대로 행하면, 당신이 위험한 순간에 직면하지 않아도 되거나 위험한 순간에서도 빠져나올 수 있다는 것을 의미합니다.

기독교에는 사후 세계에서 지옥과 천국 두 곳만 있다고 이분법으로 판단하여, 사후 세계에서 지옥에 가지 않는다면 그와 반대인 천국으로 간다고 교리를 만들었습니다. 예를 들어, '뛰지 마세요'의 반대말은 '걷다, 기어가다, 멈추다' 등 여러 가지 상황에서 뛰지 않는 것을 말하지만 그 반대말이 '멈추다'만이라고 하는 것은 정답이 아님을 우리는 알 수 있습니다. 사후 세계는 이분법인 천국과 지옥만 존재하는 것이 아니라 윤회와 심판의 순간 등도 있기 때문입니다.

[에스겔 33:14-16] 다시, 내가 악인에게 말하기를, '너는 반드시 죽을 것이다'라고 하였으나, 만약 그가 자신의 죄를 뉘우치고 정당하며 올바른 일을 행하면, 그 악인이 빼앗은 것을 돌려주고 강탈한 것을 되돌리며 생명의 법에 따라 행하고 죄를 짓지 않으면 그는 반드시 살고 죽지 않을 것이다.
[욥기 40:14] 그리하면 내가 너에게 이렇게 말할 것이다. '네 오른손이 너를 구원할 수 있겠구나.'

④ 외경

『※ '④ 외경'에 대한 출처 및 해석은 Catholic 성경인 Douay-Rheims Bible(두에이-리임스 성경, 오픈 도메인)을 바탕으로 하여 내용을 직접 해석, 요약 및 재구성하였습니다. 이에 대한 해설과 의견은 필자의 개인적인 해석입니다.』

천주교에서는 개신교와 달리 외경 7권을 추가하여, 총 73권의 성경으로 구성되어 있습니다. 필자는 천주교 성경의 외경 7경을 꼭 한번 읽어 보기를 추천드립니다. 특히, 지혜서와 집회서는 하나님이 사람에 대해 얼마나 큰 사랑을 가지고 계신지 잘 보여 주는 내용을 담고 있어 깊은 감동을 줍니다.

외경 7경
(유딧, 토비트, 지혜서, 집회서, 마카베오기 상권, 마카베오기 하권, 바룩)

간략히 내용을 요약하면 다음과 같습니다.

- 유딧 -

유딧 이야기는 고대 남존여비적 사회 구조 속에서 과부 여성이 남성들도 이루지 못한 일을 해내는 모습을 담고 있습니다. 이 이야기는 단순한 역사적 사건을 넘어, 여성의 지혜와 용기를 강조하며 당시의 사회적 통념에 도전하는 상징적 의미를 지니고 있습니다. 유딧은 자신의 신념과 담대함으로 공동체를 구원하며, 남성 중심의 서사 속에서도 여성의 역할과 능력을 보여 주는 성경 내용입니다.

유딧의 이야기는 이스라엘이 강력한 적군인 네부카드네자르의 명령을 받은 홀로페르네스 장군에게 절대로 승리할 수 없을 것이라고 예상되던 상황에서 시작됩니다. 이스라엘 사람들은 적군에 맞서 싸우는 것을 포기할 수밖에 없었고, 패배가 예상되던 그때, 수절하던 유딧이 적장 홀로페르네스에게 미인계를 써서 그의 목을 잘라 이스라엘군에 전달하는 이야기가 펼쳐집니다. 그 결과 이스라엘군은 전세를 역전시키게 되며, 유딧은 영웅으로 부각됩니다.

이 이야기는 단순한 전쟁 이야기가 아니라, 여성의 지혜와 용기가 어떻게 극복할 수 없는 상황에서 전세를 역전시키는지 보여 주는 중요한 교훈을 담고 있습니다. 여성의 역할과 존엄성을 강조하는 내용입니다.

- 토비트 -

토비트는 평생 진리와 선행을 추구한 인물로, 쫓기는 입장이었음에도 불구하고 왕명을 거역한 자들의 시체를 몰래 묻어 주는 선행을 베풀었습니다. 이는 당시로서는 큰 위험을 감수하는 일이었으며, 자신에게 닥칠 수 있는 불이익이나 처벌을 두려워하지 않고 정의로운 행동을 실천한 모습입니다. 토비트처럼 선을 행하면 결국 복을 받게 되며, 이 성경은 선행의 중요성과 그 행함의 의미를 강조합니다. 토비트 12:9을 보면 "자비는 가난한 자들에게 자비를 베푸는 일이므로, 죄를 덮고, 악을 없애며, 사람에게 복을 가져다주며, 하나님 앞에서 의로운 일을 하게 한다."라고 되어 있습니다. 이러한 내용은 선행과 자비를 강조하며, 이는 유대교적 윤리관과도 일치합니다. 토비트서를 비롯한 천주교 외경은 가톨릭과 동방 정교회에서는 성경으로 인정되지만, 개신교에서는 성경의 정경 목록에서 제외되었습니다. 이는 신학적 차이보다는 역사적·문헌적 이유에 기인합니다. 개신교는 히브리어 성경에 포함된 책들만을 정경으로 채택했으며, 헬라어로만 전해진 외경(제2정경)을 정경에서 제외했는데, 토비트서도 여기에 해당합니다.

토비트 3:3에는 윤회로 해석할 수 있는 부분과 조상들의 업(죄의 대물림)에 관한 내용이 나옵니다. 또한 죄가 많아 천국에도 못 가고, 지옥에도 못 간다는 내용이 있습니다. 이는 사람의 운명이 단지 현재의 삶에만 의존하지 않고, 전생과 그에 따른 업에 영향을 받음을 시사합니다. 또한 토비트 6:18에서는 "그가 그에게 말하였다. '사라의 딸은 네가 아내로 삼을 자이다. 나는 그가 너에게 아내가 되리라고 세상에 미리 정해 놓았고, 네가 이 여자를 데려가려는 것은 하늘의 뜻이다.'"라고 나오는데, 이는 우리의 운명 중 많은 부분이 전생의 복과 업으로 미리 정해져 있다는 의미로 필자는 해석하였습니다. 그럼에도 불구하고, 이 성경은 단순히 예정론에 의존하지 않으며, 현생의 선택과 노력도 중요한 역할을 한다고 강조하고 있습니다.

- 지혜서(Wisdom of Solomon) -

죄와 복의 대물림과 인과응보에 대한 내용이 상당히 많은 내용입니다. 선을 많이 행하라는 내용의 성경입니다. 필자가 집회서와 더불어 상당히 좋아하는 부분이 많습니다. 내용 중 우리 삶과 연결되는 부분을 살펴보면 다음과 같습니다.

- 자식이 없어도 덕이 있는 편이 더 낫다는 내용: 자녀가 없더라도 도덕적이고 선한 삶을 사는 것이 더 가치 있는 삶이다.
- 부정한 잠자리에서 생긴 자식은 심판 때 부모가 저지른 죄악의 증인: 부정한 관계에서 태어난 자식은 부모의 죄를 증명하는 증인이 되어 심판 때 그 죄가 드러난다.
- 심판에 대한 내용: 심판은 각자의 행위에 따라 이루어지며, 그 누구도 피할 수 없는 정의로운 심판이 기다리고 있다.

- 악인들의 후회에 대한 내용: 심판에서 악인들은 자신들의 죄와 잘못에 대해 깊이 후회할 것이다.
- 지혜를 무시한 그들의 결과에 대한 내용: 지혜를 무시하고 악을 행한 사람들은 결국 선을 깨닫지 못하며, 그들의 어리석음은 자식에게까지 영향을 미친다. 또한, 그들의 잘못이 드러나지 않게 되는 것은 불가능하다. 그러나 지혜는 자기를 따르는 사람들을 곤경에서 구원한다.
- 모든 사람에게 자비를 베풀라는 내용: 모든 사람에게 자비를 베풀어야 하며, 이는 타인을 위한 바른 길이다.
- 악인에게도 기회를 베풀라는 내용: 악인에게도 기회를 주어 그들이 회개하고 올바른 길로 돌아올 수 있도록 해야 한다.

- 집회서(Ecclesiasticus) -

이 성경은 사람들 사이에 건강하고 올바른 관계를 형성하고, 이웃 및 가족과 잘 지내라는 중요한 지혜를 담고 있습니다. 성경 속에서는 사람 관계에 대한 가르침이 많고, 이를 통해 서로 배려하고 존중하며, 나아가 공동체를 이루는 데 필요한 도덕적 원칙들을 알려 줍니다. 일상적인 상황에서 유익한 삶을 살아가는 데 필요한 규범들을 제시하고, 올바른 인격을 세우는 데 중요한 역할을 합니다.

특히, 성경은 회개에 대해 명확한 방향성을 제시하고 있습니다. 사람이 지은 죄에 대해 바로잡기 위한 첫걸음은 죄를 지은 사람과 직접 사과하고, 그 후에 하나님께 기도하여 용서를 구하는 것입니다. 이러한 과정은 단순히 신앙적인 행위에 그치지 않고, 사람 관계의 치유와 회복을 위한 중요한 과정임을 강조합니다. 즉, 죄를 지은 후에 즉각적으로 관계 회복을 위한 실천을 취하며, 신앙의 실천이 인간적 관계와 분리되지 않도록 이끕니다.

성경에서 부모를 공경하는 것은 매우 중요한 주제입니다. 부모를 공경하고 존중할 때, 그 사람은 구원받을 수 있다는 내용이 여러 곳에서 나타납니다. 이는 단순한 도덕적 교훈을 넘어서, 가족 내에서 서로에 대한 존중과 사랑을 기반으로 한 공동체 정신을 강조하는 내용입니다. 또한, 자선의 중요성도 자주 언급되며, 이를 통해 다른 사람에게 도움을 주는 것이 자기 자신을 위한 복을 가져오고, 궁극적으로 하나님의 뜻을 실현하는 길임을 알립니다.

성경의 가르침은 유교와도 유사한 부분이 많습니다. 유교는 사람들 간의 올바른 관계, 특히 가족 내에서의 역할과 공경을 중시하는 철학을 갖고 있습니다. 오늘날 유교가 시대에 뒤떨어져 보일 수 있지만, 유교가 정립될 당시 도덕규범이 명확히 정립되지 않은 상황에서 공자는 마치 모세의 율법처럼 강력한 도덕적 규범을 제시했다고 볼 수 있습니다. 이는 두 체계 모두 사회적 질서를 유지하고 사람들 간의 올바른 관계를 형성하려는 목적을 하고 있다는 점에서 유사합니다. 성경에서도 가족을 중시하고, 부모와 자녀, 형제자매 간의 사랑과 존중을 강조하며, 서로를 위한 희생과 배려를 중요한 덕목으로 삼고 있습니다. 이는 공동체와 사회를 건강하게 유지하는 데 필수적인 원칙들입니다.

또한 성경은 바른 처신과 인격 존중을 중요하게 여깁니다. 하나님은 단순히 맹목적인 신앙을 요구하시는 것이 아니라, 지혜로운 자가 되어 세상을 살아갈 수 있는 능력을 기르기를 원하십니다. 지혜는 단지 지식이나 이론적인 학문에 그치는 것이 아니라, 실제 삶 속에서 어떻게 사람들과 조화롭게 살며, 하나님의 뜻을 실천하는지에 관한 것입니다. 이를 통해 성경은 신앙의 본질이 단지 신에 대한 믿음뿐만 아니라, 사람들 간의 관계를 존중하고 사랑하는 삶의 방식으로 이어져야 함을 강조합니다.

따라서 성경은 신앙과 도덕적 삶을 연결시키며, 인간관계의 중요성, 회복, 사랑, 자비 등을 통해 진정한 의미의 구원과 하나님과의 관계를 이루어 가는 길을 제시합니다. 이 모든 교훈은 단순히 종교적인 의무에 그치지 않고, 우리 일상에서 실제로 실천할 수 있는 가르침들입니다.

일부 내용을 추가로 요약하면 다음과 같습니다.

- 지혜와 바른 처신 관련: 성경은 인간관계에서 지혜로운 처신을 강조합니다. 하나님은 지혜로운 자가 되어 세상을 살아갈 수 있는 능력을 기르기를 원하시며, 지혜는 단순히 이론적인 학문이 아닌 실제 삶에서 사람들과 조화롭게 살며 하나님의 뜻을 실천하는 데 중요합니다.
- 시련 속에서의 신앙 관련: 시련이 다가올 때, 주님을 경외하며 확고히 마음을 다지는 것이 중요합니다. 재난이 닥쳤을 때 흔들리지 않고 신앙을 지키는 것이 필요합니다.
- 아버지의 훈계 관련: 아버지의 훈계를 듣고 실천하면 구원을 받을 수 있다는 교훈이 있습니다. 이 구절에서 구원은 영적 구원보다는 위험에서 벗어나는 의미로 사용됩니다.
- 자녀 교육: 자녀를 훈육하고 어릴 때부터 부모의 가르침을 따르도록 하는 것이 중요합니다. 부모가 자녀에게 훈련을 제대로 할 때, 자녀의 집안은 튼튼하게 되고, 이는 가정의 복을 가져옵니다.
- 자비와 의로움: 지혜로운 사람은 자신의 행복과 의로움을 하나님께

서 보상하실 것임을 알고, 불경한 자에게는 도움을 주지 말아야 한다는 경고가 있습니다.
- 거짓말과 부정직 관련: 거짓말을 자주 하는 사람은 도둑보다 더 나쁜 결과를 초래할 수 있으며, 거짓된 말은 결국 멸망을 가져온다는 교훈이 있습니다.
- 회개의 중요성 관련: 죄를 지었으면 다시 죄를 짓지 말고 과거의 죄악에 대해 용서를 빌어야 한다는 교훈이 주어집니다. 이를 통해 회개의 중요성을 강조합니다.
- 유혹에 빠지지 않도록 기도하라: 유혹에 빠지지 않기 위해 기도하는 것이 중요하다는 가르침이 주어집니다. 우리는 유혹에 약합니다.
- 속죄에 대한 과신 경고 관련: 속죄를 과신해서는 안 되며, 기도만으로 모든 죄가 용서된다고 생각하지 말고, 죄에 대해 진지하게 반성해야 한다는 교훈이 있습니다.
- 조상에 대한 기념 관련: 죽은 이에게는 호의를 베풀되, 죽은 사람을 기념하고 추억하는 것이 중요하다는 내용도 포함되어 있습니다.
- 음식과 탐식 관련: 지나치게 음식을 먹는 것은 병을 일으킬 수 있으며, 탐식은 결국 건강을 해친다는 교훈이 담겨 있습니다.
- 선행 주체의 중요성 관련: 선을 행할 때에는 누구에게 하는지를 알아라. 그래야 너의 선행에 고마움이 돌아가리라는 말씀이 있습니다. 이 구절의 내용은 선행을 행할 때, 그 대상이 누구인지 인식하는 것이 얼마나 중요한지를 알려 줍니다.

- 마카베오기 상권 -

마카베오기 상권에서는 로마를 주변 국가와의 화친과 상호 불가침을 중시하는 합리적이고 강력한 국가로 묘사합니다. 특히, 로마와 유대 왕국 간의 동맹 관계는 당시 유대 민족이 외부 적들로부터 보호받기 위한 전략적 선택으로 나타나며, 이 책은 로마와 유대가 평등한 동맹 관계를 맺고 있었다고 강조합니다. 이는 초기 로마가 유대와 평화 협정을 유지하려 했던 역사적 사실을 반영하며, 두 나라 간의 관계가 중요한 정치적 배경을 형성했음을 보여 줍니다.

마카베오기 상권에서는 권선징악에 대한 내용도 포함되어 있는데, 특히 내용 중 "권력을 떨칠 때 나도 쓸모 있고 사랑받는 사람이었는데…."라는 내용이 나옵니다. 이는 왕이 권력을 잃고, 유대 민족에게 악행을 저지른 후 이국땅에서 죽음을 맞이하는 이야기로, 권력을 가진 자가 그 권력을 남용한 결과 결국 불행을 맞이하게 되는 교훈을 전하고 있습니다. 이 내용은 당시 권력자들의 교훈적 성격을 강조하는데, 성경을 통해 권력 남용에 대한 경고를 전달하려는 의도가 담겨 있어 사람들에게 귀감이 된다고 봅니다.

- 마카베오기 하권 -

마카베오기 하권에서는 순교의 중요성을 다루고 있습니다. 특히 7:14에서는 엘아자르와 그의 어머니 그리고 일곱 자식들이 고문을 당하고 잔인하게 처형되는 과정을 묘사하고 있습니다. 이 장면은 신앙을 지키기 위한 순교자의 고통과 그들의 믿음이 얼마나 중요한지를 강조하는 내용입니다. 엘아자르와 그의 자식들이 죽음을 맞이하는 장면은 순교자의 고통 속에서 신앙의 승리를 보여 주는 강력한 교훈을 전달하고 있습니다.

마카베오기 하권에서는 윤회와 관련된 내용을 떠올리게 하는 표현들이 여러 차례 등장한다고 생각합니다. 비록 성경에서는 이를 부활로 설명하고 있지만, 저는 문맥상 부활보다는 윤회의 개념이 더 적합하다고 봅니다. 이 구절들은 죽음 이후의 회복과 새로운 삶을 강조하는데, 이는 윤회적인 관점에서 더 잘 설명될 수 있습니다. 특히 조상의 복과 벌이 후손에게 영향을 미친다는 내용은 조상의 행위가 후손의 운명에 영향을 끼친다는 신앙적 질문을 다룬 것으로 해석할 수 있습니다. 이는 고대 유대인들 사이에서 조상의 업보와 후손의 운명에 대한 이해가 중요한 신앙적 주제였음을 보여 줍니다.

마카베오기 하권은 심판에 관한 내용을 다루고 있으며, 특히 12장에서는 심판에 대한 교훈과 함께 죽음 이후의 세계에 대한 묘사를 포함하고 있습니다. 이 본문에서는 하나님께서 죄를 심판하고 의로운 자들을 구원하시는 방식에 대해 설명합니다. 그러나 이러한 교리는 기독교의 전통적인 구원론, 즉 예수를 믿으면 천국에 가고 예수를 믿지 않으면 지옥에 간다는 교리와는 차이가 있어 보입니다. 마카베오기 하권에 포함된 부활이라는 단어를 윤회로 해석할 경우, 문맥과 문장이 매우 자연스럽고 일관되게 이어진다고 생각됩니다. 윤회 개념은 죽음과 삶의 순환적인 관계를 강조하며, 마카베오기 하권의 부활을 다루는 방식과 잘 맞아떨어집니다. 또한, 조상의 업보와 심판에 대한 교리는 당시 유대교의 신앙적 관점을 반영하고 있습니다. 이 교리는 조상과 후손 간의 관계, 즉 후손이 조상의 행위에 의해 영향을 받는 신앙적 믿음을 담고 있으며, 이는 당시 유대 사회에서 중요한 신앙적 주제였습니다. 따라서 마카베오기 하권에 나타나는 부활과 심판의 개념은 유대인들의 사후 세계와 도덕적 질서에 대한 이해를 잘 보여 주는 요소로, 윤회적 해석이 그 의미를 더욱 풍부하게 만든다고 할 수 있습니다.

예를 들어 마카베오기하 7:1-9의 내용을 번역해 보면, "일곱 형제와 어머니가 체포되어 고문을 당하고, 임금은 그들에게 금지된 돼지고기를 먹으라고 강요했습니다. 첫째 형제가 대변자가 되어 '우리는 조상들의 법을 어기지 않겠습니다. 차라리 죽을 각오가 되어 있습니다'라고 말했습니다. 임금은 화가 나서 형제를 잔인하게 처형하라고 명령했습니다. 형제들은 하나씩 고문을 당하며 어머니와 함께 서로 위로하며 신앙을 지켰습니다. 둘째 형제는 '우리를 죽이는 자는 이 세상에서 우리를 몰아내지만, 하나님께서는 부활하여 영원한 생명을 주실 것'이라며 결단을 내렸습니다."라고 말합니다.

이 구절 중 "부활하여 영원한 생명을 주실 것"이라는 문장에서, '부활'이라는 표현보다 '윤회'로 해석하면 더 자연스러운 느낌이 들 수 있다고 생각했습니다. 이 구절은 죽음 이후의 회복과 재생을 다루고 있기 때문에, 윤회의 관점에서 보면 죽음 후에도 다시 살아나 새로운 삶을 맞이한다는 의미로 이해할 수 있습니다. 이러한 해석은 윤회라는 개념이 죽음 후의 삶에 대한 지속적인 순환과 회복을 강조하는 점에서 마카베오기 하권의 내용과 잘 맞아떨어진다고 볼 수 있습니다. 만약에 천국에 가게 된다면, 부활이라기보다는 '영생을 얻어'(요한 3:16)라는 표현이나 '하나님의 나라에 들어가다'(마태 5:20)라는 표현이 더 잘 어울렸을 것이라고 생각합니다.

마카베오기하 7:13-14의 내용 중 "셋째 형제가 이렇게 말했다. '너는 이 세상에서 우리를 죽일지라도, 우리는 하나님께서 다시 일으켜 주시고 영원한 생명을 주실 것이다.'"라는 구절을 보면, 제 생각에는 '우리를 다시 일으켜 주시고(부활)'라는 표현보다는 '윤회'로 해석하는 것이 더 자연스럽다고 느낍니다.

마카베오기하 7:18-19의 내용 중 "그다음, 다섯째 형제가 끌려 나와 고문을 당하면서 말하였다. '너는 이 세상에서 우리를 죽일 수 있지만, 하나님께서는 우리를 다시 일으켜 영원한 생명을 주실 것이다. 그러니 악을 행한 자는 반드시 벌을 받을 것이며, 그 죄는 후손에게도 영향을 미칠 것이다.'"라는 구절을 보면, 제 생각에는 '악을 행하면 반드시 벌을 받을 것이며, 그것은 악을 행한 자의 후손에게도 영향을 미친다'라는 의미로 해석할 수 있습니다. 즉, 나의 행동은 나 혼자만의 결과를 가져오는 것이 아니라, 내 후손에게도 영향을 미친다는 교훈이 담겨 있다고 볼 수 있습니다.

- 바룩 -

바룩은 네리야의 아들로, 예언자였습니다. 그는 하나님께서 이스라엘의 선조들이 많은 죄를 지었고, 현재 이스라엘 사람들도 여전히 죄를 짓고 있다고 경고하며, 바빌론에게 이스라엘이 멸망할 것이라고 예언했습니다. 그럼에도 불구하고 하나님은 이스라엘 사람들이 다시 모세의 율법을 지킬 수 있도록 바빌론을 섬기라고 명하셨습니다. 이는 바빌론의 지배를 통해 이스라엘 백성이 자신의 잘못을 깨닫고 돌아오도록 하기 위한 하나님의 계획이었습니다.

또한, 바룩은 지혜의 중요성을 강조했습니다. 구약에서 지혜는 매우 중요한 핵심 개념으로, 신약에서 예수님께서 "항상 깨어 있으라."라는 말씀을 하신 것도 이 지혜와 관련이 있습니다. 예수님은 인생에서 깨어 있어야 하며, 하나님의 뜻을 따라 살아야 한다는 메시지를 전달하고자 하셨습니다. 바룩은 또한 바빌론을 섬기고 자중하며, 시간이 지나면 하나님께서 구해 주실 것이라고 확신을 전했습니다.

이스라엘의 선조들과 자신들이 지은 죄는 바로 우상을 숭배하고, 하나님께서 가르친 율법을 따르지 않았기 때문이라며, 율법을 지키고 하나님을 따르는 삶의 중요성을 다시 한번 강조했습니다. 바룩의 메시지는 이스라엘 백성에게 깊은 회개와 경고의 의미를 전달하며, 자신들의 죄를 돌아보고 하나님께로 돌아가야 한다는 중요한 교훈을 줍니다.

⑤ 세례(침례)

세례라는 것은 기본적으로 자신의 몸을 물 전체에 담가서 죄를 다 씻어 낸다는 행위입니다. 죄로부터 물로 다 씻어 내고 다시 태어난다는 뜻입니다. 이런 장면은 어디와 유사할까요?

이러한 세례의 개념은 윤회의 개념과도 일맥상통하는 면이 있습니다. 윤회의 과정에서 우리는 엄마의 뱃속에서 다시 태어나며, 이 과정은 물에 씻겨 새로 태어나는 세례의 의미와 연결될 수 있습니다.

태아는 엄마의 뱃속에서 양수로 감싸져 있으며, 이는 일종의 보호막이자 새로운 삶의 시작을 의미합니다. 하나님께서 우리의 죄를 사하신다는 것은 우리의 전생에 대한 기억을 지워 주시는 과정과 비슷합니다. 만약 우리가 전생에서 저지른 모든 잘못과 기억을 계속 기억한다면, 우리는 큰 고통에 시달릴 것입니다. 하지만 사랑의 하나님은 우리에게 새로운 기회를 주시기 위해 우리의 전생의 기억을 지워 주십니다. 그럼으로써 우리의 고통을 없애고 새로운 삶을 시작할 수 있게 됩니다.

그러나 한 가지 중요한 점은 우리의 영은 여전히 이전 생의 기억들을 간직하고 있다는 것입니다. 비록 우리가 현재 생에서 그 기억들을 의식적으로 인식하지 못하더라도, 영적인 차원에서는 우리의 전생의 기억이 존재할 수 있습니다. 이는 많은 사람들이 죽을 때까지 본인의 혼이 영적인 세계를 인식하지 못한 채 살아가게 되는 이유이기도 합니다. 영은 계속해서 존재하며, 전생의 경험은 여전히 우리의 내면에 영향을 미칠 수 있습니다.

A baptism is a Christian ceremony in which a person is baptized. Compare christening water is put on their heads or they are covered with water as a sign that their sins have been forgiven and that they have become a member of the Christian Church. Compare christen.

결국 세례는 윤회를 상징하는 것으로 여겨지며, 이를 통해 현생에서 지은 죄를 씻어 내고, 앞으로의 삶에서 죄를 짓지 않겠다는 다짐을 나타낸다고 볼 수 있습니다. 그것은 마치 윤회를 통하여 우리의 죄에 대한 고통스러운 기억들을 삭제시켜 주시는 행위와 같은 것입니다.

6-4) 세계 종교의 구원 이야기

"만약 하나님을 믿지 않고 선한 행동을 많이 하며 악한 행동을 하지 않는 사람은 과연 천국에 갈 수 있을까요?"라고 누군가가 저에게 물어본다면, 저는 그럴 수 있다고 말씀드리겠습니다.

어떤 가난하고 젊은 연인이 있었습니다. 그들은 서로를 열정적으로 사랑하며 살고 있었고, 뜻밖에 아이를 가지게 되었습니다. 하지만 그들의 형편으로는 아이를 키울 수 없었기에, 결국 아이를 미국으로 입양 보내기로 결심했습니다. 그들은 늘 죄책감과 미안함을 느끼며, 아이에게 부모의 사진 한 장을 손에 쥐여 주고 보냈습니다. 그 아이는 다행히도 미국에서 양부모를 만나 잘 성장하며 선을 행하고 악을 행하지 않은 훌륭한 청년이 되었습니다. 우여곡절 끝에 그 아이는 생부모를 찾게 되었고, 마침내 그들은 다시 상봉하게 되었습니다. 그 아이는 생부모를 잘 모르고 자랐습니다. 하지만 그 아이가 생부모를 몰랐다고 해서, 그가 선하게 자라 온 과정까지 '부모를 모르니 그 아이는 지옥에 갈 것'이라고 말할 수 있을까요?

이 질문은 깊은 의미를 담고 있습니다. 부모의 유무와 그 아이의 최종 운명을 단순히 연결 짓는 것은 매우 복잡하고 섣부른 판단이 될 수 있습니다.

누군가가 저에게 "하나님을 믿지 않고 선을 행하면 천국에 갈 수 있는가?"라고 묻는다면, 저는 이렇게 답하고 싶습니다.

만약 한 청년이 심각한 병에 걸려 병원에 입원하게 되었다고 상상해 봅니다. 그리고 그가 병원비조차 감당할 수 없는 상황에 처했다면, 그의 부모는 전 재산을 팔아서라도 수술비를 마련하려고 할 것입니다. 왜냐하면 자식을 향한 부모의 사랑은 그 무엇과도 비교할 수 없는 절대적이기 때문입니다. 저는 이러한 부모의 마음이 바로 하나님의 마음과 같다고 믿습니다. 하나님은 우리를 창조하시고, 끝없는 사랑으로 돌보시는 분입니다.

또한, 성경은 우리의 삶 속에서 하나님의 사랑을 깨닫고 그분을 찾도록 돕는 길잡이 역할을 합니다. 비유하자면, 성경은 한 아이에게 주어진 생부모의 사진과도 같습니다. 그 사진은 아이가 부모를 찾아가는 데 중요한 단서를 제공하며, 그를 부모의 품으로 인도합니다. 마찬가지로, 성경은 우리에게 선과 악을 분별할 수 있는 지혜를 주고, 궁극적으로 하나님과의 관계를 회복할 수 있도록 도와줍니다.

인생을 살다 보면 우리는 종종 선과 악을 명확히 구분하기 어려운 상황에 직면하게 됩니다. 복잡한 이해관계나 애매한 상황 속에서는 옳고 그름을 판단하기가 더욱 힘들어집니다. 하지만 성경을 통해 하나님의 뜻을 배우고, 그분의 가르침에 따라 생각하고 행동한다면 우리는 이러한 어려움 속에서도 흔들리지 않고 올바른 선택을 할 수 있을 것입니다. 성경은 단순히 도덕적 지침서가 아니라, 우리를 인도하고 보호하는 하나님이 사람에게 주신 사랑의 나침반입니다.

결국, 천국에 관한 질문의 핵심은 단순히 선행 여부를 넘어섭니다. 하나님을 믿고 그분의 사랑을 깨닫는 것 그리고 그 사랑 안에서 살아가며 이를 실천하는 것이야말로 우리가 참된 평안과 구원을 누릴 수 있는 길이라고 믿습니다.

불교, 힌두교, 이슬람, 기독교 모두 선을 행하고 악을 피하면 천국에 갈 수 있다고 말씀드리고 싶습니다. 마태복음 11:2-14에서는 예수께서 천국에 대해 직접 말씀하신 내용이 나옵니다. 예수께서는 "이미 세례자 요한보다 높은 이가 천국에 와 있다."와 "여자에게서 태어난 자 중에서 요한보다 더 큰 이가 없지만, 천국에서는 가장 작은 자가 그보다 크다."라고 표현하셨는데, 이는 예수를 믿어야 천국에 갈 수 있다는 해석 이전에, 깨어 있고 선한 행위를 실천하는 것이 천국에 이르는 길이라는 필자의 주장과 일맥상통한다고 봅니다.

그러나 사람은 본질적으로 선과 악을 명확히 구분하기 어려운 존재입니다. 이는 우리의 본성이 생존과 자기 이익을 우선시하기 때문에 발생합니다. 따라서 성경처럼 교훈적인 지침서를 따르는 것이 중요하다고 생각합니다.

불교

1) 기원

불교는 기원전 5세기경, 인도의 고타마 싯다르타에 의해 창시되었습니다. 그는 카필라국의 왕자로 태어나 인간 존재의 고통과 삶의 의미를 깨닫고, 이를 해결할 방법을 찾기 위해 세상에서 출가했습니다. 고행과 명상 끝에 깨달음을 얻은 그는 '석가모니'라는 이름으로도 알려져 있으며, 이는 '석가족의 현자'라는 뜻입니다. 그의 가르침은 고통을 극복하고 열반에 도달하는 방법을 제시했습니다.

2) 특징

불교는 자비와 평등을 강조하며, 고대 인도의 카스트 제도와 브라만교에 반발한 하층민들 사이에서 빠르게 퍼졌습니다. 불교는 인간의 고통을 이해하고 이를 극복하는 방법에 대해 가르칩니다.

3) 신앙과 실천

불교의 궁극적인 목표는 열반에 이르는 것입니다. 열반은 모든 욕망을 끊어 내어 고통에서 벗어난 상태를 의미하며, 이를 통해 해탈에 이르게 됩니다. 불교는 윤리적 삶과 내적 성찰을 통해 이를 실현하려 합니다.

4) 전파

불교는 동아시아와 동남아시아를 중심으로 퍼졌으며, 각 지역의 문화적 특성에 맞게 다양한 형태로 발전했습니다.

5) 윤리적 의무

불교의 신자들은 출가하거나 일반 신도로서 윤리적인 삶을 살며, 이를 통해 자신을 깨닫고 구원을 추구합니다.

6) 내세관

불교는 윤회와 업의 개념을 강조합니다. 선한 행동을 통해 극락에 이르거나, 악한 행동으로 인해 고통의 세계에 떨어질 수 있다고 믿습니다.

불교는 초월적인 신을 숭배하기보다는, 인간의 내면적 깨달음과 윤리적 삶을 통해 고통을 극복하는 도덕 철학적 체계입니다. 석가모니는 신의 존재를 언급하지 않고, 인간의 내면적 훈련과 깨달음을 통해 구원에 이른다고 가르쳤습니다.

이슬람교

1) 기원

모하메드는 메카에서 태어났으며, 태어나기 전에 아버지를 여의고 6세에 어머니마저 잃었습니다. 어려운 유년기를 보낸 그는 25세에 부유한 과부 카디야와 결혼했고, 이후 최소 11명의 아내를 더 맞이했습니다. 종종 동굴에서 은거와 명상, 단식을 하던 그는 40세 무렵, 천사 가브리엘의 계시를 받았습니다. 아내 카디야의 격려로 이것이 신의 계시임을 확신한 그는 메카에서 유일신 알라의 존재를 설파하기 시작했고, 22년간 계시를 받으며 이슬람교를 창시하고 전파했습니다. 그는 632년, 62세의 나이로 세상을 떠났습니다.

2) 특징

이슬람교는 절대적인 유일신(알라) 사상을 바탕으로 하며, 종교적인 사제나 성례가 존재하지 않는 독특한 구조를 가지고 있습니다. 결혼은 의무로 간주되며, 일부다처제를 허용하되 최대 4명까지 공식적인 아내를 둘 수 있습니다.

3) 종교적 의무

이슬람교 신자들은 오주(五柱)와 육신(六信)을 따르는 것을 신앙생활의 중심으로 삼습니다. 오주는 신앙 고백, 기도, 구제, 단식, 성지 순례로 구성되며, 육신은 알라, 천사, 성서, 선지자, 최후의 심판, 운명을 믿는 것입니다.

4) 내세관

이슬람교는 구원, 심판, 부활을 믿으며, 최후의 날에 알라를 충실히 따른 자들은 천국에서 축복을 누릴 것이고, 거역한 자들은 지옥에서 고통받는다고 가르칩니다.

알라는 유일하고 전능하며 창조주이자 최후의 심판자로 간주됩니다. 그러나 인간과 개인적으로 교감하거나 관계를 맺는 인격적 신은 아닙니다. 이슬람의 신은 피조물과 단절된 초월적 존재로, 은혜와 자비보다는 심판과 권능을 강조합니다.

5) 신앙생활

이슬람 신자들은 메카 성지 순례를 중요한 신앙 의무로 삼고 있으며, 오주의 실천을 중심으로 삶을 살아갑니다.

(※ 오주: 이슬람의 다섯 기둥(Five Pillars of Islam)을 의미 / 샤하다(Shahada): 신앙 고백(알라는 유일신), 살라(Salah): 기도(하루 5번 메카를 향한 기도), 자카트(Zakat): 자선(가난한 이를 돕기 위해 일정 비율 재산 나눔), 사움(Sawm): 금식(라마단 기간 동안 해가 떠 있는 시간에 금식), 하지(Hajj): 메카 성지 순례)

6) 전파 지역

4세기경, 이슬람은 메카와 중동 지역에 퍼져 있던 다신론과 미신을 정리하며, 아랍 국가를 통합했습니다. 이후 강력한 정치적·군사적 영향력을 바탕으로 이슬람은 동남아시아까지 전파되며 세계적인 종교로 자리 잡았습니다.

힌두교

1) 기원

힌두교는 특정한 창시자가 없습니다. 이는 오랜 역사와 문화적 변화를 거쳐 발전한 종교로, 인도 대륙에서 기원한 세계에서 가장 오래된 종교 중 하나로 여겨집니다. 힌두교는 다양한 종교적 믿음과 관습을 흡수하고 융합하는 절충주의적 성격을 가지고 있어, 그 기원과 발전 과정에서 많은 영향을 받았습니다.

2) 특징

힌두교는 매우 다양한 신앙적 요소들을 포용하는 종교입니다. 세계의 다른 종교들과 달리 하나의 고정된 교리나 종파를 갖지 않고, 다양한 신을 숭배하며, 그 신앙 체계도 자유롭고 유연한 성격을 지닙니다. 여러 신화와 전통을 가진 다신론적 특징이 두드러지며, 각 지역과 문화에 따라 신앙의 표현이 달라질 수 있습니다.

3) 신관

힌두교에서 브라만은 온 우주의 궁극적 실체이자 영원한 존재로 믿어집니다. 브라만은 비인격적이고 추상적인 존재로, 모든 것의 근원이고 우주를 관통하는 절대적 존재로 간주됩니다. 이와 더불어, 브라만 외에도 다양한 다신론적 신들이 존재하며, 각각의 신은 특정한 역할과 성격을 지닌 신으로 숭배됩니다. 이로 인해 힌두교는 다양한 신들을 수용하는 포용적인 종교로 특징지어집니다.

4) 종교적 목표

힌두교의 궁극적인 목표는 윤회(탄생과 죽음, 재생의 반복)에서 벗어나 해탈(모크샤)에 이르는 것입니다. 윤회의 굴레에서 벗어나 평온한 상태로 존재하는 것을 추구하며, 해탈을 이룬 후에는 충만하고 완전한 세계에 들어가 행복하게 살아갈 수 있다고 믿습니다. 이는 윤회와 카르마의 법칙에 의해 정해진 삶의 순환을 초월하려는 노력입니다.

5) 교훈 및 방법론

힌두교는 여러 가지 방법론을 통해 해탈에 이를 수 있다고 가르칩니

다. 그중 세 가지 주요 방법은 다음과 같습니다:

- 자아와 우주의 본질에 대한 깨달음: 사람은 개별적인 실체가 아니라 브라만이라는 궁극적 실체의 일부에 불과하다는 사실을 깨닫는 것입니다. 그리고 인간은 신의 일부로서 신에게 종속된 존재임을 이해하는 과정입니다.
- 헌신과 복종: 특정 신에게 헌신하고 복종함으로써, 신의 은총을 얻고 해탈에 가까워질 수 있습니다. 이 방법은 신앙적 접근으로, 사람은 자신이 가장 신뢰하는 신을 선택하여 그 신에 대한 깊은 신뢰와 헌신을 바칩니다.
- 규정된 종교 의식과 관습 수행: 업보, 윤회, 해탈, 요가, 카스트 제도, 암소 숭배와 같은 힌두교의 의식과 규범을 성실히 지키는 것입니다. 이를 통해 신성한 질서에 따르고, 궁극적으로는 삶의 목적을 이루는 방향으로 나아가게 됩니다.

힌두교의 종교적 실천은 매우 개인적이며, 각자가 선택하는 길에 따라 달라질 수 있습니다. 모든 이가 같은 방법을 따를 필요는 없으며, 자신만의 길을 찾아가는 것이 중요한 요소로 여겨집니다.

〈초기 성경 말씀으로 파생된 종교〉

초기 성경 말씀으로 파생된 종교들을 도표화하면 다음과 같습니다. 이는 유대교, 기독교, 그리고 이슬람교 등 공통된 뿌리를 가진 종교들의 특징과 차이를 이해하는 데 도움을 줍니다.

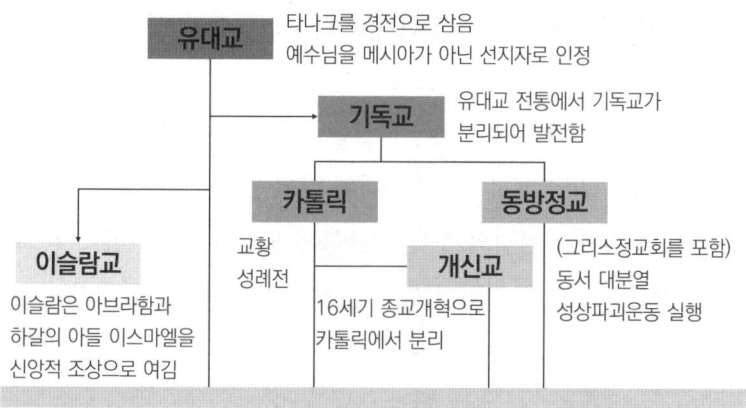

전 세계에서 불교, 이슬람, 힌두교, 기독교는 주요 종교들로, 이들만 합쳐도 전 세계 종교 인구의 약 90%를 차지합니다. 이처럼 세계적으로 큰 영향을 미치는 종교들의 공통된 핵심 교리는 바로 '탐욕을 버리고 선을 행하며, 악을 피해야 한다'라는 것입니다. 이는 종교와 관계없이 모든 사람에게 중요한 가르침으로 여겨집니다.

조선 시대 사람들은 하나님을 '옥황상제' 또는 '염라대왕'이라고 부르기도 했으며, 오늘날 천주교에서는 '하느님', 개신교에서는 '하나님', 서양에서는 'GOD'이라는 이름으로 부르고 있습니다. 비록 부르는 이름과 표현 방식은 다르지만, 모두가 궁극적으로 창조주를 가리키고 있다고 믿습니다. 이러한 다양한 이름들은 각 문화와 언어의 특성을 반영한 것이며, 이는 인류가 하나님이라는 존재를 이해하고 표현하려는 노력의 산물입니다.

또한, 하나님은 각 나라와 시대의 역사적·문화적 상황에 맞추어 진리를 전하기 위해 성인들과 예언자들을 보내셨다고 생각합니다. 예를 들어, 인도에는 석가모니를 통해 진리의 길을 알리셨고, 동아시아에는 공자를 보내어 윤리와 도덕의 중요성을 강조하셨으며, 유대인들에게는 모세를 통해 율법과 계명을 전달하셨습니다. 중동 지역에는 예수를 보내어 사랑과 구원의 메시지를 전파하게 하셨습니다. 이 모든 성인은 각 시대와 장소에서 하나님의 뜻을 전달하는 도구로 사용되었으며, 그들의 가르침은 사람들에게 삶의 방향을 제시하고 인간의 본질적인 질문에 답을 주는 역할을 해 왔다고 믿습니다.

그런데도, 하나님께서 인류에게 전하고자 하시는 핵심 메시지는 절대로 변하지 않았습니다. 그것은 바로 '인간이 진정으로 추구해야 할 진리와 삶의 의미'를 알려 주시는 것이며, 사람이 올바르게 살아가는 길을 제시하시는 것입니다. 비록 시대와 문화에 따라 그 방식과 표현은 다를지라도, 하나님이 가르쳐 주고자 하시는 진리는 궁극적으로 같은 목표를 향하고 있다고 생각합니다. 그것은 인간의 내면을 정화하고, 서로를 사랑하며, 창조주의 뜻에 따라 조화롭게 살아가는 삶을 추구하도록 인도하는 것입니다. 이러한 보편적인 진리는 인간의 마음속 깊은 곳에 새겨져 있으며, 우리가 그것을 따를 때 참된 평안과 깨달음에 이를 수 있을 것입니다.

"God is not a Christian, God is not a Jew, or a Muslim, or a Hindu, or a Buddhist. All of those are human systems which human beings have created to try to help us walk into the mystery of God. I honor my tradition, I walk through my tradition, but I don't think my tradition defines

God, I think it only points me to God."

— From John Shelby Spong

성공회 주교이자 신학자인 John Shelby Spong이 한 말씀을 해석해 보았습니다.

"하나님은 기독교인이 아니며, 하나님은 유대교인도, 이슬람교인도, 힌두교인도, 불교인도 아닙니다. 그 모든 것들은 인간이 하나님을 이해하고 그 신비에 다가가기 위해 만든 인간적인 체계들입니다. 나는 나의 전통(기독교)을 존중하며, 그 전통을 따라 살아가지만, 내 전통이 하나님을 정의한다고 생각하지는 않습니다. 그 전통은 나를 하나님께 인도하는 역할만 할 뿐입니다."

이 말씀은 전통(각 종교)이 하나님을 정의하는 것이 아니라, 하나님을 이해하고 경험하는 도구임을 겸손히 받아들이는 태도를 강조합니다.

As you sow, so shall you reap.

뿌린 대로 거두리라.

Good deeds never go unrewarded.

선행은 반드시 보답으로 돌아온다.

7. 성경이 전하는 메시지

7-1) 초지일관 인과응보 & 권선징악

 성경의 핵심 가르침은 바로 '권선징악'과 '인과응보'에 관한 것입니다. 즉, 선한 일을 하면 그 대가로 복을 받게 되고, 악한 일을 하면 그 결과로 벌을 받게 된다는 가르침입니다. 이는 성경 곳곳에서 강조되는 중요한 메시지로, 모든 인간이 지켜야 할 도덕적 기준을 제시합니다.

 출애굽기에서는 특히 이집트 산파들에 관한 이야기가 인상 깊습니다. 당시 파라오는 이집트에 태어나는 모든 사내아이를 죽이라는 무서운 명령을 내렸습니다. 하지만 이집트의 산파들은 왕의 명령을 따르지 않고, 아이들을 구해 내기 위해 지혜롭게 행동합니다. 그들은 왕의 명령을 어기고도 아이들을 살리는 결정을 내린 것이죠. 이로 인해 하나님께서는 그 산파들에게 큰 복을 주셨다고 성경은 전하고 있습니다. 이는 단순히 의로운 행동이 인정받는 이야기가 아니라, 신앙과 지혜로 악을 물리치고 선을 실천한 결과로 복이 돌아온다는 중요한 교훈을 담고 있습니다.

 [출애굽기 1:15-21] 이집트 왕이 히브리 산파인 쉬프라와 부아를 불러 말하였다. "너희가 히브리 여인에게 아이를 낳을 때, 그 아이가 아들일

경우에는 죽이고, 딸일 경우에는 살리라." 그러나 산파들은 하나님을 두려워하여 왕의 명령을 따르지 않았고, 남자아이를 살려 두었다. 이집트 왕이 산파들에게 물었다. "어째서 너희가 그 아이들을 살려 두었느냐?" 그들이 대답하였다. "히브리 여인들은 이집트 여인들과 다르며, 강한 여인들입니다. 아이를 낳으면 산파가 도달하기 전에 이미 아이를 낳아 버립니다." 하나님은 산파들에게 선을 베푸셨고, 그들은 하나님을 두려워하며 존경함이 커지며, 하나님은 그들의 집안이 번성하게 하셨다. 이집트 왕은 산파들에게 명령을 내리며, 모든 히브리 남자아이는 나일강에 던져 버리라고 하였다. 그 후, 레위 사람의 집에 한 아기가 태어났는데, 그 여인은 그 아기를 보며 매우 아름다워서 숨기기로 결심했다. (해설: 우리가 알 수 있는 중요한 교훈은, 비록 이집트 왕처럼 인류의 도리와 정의에 어긋나는 잘못된 명령을 받았다고 하더라도, 산파들이 신중하고 지혜롭게 선한 일을 행했을 때, 하나님께서는 그들의 믿음과 용기를 보시고 인정하시며, 그들에게 놀라운 복을 부어 주신다는 것입니다. 이는 우리에게 하나님의 뜻을 따르고, 어려운 상황 속에서도 선을 행하는 것이 얼마나 중요한지 그리고 그런 선택이 결국 하나님의 축복으로 이어짐을 깨닫게 합니다.)

이스라엘 민족은 갑자기 이집트에서 400년 동안 노예 생활을 하게 되었습니다. 요셉이 파라오의 신임을 얻어 이집트에서 큰 권력을 누리던 시절, 이스라엘 민족은 이집트에서 좋은 대우를 받으며 잘 살았습니다. 그러나 그 이후 상황이 급격히 변하면서 이들은 노예 신분으로 떨어지게 되었고, 성경은 그 이유를 명확히 언급하지 않습니다. 하지만 저는 창세기의 이야기를 통해 그 배경을 엿볼 수 있었습니다. 성경에 따르면, 요셉이 파라오의 신임을 받으며 이집트에서 큰 권력을 누리던 중, 그가 죽고 새로운 파라오가 등장하면서 이스라엘 사람들이 갑자기 노예로 전락하게 된 것입니다.

필자는 이에 대한 원인을 창세기 34장에 있다고 봅니다. 야곱의 딸 디나가 이웃 부족에게 강간당했던 내용이 있습니다. 이웃인 세겜의 부족 중 하몰의 아들 한 명이 잘못했는데, 이에 대한 야곱의 아들들의 보복이 지나치게 잔혹하고 탐욕스러웠습니다. 야곱의 아들들은 하몰이 속한 세겜의 민족에 대하여 화친으로 거짓말하여 남자들은 하나도 남기지 않고 살인하였으며 부족의 씨를 마르게 했습니다. 아울러 여자와 가축을 노략하여 더 큰 죄를 지었습니다. 이 부족에 사는 억울한 사람들의 혼귀가 결국 출애굽기에서 야곱의 자식들에게 영향을 미쳤다고 봅니다. 야곱의 다른 아들들의 시기심 때문에 요셉을 이집트의 상인에게 팔고 그 상인은 요셉을 이집트의 경호 대장인 포티발에게 팝니다. 그 후 창세기 39장에서 포티발의 아내가 용모가 수려한 요셉에게 잠자리를 지속적으로 강요했으나 요셉은 의롭고 하나님의 말씀대로 살아가기에 요셉의 세대에는 문제가 없었지만 그 자손들에게 약 400년 동안 이집트의 노예 생활이라는 벌을 받게 됩니다. 만약 요셉이 포티발의 아내의 유혹에 넘어갔다면, 야곱의 씨는 세겜처럼 절멸하였을 것입니다.

우리는 종종 자신이 알지 못하는 조상들의 죄나 그로 인한 벌을 받는 경우가 적지 않다고 볼 수 있습니다. 예를 들어, 젊은 시절의 잘못이 당대에 벌을 받지 않더라도 그 후손들이 그 죄에 대한 결과를 감당해야 하는 경우가 생깁니다. 성경에서 세겜 사람들의 억울한 죽음이 당대에서는 해결되지 않았지만, 그 한이 후손들에게 복수로 돌아간 사례를 보듯, 불법적인 자식들이나 악한 행위로 인해 후손들이 벌을 받는 장면은 여러 번 등장합니다. 세겜 사람들의 억울한 죽음에 대한 복수는 결국 당대의 야곱의 아들들보다는 후손인 손자들에게 이루어졌다고 필자는 판단하며, 이처럼 부정한 자식들이 악을 행한 후 그 후손들이 여러 대에 걸쳐 벌을 받는 경우는 성경 속에서 반복적으로 나타나는 주제입니다.

[창세기 34장] 레아가 야곱에게 낳은 딸 디나가 그 땅의 여자들과 만나러 나갔을 때, 히위 족속 하몰의 아들 세겜이 그녀를 보고 마음에 끌려 강제로 범하였습니다. 세겜은 디나를 사랑하게 되었고, 그녀에게 위로의 말을 하며, 그녀의 아버지인 야곱에게 이 소녀를 아내로 주기를 요청했습니다. 야곱은 이 소식을 들었지만, 그 당시에는 목축 중인 아들들이 돌아오기까지 기다렸습니다. 세겜의 아버지 하몰은 야곱에게 가서 아들의 요청을 전하며, 디나를 아내로 맞이할 수 있도록 허락해 달라고 부탁했습니다. 하몰은 또한 자신들의 땅에서 함께 거주하며 매매를 할 수 있도록 제안했습니다. 세겜도 다시 한번 아버지와 함께 야곱과 그의 아들들에게 말하며, 큰 혼수와 예물까지 제시하면서 디나를 아내로 삼을 수 있게 해 달라고 했습니다.

이에 야곱의 아들들은 세겜이 그들의 누이를 더럽혔다는 사실에 분노하며, 그와 그의 아버지 하몰에게 거짓말로 답변했습니다. 그들은 할례를 받지 않은 사람에게는 누이를 줄 수 없다고 말하며, 세겜과 그의 백성이 할례를 받으면 딸을 주겠다고 약속했습니다. 세겜과 하몰은 그들의 말을 듣고 동의하였으며, 세겜은 급히 할례를 받기로 결정했습니다. 하몰과 세겜은 성읍 사람들에게 이 말을 전하고, 그들 모두 할례를 받기로 했습니다. 세겜과 그의 아버지는 성읍 사람들에게 할례를 받자고 설득하였고, 결국 모든 남자가 할례를 받았습니다. 그러나 셋째 날, 아직 아픔이 가시지 않은 상태에서 디나의 형제들인 시므온과 레위가 칼을 들고 성읍을 급습하여 모든 남자들을 처치했습니다. 그들은 세겜과 하몰을 포함한 모든 남자를 죽이고, 디나를 세겜의 집에서 데려왔습니다. 야곱의 다른 아들들도 함께 가서 성읍의 모든 재물을 빼앗고, 가축과 사람들을 사로잡았습니다. 그들은 디나를 더럽힌 세겜과 그의 백성들에게 복수를 한 것입니다. 하지만 야곱은 그들의 행동에 대해 깊이 걱정하며, 그들의 행동이 가나안과 브리스 족속에게 악취를 낳고, 그들이 힘을 합쳐 자신을 공격할 것을 우려했습니다. 그는 그들의 수가 적기 때문에 복수를 한 결과로 자신과 집안이 멸망할 수 있다는 두려움에 사로잡혔습니다. 이에 대해 시므온과 레위는, 그들이 누이를 창녀처럼 취급한 세겜에게 복수를 하는 것이 마땅하다고 응수하였습니다.

그 이후 창세기 39장에서는 아래와 같이 요셉이 보디발의 아내와 동침했다면, 야곱의 자식들은 아마도 멸절될 수도 있었을 것입니다.

[창세기 39장] 요셉이 이집트로 끌려갔고, 파라오의 신하인 친위 대장 이집트 사람 보디발이 그를 이끌고 온 이스마엘 사람의 손에서 요셉을 샀습니다. 여호와께서 요셉과 함께하시므로 그가 형통하게 되어, 그의 주인인 이집트 사람의 집에서 일하게 되었으며, 그의 주인은 여호와께서 그와 함께하시고, 그의 모든 일에 형통하게 하시는 것을 보았습니다. 요셉은 그의 주인에게 은혜를 입어 섬기게 되었고, 보디발은 요셉을 가정 총무로 삼고 자신의 모든 소유를 그의 손에 맡겼습니다. 그가

요셉에게 자기 집과 소유를 맡기기 시작한 이후, 여호와께서는 요셉을 위해 보디발의 집에 복을 내리셔서, 그 복이 그의 집과 밭에 있는 모든 소유에 미쳤습니다. 보디발은 그의 소유를 모두 요셉의 손에 맡기고, 자기가 먹는 음식 외에는 아무것도 간섭하지 않았습니다.

요셉은 용모가 아름답고 뛰어났습니다. 어느 날, 그의 주인의 아내가 요셉에게 유혹을 하며 동침하자고 청했으나, 요셉은 거절하며 이렇게 말했습니다. "내 주인이 집안의 모든 것을 내게 맡기셨고, 이 집에는 나보다 더 큰 이가 없으며, 그가 나에게 금하지 않은 것은 아무것도 없지만, 오직 당신뿐입니다. 당신은 그의 아내이기 때문에 내가 어떻게 이 큰 악을 행하여 하나님께 죄를 지을 수 있겠습니까?" 그 여인은 날마다 요셉에게 청했지만, 요셉은 끝내 거절하며 함께 있지 않았습니다. 어느 날, 요셉이 일을 하러 그 집에 들어갔을 때, 그 집에는 아무도 없었습니다. 그 여인이 그의 옷을 잡고 말했습니다. "나와 동침하자." 그러나 요셉은 옷을 그 여인의 손에 버려 두고 밖으로 도망쳤습니다. 그 여인은 요셉이 자기의 옷을 버리고 도망한 것을 보고, 그 집 사람들을 불러 말했습니다. "보세요, 주인이 히브리 사람을 우리에게 데려와서 우리를 희롱하게 합니다. 그가 나와 동침하려고 들어왔을 때, 내가 크게 소리 질렀고, 그가 내 소리를 듣고 옷을 남기고 도망쳤습니다."

그 여인은 요셉의 옷을 가지고 기다리며, 자신의 주인에게 돌아와 말했습니다. "당신이 데려온 히브리 종이 나를 희롱하려고 내게 들어왔습니다. 내가 소리 질렀고, 그가 내 소리를 듣고 옷을 남기고 도망쳤습니다."

그의 주인은 아내의 말을 듣고 크게 화가 났습니다. 그래서 요셉을 잡아 왕의 죄수를 가두는 곳에 던졌습니다. 그곳에서 요셉은 옥에 갇혔지만, 여호와께서 요셉과 함께하시며 그에게 자비를 베풀어 간수장에게 은혜를 받게 하셨습니다. 간수장은 옥에 있는 모든 죄수를 요셉의 손에 맡겼고, 요셉은 그들이 맡긴 모든 일을 처리했습니다. 간수장은 요셉에게 맡긴 일을 살펴보지 않았습니다. 이는 여호와께서 요셉과 함께하시고, 그를 모든 일에 형통하게 하셨기 때문입니다.

[잠언 6:32-35] 부녀와 간음하는 자는 지혜가 부족한 자이다. 이를 행하는 자는 자기 혼을 파멸시키고 상처와 치욕을 겪게 되며, 그의 수치는 지워지지 않을 것이다. 이는 남편이 질투와 분노로 그를 막게 만들 일이므로, 복수의 날에 그는 결코 용서하지 않을 것이다. 어떤 대가를 지불하더라도 그의 분노를 풀 수 없으며, 아무리 많은 선물을 준다 해도 그것을 받아들이지 않을 것이다. (해설: 이 구절은 간음이 가져올 수 있는 심각한 결과에 대해 경고합니다. 간음으로 인해 생겨난 상처와 고통이 개인뿐 아니라 그 후손에게까지 영향을 미칠 수 있음을 보여 주며, 부정한 행동은 결국 파멸과 불행을 초래할 수 있으니 이를 삼가야 한다는 교훈을 담고 있습니다.)

참고로 사무엘하 12:1-11은 인과응보의 원리를 명확하게 드러냅니다. 다윗이 저지른 죄에 대한 대가는 그가 상상했던 것 이상으로 큰 고통을 안겨 주었습니다. 그는 자신의 간음과 살인이라는 죄로 인해, 자식들의 불행과 갈등 속에서 계속해서 고통을 겪게 됩니다. 특히, 다윗과 밧세바 사이에서 태어난 첫 아들의 죽음은 그에게 깊은 슬픔과 후회로 다가왔고, 그 이후에는 자식들 간의 치명적인 다툼이 끊임없이 그의 삶을 괴롭혔습니다. 아들 압살롬의 반역과 그로 인한 비극적인 사건들은 다윗의 내면을 더욱 흔들리게 했으며, 그의 왕국에도 큰 영향을 미쳤습니다. 결국, 다윗의 죄로 인한 결과는 그저 개인적인 고통을 넘어서, 가족과 국가 모두에게 깊은 상처를 남기게 되었습니다.

[에스더] 이 이야기는 바빌론의 아하수에로왕에 대한 이야기입니다. 아하수에로왕은 인도에서 에티오피아까지 넓은 영토를 차지한 대제국을 통치했으며, 그 왕국 안에는 127개의 나라가 속해 있었습니다. 어느 날 왕후 와스디가 왕의 명령을 거절하자, 왕과 신하들이 왕의 명령을 어긴 것으로 선포되며 결국 왕후가 폐위됩니다. 이에 왕은 새로운 왕비를 선정해야 했고, 그 과정에서 에스더가 등장하게 됩니다.
한편, 이스라엘과 유대가 멸망한 후, 에스더는 삼촌인 모르드개의 손에 길러집니다. 모르드개는 부모를 잃은 에스더를 딸처럼 사랑하며 정성껏 돌봐 주었고, 왕의 내시 시아스가스는 에스더를 왕후 후보로 추천합니다. 왕은 에스더의 미모와 지혜에 마음을 빼앗겨, 결국 그녀를 왕비로 삼게 되었습니다.
그사이 왕국에서는 왕을 제거하려는 음모가 일어납니다. 빅단과 테레스라는 왕의 내시들이 왕을 죽이려고 했지만, 이 사실을 모르드개가 사전에 알게 되어 음모를 차단하게 됩니다. 그러나 그 공로는 결국 거만한 하만에게 돌아가게 되죠. 하만은 자신의 욕망이 끝이 없이 커져만 가며, 자신에게 인사를 하지 않는 모르드개를 죽이기로 결심합니다. 하지만 하나님은 그 모든 일을 다 보고 계셨고, 결국 왕은 하만의 음모를 알아내어 하만을 교수형에 처하게 됩니다.
이 사건 이후, 모르드개는 왕의 신임을 얻어 왕국의 실질적인 권력을 쥐게 됩니다. 그는 억압을 받던 유대인들을 잘 돌봐 주고, 유대인들의 구원을 다시 이끌어 냅니다. 나아가 모르드개는 왕위까지 승계하게 되며, 왕국은 평화를 되찾게 됩니다.

이 성경의 내용은 식민지 생활에서의 고난과 억압 속에서도 하나님께서는 자신의 백성을 지키시며, 그들이 계명을 지키고 하나님을 섬길 때 반드시 구원의 역사를 이루신다는 메시지를 전하고 있습니다.

열왕기상 18장에서는 특별한 인물인 오바댜가 등장합니다. 그는 당시 악명 높던 이세벨이 하나님을 섬기는 선지자들을 모두 죽이라는 명령을 내렸을 때, 자신의 생명을 걸고 이 명령에 저항했습니다. 오바댜는 100명의 선지자를 몰래 숨겨 그들의 목숨을 구했고, 이들을 두 그룹으로 나누어 동굴에 숨긴 뒤, 빵과 물을 공급하며 그들이 생존할 수 있도록 도왔습니다. 이러한 그의 믿음과 용기는 단순히 자신의 신념을 지킨 것을 넘어, 하나님의 뜻을 따르고 그의 백성을 보호하는 데 헌신한 놀라운 사례입니다.

오바댜의 이러한 행동은 하나님의 큰 복으로 이어졌습니다. 그는 하나님의 보호와 은혜를 누렸으며, 그의 행위는 후대에까지 용기와 믿음의 본보기로 남았습니다. 오바댜는 자신의 안전보다 하나님의 선지자들을 지키는 것을 우선시했으며, 이는 하나님께서 그의 삶에 풍성한 은혜와 축복을 베푸신 이유가 되었습니다. 그의 삶은 우리가 어려운 상황에서도 어떻게 하나님께 충성을 다할 수 있는지를 보여 주는 귀한 교훈입니다.

이와 같이, 성경의 내용은 전체적으로 인과응보와 권선징악의 원리를 중심으로 전개되는 경우가 많습니다. 하나님께서는 선을 행하는 자를 기뻐하시고, 악을 행하는 자를 심판하시는 분임을 반복적으로 보여주십니다. 이는 단순히 도덕적 교훈을 넘어, 사람이 하나님의 뜻에 따라 바르게 살아가야 함을 강조하는 핵심 메시지로 다가옵니다.

이러한 점에서 우리는 성경을 단순히 하나님과 나 사이의 관계에만 국한하지 말고, 사람들 사이에서 실천해야 할 중요한 도리, 즉 사랑과 자비의 본질을 배워야 합니다. 예수님께서도 이웃 사랑과 자비를 그의 가르침의 중심에 두셨습니다. 성경은 우리의 신앙이 단순한 의식이나 형식에 머무르지 않고, 실제 삶 속에서 다른 이들을 위한 사랑과 나눔으로 표현되어야 함을 가르칩니다.

결국, 성경은 하나님과의 관계뿐만 아니라, 인간이 서로를 어떻게 대해야 하는지를 알려 주는 중요한 지침서입니다. 성경의 대부분 이야기는 우리에게 그 교훈을 강하게 상기시킵니다. 우리가 예수님의 믿음과 용기를 본받아 어려운 상황에서도 하나님께 충실하며, 주변 사람들에게 사랑과 자비를 실천한다면, 사람이 살아가는 우리 사회도 좀 더 살기 좋고 행복해질 것이라고 믿습니다. 아울러 하나님께서도 우리 삶에도 풍성한 은혜를 베푸실 것입니다.

7-2) 일반인이 느끼는 하나님과 예수님

왜 교인들은 하나님께 기도하지 않고 예수님께 기도할까요? 이 질문을 교인들에게 던지면, 그들은 종종 명확하게 답하지 못합니다. 그 이유는 기독교 신학에서 삼위일체 교리와 예수님의 중보자 역할이 중심을 이루기 때문이며, 현대 기독교 설교와 신앙이 주로 신약 성경에 집중되어 있는 경향과도 관련이 있습니다. 또한 일부 교인들은 구약에서 하나님을 너무 엄격하고, 신약에서 예수님을 자애로운 존재로 인식하는 경향이 있는 것 같습니다.

　필자가 하나님의 도움으로 성경을 깊이 연구한 후 깨달은 것은, 구약과 신약이 궁극적으로 동일한 하나님의 메시지를 전하고 있다는 사실입니다. 구약과 신약의 핵심은 선하게 살고, 악을 멀리하며, 자비를 베풀라는 것이었습니다. 시대와 환경은 다르지만, 두 성경이 전하는 본질적인 메시지는 변하지 않았습니다. 구약과 신약의 차이점은 주로 죄에 대한 처벌에서 나타났습니다. 구약에서는 율법을 통해 죄에 대해 엄격히 처벌했지만, 신약에서는 그러한 처벌보다는 회개를 통한 성숙을 강조합니다. 그럼에도 구약의 핵심 메시지는 단순히 처벌이 아니라, 죄를 가볍게 여기지 말고, 죄를 범하지 말라는 것이었습니다.

　신약에서는 예수님께서 말씀하신 것처럼 내면의 마음과 영혼을 깨끗하게 해야 한다는 것이 중요합니다. 예를 들어, 예수님은 마음으로 간음한 것도 간음으로 간주하셨습니다. 이는 외적인 행동뿐만 아니라 내적인 변화를 요구하는 것입니다.

　결론적으로, 필자는 하나님과 예수님이 모두 엄하시면서도 자애로우신 분이라는 사실을 깨달았습니다. 하나님은 구약과 신약을 통해 일관되게 우리에게 선과 악을 구분하며, 진정한 회개와 내면의 변화를 요구하십니다.

　무신론자들도 성경을 꼭 한번 읽어 보시길 추천해 드리며, 읽으실 때는 구약부터 신약까지 전체를 꼭 혼자 힘으로 읽어 보시길 권장합니다. 누군가 대신 의미를 해석해 주는 것에 의존하기보다, 교리나 특정 관점에 치우치지 않은 중립적인 자세로 읽어 보신다면, 그동안 보지 못했던 새로운 깨달음과 깊은 통찰을 얻으실 수 있을 것입니다. 특히 구약에서도 하나님께서 얼마나 사람을 사랑하시고 그들과 함께하길 원하셨는지, 그분의 섬세한 사랑과 인내를 느낄 수 있습니다. 성경은 단순히 읽는 책이 아니라, 하나님의 마음을 직접 경험할 수 있는 통로가 되며, 스스로 탐구할 때 더욱 풍성한 은혜를 누릴 수 있습니다.

7-3) 율법이란

율법은 하나님께서 이스라엘 백성과 모든 인류를 위해 모세를 통해 주신 하나님의 명령과 가르침입니다. 이는 인간이 하나님과의 관계를 올바르게 맺고, 서로 간의 조화로운 삶을 살아가기 위해 주어진 규범입니다. 율법은 총 613개로 구성되어 있습니다. 율법 중 '하라'며 긍정적인 형태로 된 계명은 248개이고, '하지 말라'고 하는 부정적인 형태로 된 금지 계명은 365개입니다. 365는 1년을 뜻하며, 248은 태어났을 때의 뼈의 개수와 같습니다. 특히 율법에서 음식에 관한 규정이 많은데, 예를 들면 굽이 갈라진 고기를 먹지 말라고 하시고, 피 채 먹지 말라고 하신 부분이 있습니다. 성경을 보면 사람을 창조하신 후 초기의 사람들과는 달리 노아의 방주 후 사람의 수명이 급격히 줄어든 것을 알 수 있습니다. 노아의 방주 이후로 사람은 근친상간을 통하여 자손을 번성하게 됩니다. 이것은 유전적으로 좋지 않기 때문입니다. 이때부터 사람의 수명이 급격히 줄어들게 됩니다. 유전적으로 결함이 많다는 것입니다. 아울러 동물 역시 주로 암수 한 쌍으로 번식하게 되는데, 동물 역시 유전적 결함이 너무 많았습니다. 특히 굽이 갈라진 짐승의 고기에 대하여 말이 많았는데 먹지 말라고 하신 사유는 그것들은 기형이기 때문입니다. 그래서 율법에서는 못 먹는 음식에 대한 언급이 상당히 많습니다. 아울러 문둥병과 유출병에 대한 내용이 많습니다. 문둥병과 유출병 역시 사람 유전자에 대한 결함으로 나타난 병들입니다.

현재 일본에서는 사촌 간의 결혼이 법적으로 허용되고 있지만, 세계 대부분의 국가에서는 친족 간의 결혼을 법적으로 금지하고 있습니다. 이는 근친혼이 여전히 유전적인 문제를 초래할 가능성이 크기 때문입니다. 역사적으로 볼 때, 인류의 수명은 노아의 홍수 이후 급격히 감소했으나, 시간이 흐르면서 인간의 저항력과 면역 체계가 발달하면서 점차적으로 증가해 왔습니다. 이러한 변화는 마치 노아를 통해 시행된 하나님의 단죄가 인간의 육체에 영향을 끼쳤다가, 시간이 흐르며 점차 그 죄의 짐이 사함을 받고 있는 것과도 비슷합니다.

구약 성경에서 하나님께서 율법을 제정하신 이유 역시 이러한 맥락에서 이해할 수 있습니다. 율법은 단순한 규율이나 명령이 아니라, 사람의 삶을 질서 있게 유지하고 조화를 이루게 하며, 하나님의 뜻에 따라 살아가도록 인도하는 방편이었습니다. 율법의 본질은 사람을 보호하고 하나님의 사랑을 깨닫게 하는 데 있습니다.

특히, 하나님께서는 이집트에서 400년 동안 노예 생활에 길들여져 있던 이스라엘 백성을 구출하신 후, 그들을 다시 사람답게 변화시키고자 율법을 주셨습니다. 당시 이스라엘 민족은 노예로서 비주체적이고 비인격적이며 반짐승적인 삶에 익숙해져 있었기 때문에, 그들에게는 새로운 가치관과 삶의 기준이 절실히 필요했습니다. 하나님의 율법은 단순히 도덕적 기준을 세우는 것을 넘어, 그들의 신앙을 확립하고 사람다운 삶의 방향성을 제시했습니다. 이를 통해 이스라엘 백성은 하나님의 백성으로서 정체성을 가지게 되었으며, 질서 있고 체계적인 사회를 이루어 갈 수 있었습니다. 모세를 통해 하나님께서는 이러한 율법을 직접 전달하심으로써 이스라엘을 하나님의 백성으로 세우는 중요한 작업을 완성하셨습니다.

참고로 율법들의 속뜻을 찬찬히 보면, 유전적 결함이 많았던 사람을 보호하기 위하여 만드신 법이었으며, 오랜 노예 생활을 하여 짐승처럼 되어 있던 사회에서 도덕이 무엇인지 가르쳐 주기 위하여 만든 법이었습니다.

그러나 시간이 흐르면서 율법의 엄격한 조항들만으로는 인간의 내면적 성숙을 이끌어 내는 데 한계가 드러났습니다. 이에 하나님께서는 보다 성숙한 인격과 사랑의 가르침을 전하기 위해 예수님을 이 땅에 보내셨습니다. 예수님은 구약의 613개 율법을 단순히 없애거나 부정하신 것이 아니라, 그것을 완성하며 본질을 되새기게 하셨습니다. 예수님께서는 율법을 위반했을 때 즉각적인 처벌을 내리기보다, 스스로 자신의 잘못을 돌아보고 올바른 길로 돌아설 수 있는 기회를 주셨습니다. 또한, 예수님은 복잡한 613개의 율법을 요약하여 십계명으로 단순화하심으로써, 사람들이 더 본질적인 가치를 추구할 수 있도록 이끌어 주셨습니다.

예수님은 율법을 폐지하려는 것이 아니라 그 의미를 완성하러 오셨음을 분명히 하셨습니다. 마태복음 5:17에서 예수님은 "율법을 없애려고 온 것이 아니라 오히려 완성하러 왔다."라고 말씀하셨습니다. 이 말씀은 기존 율법의 중요성을 간과해서는 안 되며, 그 안에 담긴 하나님의 의도를 되새기고 실천해야 함을 강조한 것입니다.

오늘날 우리의 삶에서도 십계명의 가르침은 여전히 중요한 역할을 합니다. 하지만 인생을 살아가다 보면, 단지 십계명만이라도 철저히 지키는 것이 쉽지 않음을 깨닫게 됩니다. 나이가 들수록 우리의 한계와 연약함을 더 많이 느끼게 되지만, 그럼에도 불구하고 십계명을 지키기 위해 노력하는 것은 매우 중요합니다. 십계명을 지키는 것은 단순히 하나님께 순종하는 것을 넘어, 우리 자신을 더 나은 방향으로 이끌고, 하나님과의 관계를 깊게 하며, 이웃과의 관계 속에서도 사랑과 정의를 실현하는 길입니다. 결국, 십계명을 지키며 살아가는 삶은 하나님의 뜻 안에서 진정한 평화와 만족을 누리는 삶으로 나아가는 길입니다. 그것은 우리가 하나님의 백성으로서 추구해야 할 궁극적인 목표이며, 이를 통해 우리는 하나님과 이웃과의 올바른 관계를 지속적으로 세워 나갈 수 있을 것입니다.

7-4) 종교와 정치, 문화 그리고 우리의 삶

우리가 일상에서 주변 사람들과 자주 나누는 대화 주제 중 하나는 정치입니다. 특히 종교 모임이 끝난 후, 정치에 대한 이야기가 나오곤 합니다. 때로는 "정치는 관심이 없고, 종교 이야기만 하고 싶다."라고 말하는 사람들도 있습니다. 하지만 구약과 신약을 면밀히 살펴보면, 그 당시 사람들의 이야기도 사실 정치적이었습니다. 예를 들어, 모세가 이집트를 탈출하자고 할 때 그것도 정치였으며, 사무엘에서 신권 정치가 왕권 정치로 변해 가는 것도 정치적인 사건이었습니다. 또한 유대 가정에서 태어난 예수님이 유대교를 넘어서 모든 민족을 포용하겠다고 하신 것도 당시로서는 중요한 정치적 이슈였을 것입니다.

우리의 정치와 정치적 변화는 단순한 현재의 사건을 넘어, 우리의 삶 속에서 펼쳐지고 있는 살아 숨 쉬는 성경적 역사이며, 독특한 역사적 과정의 연장선이라고 생각합니다. 이는 우리가 그저 관망만 할 수 없는, 능동적으로 참여하고 책임을 다해야 할 영역입니다. 특히, 좋은 정치인과 리더를 선발하여 사회의 모든 구성원이 혜택을 누릴 수 있도록 하는 일은 신앙인으로서 가져야 할 중요한 사명이라 해도 과언이 아닙니다. 이는 단순히 정치적 선택의 문제가 아니라 우리의 믿음과 가치가 구체적으로 드러나는 중요한 실천의 장입니다.

그렇다면 '좋은 정치'란 무엇일까요? 저는 이를 정의하기 위해 몇 가지 핵심적인 기준이 필요하다고 생각합니다. 첫째, 모든 사람이 최소한 인간다운 삶을 살 수 있도록 의식주의 기본적인 문제를 해결하는 정치입니다. 둘째, 각 개인이 자신의 신념과 양심에 따라 종교의 자유를 누릴 수 있는 환경을 보장하는 정치입니다. 셋째, 법과 제도 아래 모든 시민이 차별 없이 평등하게 대우받을 수 있는 사회를 구현하는 정치입니다. 이러한 정치는 단순히 제도를 만드는 것을 넘어, 우리의 신앙적 가치와 윤리가 살아 있는 국가를 이루는 길이라고 생각합니다. 결국, 좋은 정치는 '정의롭고 사랑이 넘치는 공동체를 만드는 중요한 도구'이며, 그것을 이루기 위해 우리는 끊임없이 노력해야 할 것입니다.

한편, 정치에 대한 태도 역시 중요합니다. 내가 좋아하는 정치인에겐 관대하게 대하면서, 내가 싫어하는 정치인에게는 작은 잘못도 용서하지 않으려는 마음을 내려놓아야 합니다. 공정하고 균형 잡힌 시각으로 모든 정치인을 바라보는 자세가 필요합니다. 그리고 무엇보다, 누구나 자신의 노력으로 생계를 유지할 수 있는 기회를 제공하는 나라, 경제와 군사력이 강해 외부의 위협에 굴복하지 않고 진정한 평화를 이루는 나라가 좋은 정치의 이상이라고 할 수 있습니다.

이 모든 기준과 가치가 함께 실현될 때, 우리는 정의롭고 평화로운 사회를 만들어 갈 수 있을 것입니다.

성경에는 어떤 정치적인 상황이 있었는지 살펴보도록 하겠습니다. 성경을 읽을 때, 그 시대의 역사적 배경과 정치적 맥락을 염두에 두고 본다면 단순히 신앙이나 도덕적 교훈을 넘어 다양한 정치적 요소가 포함되어 있음을 발견할 수 있습니다. 그 시대 사람들의 시각에서 당시의 정치와 사회적 환경을 떠올리며 성경을 읽는다면, 본문의 의미를 더 바르게 해석하고 깊이 이해할 수 있을 것입니다.

[사무엘상 8:1-22] 사무엘이 나이를 먹으면서, 그의 아들들을 이스라엘의 재판관으로 세우니, 그의 첫째 아들은 요엘이고 둘째 아들은 아비야였다. 그들은 브엘세바에서 재판관이 되었으나, 아들들이 아버지의 길을 따르지 않고, 이익을 쫓아 뇌물을 취하고 부정한 판결을 내렸다.
이에 이스라엘의 모든 장로들이 라마에 모여 사무엘에게 와서 그에게 말했다. "당신은 나이가 많고, 아들들이 당신의 길을 따르지 않으니, 우리에게 다른 민족들과 같이 왕을 세워 다스리게 하소서." 이 요청이 사무엘에게는 마음에 들지 않았고, 사무엘은 하나님께 기도하였다.
하나님은 사무엘에게 말씀하셨다. "백성들이 네게 하는 말을 다 들어라. 그들이 너를 거역한 것이 아니라 나를 거역하고 있다는 것이다. 내가 그들을 이집트에서 인도한 날부터 지금까지 그들은 나를 버리고 다른 신들을 섬겼다. 그들이 너에게 하는 것 역시 그러하다. 그들에게 왕을 세워 주는 것은 허락하되, 그들에게 경고하고, 왕이 그들을 어떻게 다스릴 것인지 알게 하라."
그래서 사무엘은 백성에게 왕이 그들을 다스릴 방식에 대해 설명하였다. "왕은 너희의 아들들을 취해 병거와 기병을 두고, 일부는 병거 앞에서 달리게 하며, 너희 땅을 경작하고 수확을 거두게 할 것이다. 또 너희 딸들을 취해 향료 만드는 일과 음식을 만드는 일을 시킬 것이다. 너희의 가장 좋은 밭과 포도원, 올리브밭을 취해 자기 신하들에게 나누어 줄 것이다. 그는 너희의 곡식과 포도원에서 십일조를 받아 자기 신하들에게 나누어 줄 것이다. 또 너희의 종과 여종, 가장 잘생긴 청년과 나귀들을 취하여 일을 시킬 것이다. 너희 양의 십일조를 취해 너희는 그를 섬기게 될 것이다. 그날에 너희는 왕 때문에 부르짖을 것이나, 나는 그날에 너희를 듣지 않으리라."

그러나 백성은 사무엘의 경고를 듣지 않고, "우리는 왕을 두어 우리도 다른 민족들과 같아야 한다. 왕이 우리를 재판하고 우리의 싸움을 싸워야 한다."라고 말했다.

사무엘은 백성의 말을 듣고 하나님께 보고하였다. 하나님은 사무엘에게 "그들의 말을 들어주고 왕을 세워라."라고 하셨다. 사무엘은 백성에게 "각자 자기 성으로 돌아가라."라고 말했다. (해설: 사무엘 8장에서 이스라엘이 신정체제에서 왕정 체제로 변화한 것은 단순히 종교적 결정이 아니라, 당시의 정치적 상황에 대한 반응이었습니다. 이 전환은 그 시대의 국민들의 요구에 의하여 이루어진 것이었으며, 그 선택이 결국 나라를 파국으로 이끄는 시초가 되었다는 점을 알 수 있습니다.)

[다니엘 1:3-21] 왕이 내시 장관 아스페나스에게 이스라엘 자손 중에서 몇몇 소년들을 데려오라고 명령하였다. 그들은 흠이 없고 잘생기며 지혜와 지식에 능하며 과학에 뛰어난 소년들로, 왕궁에서 왕을 섬길 수 있는 능력을 갖춘 자들이었다. 이 소년들은 칼데아의 학문과 언어를 가르치기 위해 선택되었다. 왕은 이들에게 왕의 음식을 주고, 포도주도 제공하며, 삼 년 동안 그들을 훈련시켜 마지막에는 왕 앞에 서게 하려

했다. 이 소년들 중 유다 자손인 다니엘과 하나냐, 미사엘, 아사랴가 있었다.

내시 장관은 그들에게 새로운 이름을 주었으니, 다니엘은 벨트사살, 하나냐는 사드락, 미사엘은 메삭, 아사랴는 아벳느고라는 이름을 주었다. 그러나 다니엘은 왕의 음식을 먹거나 포도주를 마시며 자신을 더럽히지 않기로 결심하고 내시 장관에게 이를 요청하였다. 하나님은 다니엘에게 내시 장관의 호의와 은총을 주셨다.

내시 장관은 다니엘에게 말하였다. "왕이 정한 음식과 음료를 먹지 않으면, 너희들이 다른 소년들보다 못해 보일까 두렵다. 그렇게 되면 내 머리가 위태로워질 것이다." 이에 다니엘은 내시 장관이 그들을 감독하는 멜살에게 말하였다. "저희에게 열흘 동안 콩죽과 물을 주시고, 그 후에 우리 얼굴과 왕의 음식을 먹은 소년들의 얼굴을 비교해 보시고, 그 결과를 보고 결정해 주십시오."

멜살은 다니엘의 제안을 받아들여 열흘 동안 시험을 진행했다. 그 결과, 다니엘과 그의 친구들은 왕의 음식을 먹은 다른 소년들보다 더 건강하고 아름다워 보였다. 그래서 멜살은 왕의 음식을 그들에게 주지 않고 콩죽을 계속해서 제공했다.

하나님은 이 네 소년에게 지혜와 지식을 주셔서 모든 학문과 지혜에 뛰어나게 하셨으며, 다니엘은 환상과 꿈을 해석하는 능력도 가졌다. 삼년 후, 왕은 그들을 불러 시험하였고, 그들 가운데 다니엘과 그의 세 친구가 가장 뛰어난 것으로 평가되었다. 왕은 그들의 지혜가 자기 나라의 모든 마술사와 점성가들보다 열 배나 뛰어난 것을 알게 되었다. 다니엘은 코레스왕의 첫해까지 왕의 앞에서 계속 섬겼다. (해설: 바빌론 포로 시대의 다니엘과 세 친구들이 하나님의 율법을 지키기 위해 바빌론 왕국의 문화와 음식을 거부하는 결단을 내린 이야기입니다. 이들은 바빌론에서 제시된 귀족으로서의 특권과 문화적 압박에 굴하지 않고, 하나님의 뜻을 따르기로 결심합니다. 이 사건은 당시 사회적, 정치적 배경에서 큰 의미를 지니며, 그들의 신앙이 단지 개인적인 신념을 넘어서 문화적인 저항의 의미를 담고 있음을 보여 줍니다.)

이 성경의 내용을 참조하면, 우리는 정치와 문화에 무관심하기보다는 우리의 삶에 영향을 미칠 수 있기 때문에 정치가 올바른 방향으로 나아갈 수 있도록 관심을 가져야 한다는 교훈을 얻을 수 있습니다.

7-5) 질서와 평등 사이에서의 선택

성경을 평등에 관한 책으로 보는 사람들이 가끔 있습니다. 그러나 성경은 본질적으로 평등보다는, 질서와 자비에 관해 이야기하고 있습니다. 성경 속에서 언급되는 질서는 남편과 아내, 부모와 자식, 인간과 하나님, 백성과 군주 간의 질서를 포함합니다. 성경에 따르면, 자신이 가진 신분과 지위를 망각하고 무조건적인 평등을 주장하게 되면 결국 큰 화를 입은 사례들을 보여 줍니다.

하나님의 창조 질서를 어지럽히는 첫 번째 사건은, 선악과를 먹으라고 유혹한 뱀의 말에서 시작되었습니다. "이것을 먹으면 하나님처럼 지혜롭게 될 것이다."라는 유혹은 본질적으로 하나님과 동등해지려는 욕망이었습니다. 그 결과, 인간은 땅에서 고통스럽게 일하며 살아야 하는 존재가 되었고, 이 사건은 인간 역사에서 중요한 전환점을 이룹니다. 또한, 자식이 부모에게 효도하지 않으면 큰 문제로 이어지는 사례는 열왕기에서 찾을 수 있으며, 백성이 왕을 따르지 않으면 사회적 혼란과 시련이 생겼음을 역사 속에서 확인할 수 있습니다.

현재 우리의 사회는 어떤 모습일까요? 일부 극단적인 페미니즘 운동은 남녀 간의 평등을 지나치게 주장하는 방향으로 나아가고 있는 것 같습니다. 또, 특정 노동조합에서는 노동자와 사장의 급여가 같아야 한다고 주장하며, 학생과 교사의 인권을 동일하게 보고 지나치게 많은 권리를 학생에게 부여하는 현상도 있습니다.

성경은 평등을 지나치게 강조할 때 발생할 수 있는 부정적인 결과들에 관해 여러 사례를 통해 경고하고 있습니다. 지나친 평등 추구는 사회의 균형을 무너뜨리고, 백성들에게 큰 어려움을 가져올 위험이 있습니다. 예를 들어, 복지를 확대하기 위해 세금이 과도하게 증가하면, 개인의 자유와 선택이 제한되고 경제 성장의 동력이 약화될 수 있습니다. 이는 지나친 평등이 창의적이고 자율적인 경제 활동을 위축시키며, 개인의 적극적인 참여를 저해할 가능성이 있다는 점에서 주목할 만합니다. 이러한 현상은 역사적으로도 여러 나라에서 과도한 복지 정책이 사회적, 경제적 위기를 초래한 사례들을 통해 확인할 수 있습니다. 또한 내가 쟁취한 평등이 다른 사람들의 평등보다 못할 경우, 우리의 만족도는 현격히 떨어질 수밖에 없습니다. 성경에서도 작은 일에 만족하고 소중함을 깨닫는 삶이 중요하다고 강조합니다. 가족 간의 사랑이 우선이 되어야 하며, 그런 사회적 질서가 이루어지면 우리의 사회는 더 나은 모습으로 나아갈 수 있을 것입니다.

약 30년 전, 유럽에서 페미니즘 운동이 본격적으로 확산되며 여성들은 자신의 권리를 적극적으로 주장하기 시작했고, 이를 통해 일정 부분 변화된 삶을 살게 되었습니다. 하지만 과연 여성들이 그 주장 후 정말 더 행복한 삶을 살게 되었을까요? 유럽에서는 페미니즘의 영향으로 결혼이 줄어들고, 남성들이 결혼을 회피하는 경향이 커졌습니다. 이혼 후 막대한 위자료와 양육비로 인해 결혼 자체를 하지 않고 동거를 선택하는 경우가 늘어났습니다. 제가 약 20년 전, 유럽 여러 나라를 출장 갈 기회가 있었을 때, 한 유럽 여자 동료에게 "네 소원이 뭐냐?"라고 물었더니, "동거 중인 남자 친구가 결혼하자고 고백하는 것"이라고 말했습니다. 그때 저는 "아이가 둘이나 있는 네게 있어서 그게 뭐가 큰일이냐?"라고 말했지만, 그녀는 "그 말을 하면 남자 친구가 도망갈 확률이 크다."라고 말했습니다. 이유는 결혼 후 이혼하면 막대한 재산 분배와 위자료로 경제적으로 최저 임금보다 못한 삶을 살게 될 수도 있기 때문이라고 했습니다.

　이 이야기는 지나치게 평등을 주장할 경우 예상치 못한 부작용이 발생할 수 있음을 보여 줍니다. 또 다른 예로는, 사장의 월급과 노동자의 월급이 같아야 한다고 주장하는 이들도 있습니다. 그러나 지나친 요구로 인해 경쟁력이 떨어지고 결국 회사가 문을 닫는 경우를 많이 볼 수 있습니다. 이는 지나친 평등 추구가 오히려 사회와 경제에 부정적인 영향을 미칠 수 있음을 시사합니다.

　결론적으로, 성경은 우리가 평등을 지나치게 주장하기보다 각자의 역할과 위치에서 질서를 지키고 하나님이 주신 질서를 따를 때, 사회가 안정되고 개인도 행복을 누릴 수 있다는 중요한 교훈을 주고 있습니다.

[마태 8:5-13] 예수께서 카퍼나움에 들어가시니, 한 백부장이 그에게 다가와 간절히 구하며 말하기를, "주님, 제 종이 중풍으로 집에 누워 심한 고통을 겪고 있습니다."라고 하였다. 예수께서 그에게 말씀하시기를,

"내가 가서 그를 고쳐 주겠다."라고 하시자, 백부장이 대답하여 말하였다. "주님, 저는 주님께서 제 집에 오시는 것을 감당할 수 없습니다. 오직 말씀만 하시면 제 종이 나을 것입니다." (해설: 이 본문은 자신의 아픔만이 아니라, 남의 아픔까지도 소중히 여기라는 교훈을 전합니다. 종은 사람과 짐승의 중간 단계로 여겨졌지만, 그럼에도 불구하고 그 종의 아픔을 치유하려는 마음은 큰 자비를 보여 줍니다. 이 말씀은 또한 우리가 하나님께 기도할 때, 자신의 복음을 위해서만 기도하는 것이 아니라, 다른 사람을 위해 기도하는 사람이 되어야 함을 뜻합니다.)

[마태 8:9] 저도 권위 아래 있는 사람으로서 제 부하들에게 명령을 내리면 그들이 따르며, 제가 이 사람에게 가라고 하면 가고, 저 사람에게 오라고 하면 옵니다. 또한 제 종에게 무엇을 하라고 하면 그들이 그렇게 합니다. (해설: 이 구절은 성경에서 강조하는 '질서'의 중요성을 잘 보여 줍니다. 각자의 위치에서 최선을 다하고 질서를 지키는 것이 하나님께 다가가는 방법입니다. 내가 속한 질서를 잘 지키는 것이야말로 참된 신앙인의 모습이며, 하나님께 순종하고 감사하는 마음으로 살아가는 것이 중요합니다.)

[마태 15:27] 예수께서 이스라엘 사람만 구원하시려 하셨을 때, 여인이 자신의 딸이 악령에 시달리고 있음을 고백하며, '개들도 주인의 식탁에서 떨어지는 부스러기를 먹습니다'라고 말하였다. (해설: 이 구절은 하나님을 믿지 않는 사람에게도 선을 행해야 한다는 교훈을 전합니다. 여인은 이방인으로서, 예수께 자신의 딸을 고쳐 달라고 간구했지만, 예수는 그 여인의 믿음을 보고 그녀의 간구를 들어주셨습니다. 이는 평등을 강조하는 것이 아니라, 자비와 사랑의 행함이 필요함을 보여 줍니다.)

[말라기서 1:6] 자식이 아버지를 존경하고, 종이 주인을 존경하는 것이 당연하지 않겠느냐? 내가 아버지라면 어찌 내게 존경을 받지 않겠으며, 내가 주인이라면 어찌 내게 경외를 받지 않겠느냐? 만군의 여호와께서 제사장들에게 말씀하시기를, "너희가 내 이름을 멸시했다." 하시는데, 너희는 '우리가 어디서 주의 이름을 멸시했습니까?'라고 말하고 있다. (해설: 이 구절은 성경이 말하는 '질서'와 '책임'의 중요성을 다시금 일깨워 줍니다. 하나님은 인간에게 있어 아버지이자 주인의 위치에 계십니다. 따라서 자녀가 아버지를 공경하고, 종이 주인을 존중하듯 하나님 역시 마땅히 경외와 존경을 받으셔야 합니다. 그러나 제사장들은 하나님을 섬기는 자로서 그분의 이름을 멸시하였고, 이를 자각하지 못한 채 자신들의 잘못을 부인하고 있었습니다. 이 말씀은 하나님께 대한 존경과 경외를 잃어버린 제사장들을 꾸짖음으로써, 우리가 반드시 지켜야 할 신앙의 기본 태도를 가르쳐 줍니다. 하나님을 공경하고 경외하는 것은 단순한 의무를 넘어, 우리가 속한 공동체의 질서를 바로 세우는 핵심입니다. 또한, 이 구절은 성경이 단순히 평등을 강조하기보다 질서와 책임 그리고 자비를 중시함을 보여 줍니다. 하나님과 인간 사이에는 분명한 역할과 관계의 질서가 있으며, 이를 바르게 인식하고 실천할 때 올바른 신앙의 삶을 살아갈 수 있습니다.)

7-6) 알면서 저지른 죄와 모르고 저지른 죄

인생을 살아가면서 사람들은 종종 알면서 저지른 죄와 모르고 저지른 죄를 범하게 됩니다. 그런데 많은 사람들은 알면서 저지른 죄는 나쁜 죄로 여기고, 모르고 저지른 죄는 그 죄의 무게가 가볍거나 심지어 죄가 아니라고 생각하는 경향이 있습니다. 그러나 성경과 신앙의 깊은 가르침에 따르면, 모르고 저지른 죄도 결코 가볍지 않으며 그 자체로 심각한 결과를 초래할 수 있습니다.

알면서 저지른 죄

알면서 죄를 짓는 경우, 그 주된 이유는 탐욕이나 반복적으로 형성된 잘못된 습관에서 비롯됩니다. 탐욕으로 인해 양심은 이를 경고하지만, 몸과 마음은 그 경고를 무시하고 죄를 범하게 됩니다. 처음에는 죄책감을 느끼지만, 시간이 지나면서 반복적으로 죄를 지으면 죄책감도 무뎌지고, 결국 자아를 합리화하며 "이것은 큰 죄가 아니다."라고 스스로 최면을 걸기도 합니다. 그러나 이와 같은 행동이 계속되면, 결국 우리는 하나님 앞에서 부끄러운 모습을 드러내게 될 것입니다. 성경은 알면서 저지른 죄를 최소화하고, 그 죄를 피하라고 경고합니다.

모르고 저지른 죄

반면, 모르고 저지른 죄는 종종 자신이 죄를 범했다고 인식하지 못하는 경우가 많습니다. 그런데도 모르고 저지른 죄도 여전히 심각한 영향을 미칠 수 있습니다.

첫째, 상대방에게 피해를 줄 수 있습니다. 예를 들어, 운전자가 빗길에서 미끄러져 보행자를 사망에 이르게 할 경우, 고의가 없더라도 법적으로 책임을 져야 합니다. 이 사고로 인해 피해자의 가족은 사랑하는 이를 잃는 깊은 슬픔과 고통 속에서 살아가야 할지도 모릅니다. 또 다른 예로, 예수님을 십자가에 못 박게 만든 유대인들이나 중세 시대 마녀사냥에서처럼, 사람들은 종종 선동되어 악한 일을 저지르기도 합니다. 이처럼 모르고 저지른 죄도 그 크기를 가늠할 수 없을 만큼 심각할 수 있습니다.

둘째, 모르고 저지른 죄는 반성할 기회를 잃을 수 있습니다. 그 죄를 범한 사람은 자신이 잘못했다고 깨닫지 못한 채, 죽을 때까지 그 죄를 인식하지 못하고 떠날 수 있습니다. 예를 들어, 인민재판에 가담했던 사람들이나 중세 마녀사냥에서 동조했던 사람들은 자신이 정의로운 일을 했다고 오판하며 죽음을 맞이했습니다. 이들은 자신의 잘못을 회개하거나 피해자에게 용서를 구할 기회를 갖지 못한 채 생을 마감한 것입니다.

셋째, 모르고 저지른 죄는 그 죄의 결과로 가해자와 피해자가 동시에 될 수 있습니다. 피라미드식 다단계 사업을 예로 들 수 있습니다. 많은 사람들이 그럴듯한 명분에 현혹되어 사업에 참여하고 본인뿐만 아니라 다른 사람도 도움이 된다는 말에 현혹되어서 다른 사람들에게 이를 추천하기도 합니다. 그러나 결국 이 사업은 사기였으며, 사람들은 모두 가해자이자 피해자가 되는 상황에 처하게 됩니다. 이처럼 모르고 저지른 죄도 결국 자신에게 돌아오게 되며, 그 피해가 확산될 수 있습니다.

구약에서의 속건제와 속죄제

앞에서 말씀드린 것처럼 성경에서는 이와 같은 죄를 다루는 제도적 방법을 제시하고 있습니다. 구약에서는 속건제와 속죄제라는 제사를 통해, 우리가 모르고 저지른 죄와 알면서 저지른 죄에 대해 어떻게 해야 할지를 알려 주고 있습니다. 속건제는 모르고 저지른 죄에 대해 피해를 본 사람에게 보상을 하는 것으로, 그 가벼운 죄라도 신앙적으로 중요하다는 것을 보여 줍니다. 한편, 속죄제는 알면서 저지른 죄에 대해 그 죄를 고백하고 보상하는 방식입니다.

속건제와 속죄제의 차이는 보상 비율에서 나타납니다. 속죄제는 피해자에게 20%로 추가로 보상하는 반면, 속건제는 피해한 만큼만 보상합니다. 이는 모르고 저지른 죄도 결코 가벼운 것이 아님을 명확히 하고 있습니다.

1) **번제**: 수확이나 경사스러운 일이 있을 때 지내는 제사입니다. 제사를 지낸 후, 제물은 이웃들끼리 나누어 먹으며, 이는 공동체 간의 나눔과 협력을 강조하는 의미가 담겨 있습니다.

2) **속죄제**: 율법을 어기고 죄를 지었을 때 지내는 제사입니다. 속죄제에서 제물의 음식을 나누어 먹지 않고, 제사장만이 음식을 먹을 수 있었습니다. 이 규범은 제사장이 사람들에게 죄에 대해 자주 지적할 수 있기 때문에, 속죄제의 빈번한 발생을 방지하려는 목적도 있었던 것으로 보입니다. 중요한 점은, 속죄제의 핵심은 죄를 지은 사람이 스스로 자신의 죄를 인정하고 용서를 구하는 것에 있습니다. 죄의 용서를 구하기 위한 제사였기에, 외부의 지적보다는 본인의 반성이 선행되어야 했습니다. 속죄제의 경우, 상대방의 제물을 손상시킨 경우 20%를 추가하여 보상하고, 제사 비용도 지불하도록 규정되어 있었습니다.

3) **속건제**: 자신이 모르고 저지른 죄를 후에 알게 되었을 때 지내는 제

사입니다. 속건제에서는 제사장 외에는 제물의 음식을 나누어 먹지 않았습니다.

[레위기 5:17-20] 만일 어떤 사람이 여호와의 계명에 의해 금지된 일들 중 하나를 알지 못한 채로 행하여 죄를 범하였더라도, 그는 유죄이며 자신의 죄를 담당할 것이다. 그는 흠 없는 숫양을 떼에서 데려와 너의 평가대로 속건제물로 제사장에게 가져갈 것이니, 제사장은 그가 알지 못한 중에 범한 허물에 대해 속죄할 것이다. 그렇게 하면 그가 용서받을 것이다. 이는 속건제이니, 그가 분명히 여호와께 죄를 지은 것이다. (해설: 사람이 모르고 저지른 경우에도 이는 여호와를 거역한 잘못으로 간주됩니다. 금지된 일들 중 하나를 알지 못한 채로 행해 죄를 범하였더라도, 그는 유죄로 판결받아 자신의 죄를 담당해야 합니다. 여기에서 "너의 평가대로"라는 표현은 상대방에게 충분한 보상을 한 후 속건제 비용을 지불하고, 자신의 죄를 제사장에게 고하여 용서를 구하라는 의미입니다.)

결론적으로, 모르고 저지른 죄도 결코 가벼운 죄가 아니며, 그 자체로도 큰 영향을 미칠 수 있습니다. 성경은 우리에게 항상 깨어 있어야 한다고 가르칩니다. 알지 못하는 죄라도 그것이 죄가 될 수 있음을 인식하고, 항상 선한 길을 걷기 위해 노력해야 합니다. 우리는 모든 행동과 선택에서 신중하고 겸손하게 살아가야 하며, 하나님께서 우리에게 가르쳐 주신 질서와 책임을 따라야 합니다.

그래서 예수님께서도 모르고 저지른 죄 역시 사람들에게 일깨워 주라고 하신 것입니다.

[마태 18:15] 또한, 만약 네 형제가 너에게 잘못을 범하였다면, 가서 너와 그 사람만 있을 때 그의 잘못을 바로잡아 주어라. 만일 그가 네 말을 듣는다면, 너는 네 형제를 되찾은 것이다. (해설: 우리가 다른 사람의 잘못을 묵인하지 않고, 그들을 바로잡고 깨우치게 하라고 가르칩니다. 형제나 이웃이 잘못을 범했을 때, 그들에게 둘이 있을 때 직접적으로 그들의 잘못을 알려 주어야 하며, 이를 통해 그들이 돌아오고 회복할 수 있는 기회를 제공해야 합니다. 이렇게 할 때, 진정한 사랑과 형제애를 실천하는 것입니다.)

성경에서 이집트는 종종 잔인하고 포악한 나라로 묘사되지만, 창세기 12장에서의 이야기는 그 당시 이집트 왕이 하나님의 율법을 인식하고 그것을 따르려는 모습을 보여 줍니다. 아브라함이 아내 사라를 누이로 속였을 때, 이집트 왕 파라오는 사라를 아내로 취하려 했으나, 사라가 아브라함의 아내임을 알게 되어 취하지 않았습니다. 이 사건을 통해 이집트 왕은 하나님의 뜻을 인지하고, 죄를 짓지 않기 위해 즉각적인 조치를 취한 것을 볼 수 있습니다. 또한, 이 사건은 무지한 채 저지른 죄도 그 자체로 큰 죄가 될 수 있다는 중요한 교훈을 제공합니다.

[창세기 12:19] 무엇 때문에 네가 말하기를, "그녀는 내 누이입니다"라고 말했느냐? 그래서 내가 그녀를 아내로 삼을 뻔하지 않았느냐? 이제 보라, 네 아내를 데리고 가서 떠나라.
[창세기 20:9] 그때 아비멜렉이 아브라함을 불러 말하였다. "네가 여호와 앞에서 우리에게 무슨 일을 행하였느냐? 내가 너를 어떻게 거슬렀기에 네가 나와 내 나라에 여호와께서 보시기에 큰 죄를 가져왔느냐? 네

가 나에게 행한 일은 결코 여호와 앞에서 해서는 안 되는 일이었다."(해설: 이 사건은 모르고 저지른 간음이 큰 죄임을 보여 줍니다. 아비멜렉 왕은 그것을 피할 수 있었고, 하나님은 그에게 복을 주셨습니다. 이는 하나님께서 모르고 지은 죄도 짓지 않아야 함을 강조하였습니다.)

[욥기 15:31] 속은 자가 헛된 것을 믿지 않도록 하라. 헛된 것이 그에게 대가가 될 것이다. (해설: 이 구절은 사람들이 속지 않도록 경고하며, 사후 세계에서 속은 자는 허망한 결과를 맞이한다고 경고합니다. 또한, 자신이 속지 않도록 항상 깨어 있어야 한다는 교훈을 주고 있습니다.)

7-7) 헌금과 부자 이야기

사람이 살아가면서 가장 민감한 주제 중 하나는 바로 돈에 관한 이야기입니다. 피를 나눈 부모와 자식, 형제간에도 돈 앞에서는 종종 갈등을 빚는 모습을 볼 수 있습니다. 교회에서는 십일조에 대해 신도들에게 직간접적인 의무감을 부여하고 있으며, 이를 지키지 않으면 양심의 가책을 받게 되는 경우가 있습니다. 그중에서도 교회 헌금의 핵심이라고 할 수 있는 십일조에 대해 좀 더 깊이 살펴볼 필요가 있습니다.

십일조의 유래는 이스라엘 민족이 하나님의 역사로 인해 홍해를 건너고, 노예 생활에서 벗어나 광야로 나오게 된 사건과 연결됩니다. 비록 이스라엘 백성은 자유를 얻었지만, 그 당시의 삶은 매우 어려운 시기였을 것입니다. 광야에서는 먹을 것조차 부족하고, 안정적인 거처를 마련할 수 없었기 때문입니다. 우리가 잘 알고 있듯이, 이스라엘 사람들은 주로 양을 키우며 살아가는 유목민들이었습니다. 유목민에게 가장 중요한 자산은 바로 양이나 소와 같은 가축들이었습니다.

하나님께서는 유목 생활을 하는 이스라엘 민족에게 그들이 가장 소중하게 여기는 자산인 흠 없는 첫 번째 소출을 자신에게 바치라고 명령하셨습니다. 그런데 천지를 창조하고 모든 만물을 만드신 하나님께서, 왜 그들의 중요한 자산인 양의 첫 소출을 바치라고 하셨을까요? 우리는 이 명령의 내면에 숨겨진 깊은 의미를 이해할 필요가 있습니다.

하나님께서는 우리가 자신을 창조해 주신 것에 감사의 표시로 바치라고 한 것이 아니라, 사람들의 탐욕을 제어하고 최소한 1/10이라도 남에게 베풀도록 하기 위한 목적이 있었습니다. 즉, 십일조는 사람들의 탐욕을 없애고, 나누는 마음을 기르기 위한 하나님의 지혜적인 명령이었습니다. 또한, 제사장들은 유목 생활이나 농업에 종사하지 않았기 때문에 특별한 소득이 없었습니다. 그래서 하나님은 그들이 제사를 통해 얻은 소득을 함께 나누며 살아가도록 하신 것입니다.

앞서 언급한 바와 같이, 하나님께 바치는 제사는 크게 세 가지로 나눌 수 있습니다. 첫 번째는 번제, 두 번째는 속죄제, 세 번째는 속건제입니다. 고대 사회에서 식량은 가장 중요한 재산 중 하나였기에, 제사에서 사용된 제물은 각기 다른 의미와 규범에 따라 활용되었습니다.

하나님께서는 세 가지 종류의 제사 제도를 통해 신도들이 자신의 죄를 깨닫고, 탐욕을 버리며, 이웃과 나누는 삶을 살도록 인도하셨습니다. 십일조와 제사는 단순히 물질적인 의미를 넘어, 신앙의 깊이와 공동체 의식을 길러 주는 중요한 요소였음을 알 수 있습니다.

[출애굽기 13:12-13] 네가 모든 태(자궁)에서 난 것과 네가 가진 짐승 중에서 첫째 수컷을 여호와께 구별하여 드릴 것이니, 그 수컷들은 여호와의 것이 될 것이다. 그리고 모든 나귀의 첫 새끼는 어린 양으로 대신

할 것이며, 만약 대신하지 않으면 그 목을 꺾을 것이다. 또 네 자녀 중 첫째 아들도 반드시 대신할 것이다. (해설: 하나님은 제사를 드릴 때, 첫 소생의 수컷을 바치라고 명령하십니다. 이는 사람들에게 가장 소중한 자산을 하나님께 바치게 함으로써, 사람들의 탐욕을 억제하고 하나님의 뜻에 따라 살도록 하기 위함이었습니다.)

[출애굽기 16:18-20] 그들이 오멜이(약 2리터 정도의 용량)로 그것을 재었을 때, 많이 거둔 자는 남지 않았고, 적게 거둔 자는 부족함이 없었으니, 각 사람은 먹을 만큼만 거두었다. 모세가 말하기를, "아침까지 남겨 두지 말라." 하였다. 그들이 모세의 말에 귀 기울이지 않고, 일부는 그것을 아침까지 남겨 두었으며, 그 결과 벌레가 생기고 악취가 나자 모세가 그들에게 분노하였다. (해설: 하나님은 이스라엘 백성에게 매일 필요한 만큼만 거두라고 하셨지만, 사람들은 욕심을 부려 남겨 두었습니다. 결국, 그들이 남긴 음식은 벌레와 악취로 가득 차게 되었습니다. 이는 인간의 탐욕이 가져오는 불행을 상징합니다. 하나님은 우리가 필요한 만큼만 받고, 남은 것은 배부른 욕심을 버리도록 가르치십니다.)

[마태 23:23] 불행이 너희에게 있을 것이다, 서기관들과 바리새인들이여, 위선자들아! 너희는 민트와 회향, 근대의 십일조는 드리지만, 율법에서 더 중요한 것들인 공의와 자비, 믿음은 외면했다. 이런 것들을 실천하는 것이 마땅하지만, 그 다른 것도 버리지 말아야 할 것이다. (해설: 예수님은 서기관들과 바리새인들이 십일조를 바치는 데 너무 집착하면서, 하나님의 더 중요한 뜻인 공의, 자비, 믿음 등을 소홀히 했음을 꾸짖으셨습니다. 교회는 단순히 의무적인 십일조를 강조하는 것이 아니라, 하나님의 뜻에 맞는 공의와 자비, 믿음을 실천하는 데 더 큰 비중을 두어야 함

을 강조하셨습니다. 율법의 의무를 지키는 것만으로는 충분하지 않으며, 하나님의 진정한 뜻을 따라 살아야 한다는 교훈이 담겨 있습니다.)

부자는 천국에 갈 수 없는가?

필자의 견해로는 부자도 천국에 갈 수 있습니다. 성경에서 "부자가 낙타가 바늘구멍에 들어가는 것보다 더 어려운"이라고 언급된 것은, 물질적 풍요로 인해 영적인 세계를 등한시하거나, 가진 것을 나누지 않는 사람들을 지적하는 말씀입니다. 즉, 많은 사람들이 자신이 가진 것에 비해 나누지 않고, 자비보다는 탐욕을 따르는 경향이 있기 때문에 부자가 천국에 가는 것이 어려울 수 있다는 것입니다.

이와 유사한 사례를 쉽게 접할 수 있습니다. 예를 들어, 가난한 삶을 살다가 로또에 당첨되어 갑자기 풍족한 삶을 살게 된 사람들의 이야기가 종종 등장합니다. 하지만 60% 이상의 당첨자들은 오히려 로또 당첨 전보다 더 어려운 삶을 살아간다고 합니다. 그 이유는 무엇일까요? 가난할 때는 돈이 생기면 선한 일을 하고 좀 더 나은 삶을 살겠다고 결심하지만, 실제로 돈을 가지게 되면 그 마음은 변하게 되고, 탐욕과 향락을 추구하게 되기 때문입니다. 결국 돈을 잃고, 건강을 잃고, 주변 사람들과의 관계도 끊어지는 경우도 많습니다.

우리가 현명하게 깨어 있지 않으면, 그 선한 마음이 금방 흐려질 수 있습니다. 단지 부자가 천국에 갈 수 없다는 것이 아니라, 부자가 되었을 때 선한 삶을 살기보다는 탐욕과 향락에 빠지기 쉬운 사람들이 많기 때문입니다. 사람들은 흔히 '가난할 때 부자가 되면 착한 삶을 살겠다'라며 다짐하지만, 실제로 부자가 되면 탐욕에 휘둘려 처음의 다짐을 쉽게 잊고, 결국 쾌락에 빠지는 경우가 많습니다.

[잠언 14:20] 가난한 자는 그의 이웃에게조차 미움을 받지만, 부유한 자는 많은 친구를 둔다. (해설: 반면, 가난하다고 해서 모두 천국에 갈 확률이 높은 것은 아닙니다. 사실 천국으로 갈 수 있는 가장 좋은 포지션은 중산층이라고 할 수 있습니다. 가난한 사람들은 하루하루를 먹고 사는 문제로 바빠서 선이 무엇인지 깨닫기 어려운 경우도 많습니다. 대부분 가난한 사람들은 육신적인 삶에 매달려 영적인 삶을 사는 데 어려움을 겪습니다. 부유한 사람들은 종종 교만과 탐욕에 빠지기 쉽고, 그로 인해 하나님과의 관계가 멀어질 위험에 처할 수 있습니다. 그래서 결국 천국에 갈 확률이 높은 사람은 부자가 아니라, 먹고사는 문제가 해결된 중산층 사람들입니다. 이는 사탄이 중산층을 파괴하려는 이유와 관련이 있습니다. 사탄은 중산층을 없애고 가난한 사람들과 일부 부유한 사람들만 남기려 하며, 이를 통해 사람들을 하나님과의 관계에서 멀어지게 만듭니다.)

7-8) 구약에서 왜 우상 숭배가 없어지지 않았나?

구약에서 반복적으로 등장하는 문제 중 하나가 바로 우상 숭배입니다. 대표적인 우상으로는 바알과 아세라 그리고 금송아지 등이 있습니다. 현대인들은 이러한 우상들을 보고 '미개하다' 혹은 '이해할 수 없다'라는 반응을 보이기도 합니다. 하지만 구약을 자세히 살펴보면, 우상 숭배는 단순히 미신적인 행동에 그치지 않고, 그 당시 사람들의 신앙과 깊은 관련이 있었습니다. 이들은 우상을 숭배할 때, 자신의 염원이 이루어질 것이라는 믿음에 따라 움직였기 때문입니다. 그들은 우상이 자신들의 문제를 해결해 줄 것이라고 믿었던 것입니다.

구약을 보면, 바알과 아세라를 숭배하는 사람들이 나타나고, 그 우상들을 없애려는 선지자들이 등장하지만, 시간이 지나면서 또 다른 세대에서 그 우상 숭배가 반복됩니다. 그 이유는 그들이 숭배한 우상이 '빌기만 하면 원하는 것이 이루어진다'라는 기복적인 믿음에 바탕을 두었기 때문입니다. 사람들은 하나님께서 주신 율법(613개의 율법)을 지키는 것이 매우 어려운 일이었고, 대신 바알이나 아세라에게 절만 하면 소원이 이루어진다고 믿었기 때문에 계속해서 우상을 숭배하게 되었습니다.

앞에서 잠시 언급한 것처럼 구약에서 모세의 율법은 총 613개로, '하라'와 '하지 말라'는 구체적인 명령이 담겨 있습니다. 이 율법을 준수하는 것은 당시 사람들에게 매우 큰 부담이었을 것입니다. (※ 율법은 하나님께서 모세를 통해 이스라엘 백성에게 주신 법적·도덕적 지침입니다.) 그러나 누군가가 바알이나 아세라에게 절만 하면 원하는 것을 얻을 수 있다고 말한다면, 사람들은 쉽게 현혹될 수 있었습니다. 예를 들어, '자녀가 없다면 바알에게 절만 하세요. 그러면 자녀를 낳을 수 있습니다'라는 식으로 사람들이 우상 숭배에 참여하도록 유도되곤 했습니다.

이처럼 구약에서 우상 숭배와의 반복적인 갈등이 지속된 이유는 인간의 본성이 기복 신앙에 뿌리를 두고 있었기 때문입니다. 사람들은 하나님과의 관계를 물질적이고 즉각적인 필요에 맞추어 해석하며, 당장의 이익을 추구하려는 경향이 있었습니다.

또한 구약 시절 우상 숭배의 문제점 중 하나는, 이를 주도하는 종교 지도자들이 대가를 요구했다는 것입니다. 바알과 아세라를 믿으라고 요구한 종교 지도자들은 대가로 돈이나 심지어 인신 제사를 요구하기도 했습니다. 실제로 인신 제사는 고대 사회에서 널리 퍼져 있었으며, 한국의 구전 동화인 심청이 이야기나 제갈공명의 만두 이야기도 이를 잘 보여 줍니다. 하나님께서는 성경에서 이러한 우상 숭배 행위가 미래를 바꾸지 않을 뿐만 아니라, 그러한 행위를 엄벌하셨습니다.

현재 우리의 신앙은 어떤가요?

오늘날 우리가 믿고 따르는 신앙도 비슷한 점이 있을 수 있습니다. 예를 들어, 성경에 명시되지 않은 교리를 만들어 내어 교리 안에 갇히게 만들고 있지는 않은지 돌아볼 필요가 있습니다. "예수만 믿으면 천국에 갑니다.", "아무리 죄를 지어도 예수님이 다 용서해 주십니다."와 같이 단순화된 교리들이 실제로 사람들에게 전해지고 있습니다. 또한 "헌금을 잘하면 70배, 100배로 돌려받을 것"이라거나 "진실로 기도하면 예수님께서 다 들어주신다."라는 믿음도 쉽게 접할 수 있습니다.

여기서 중요한 점은 우리가 믿고 있는 신앙이 바알이나 아세라에게 절하며 원하는 것을 이루는 방식과 본질적으로 비슷할 수 있다는 것입니다. 예를 들어, "예수 이름만 외치면 죄 사함을 받는다."란 교리와 바알이나 아세라의 기복적인 신앙은 근본적인 차이가 있을까요? 본질적으로 기복 신앙에만 치우친 신앙은, 우상 숭배와 유사할 수 있다는 점을 우리는 인식해야 합니다.

기복 위주의 신앙의 위험성

필자는 종교가 사람들을 깨우고 선한 삶을 이끌며 악을 멀리하게 하는 중요한 역할을 해야 한다고 믿습니다. 하지만 오늘날 일부 신앙이 기복적인 믿음에 치우쳐 있는 현실을 개선할 필요가 있다고 생각합니다. 마태복음에서 예수님은 "주여, 주여" 하는 자들에게 "나는 그들을 모른다."라고 말씀하셨습니다. 이는 단순히 예수님의 이름을 부른다고 해서 구원에 이르는 것이 아니라, 진정한 신앙은 기복적이거나 형식적인 것이 아니라 하나님의 뜻을 따르며 살아가는 것임을 경고하는 말씀입니다. 따라서 우리는 진정한 신앙을 갖추어야 하며, 기복적인 신앙에 빠지지 않도록 끊임없이 경계하고 하나님의 뜻을 실천하는 삶을 살아야 합니다.

사람이라면 누구나 소망과 바람을 가지기 마련입니다. 자식이 아프면, 설령 그 소원이 이루어지지 않을 가능성이 높더라도, 우리는 0.1%의 희망을 품고 종교에 의탁하게 됩니다. 저는 예수님이 메시아라고 믿는 여러 이유 중 하나는 우리가 하나님께 기도하는 방법을 알게 되었다는 점입니다. 그전까지 우리는 하나님을 "여호와(YHWH(יהוה)/라틴: Jehovah/히브리어: Yahweh)"라고 부르며, 그 이름은 너무 고귀하고 거룩해서 가까이하기 어려운 존재로 여겨졌습니다. 하지만 예수님은 우리에게 하나님을 '아버지'라고 부를 수 있도록 가르쳐 주셨고, 이는 우리가 창조주께 직접 다가가 우리의 염원을 전할 수 있게 해 주는 길을 열어 주신 것입니다. 고대 이방 종교에서 우상에게 기도하고 대가를 요구하던 종교 지도자들과 달리, 예수님은 우리에게 하나님과의 관계를 새롭게 정의하고, 그분과의 친밀한 교제를 가능하게 하신 분이라고 믿습니다.

[마태 7:21-29] "주여, 주여"라고 부르는 사람 모두가 천국에 들어가는 것은 아니다. 하늘에 계신 내 아버지의 뜻을 실천하는 사람만이 들어갈 수 있다. 그날에 많은 사람들이 나에게 말할 것이다. "주여, 주여, 우리가 주의 이름으로 예언하지 않았나요? 주의 이름으로 귀신을 쫓아내지 않았나요? 주의 이름으로 많은 기적을 행하지 않았나요?" 그때 나는 그들에게 분명히 말할 것이다. "나는 너희를 전혀 모른다. 불법을 행하는 사람들아, 내게서 떠나가라. 그러므로 내 말을 듣고 실천하는 사람은 집을 바위 위에 지은 지혜로운 사람과 같아서, 비가 내리고 홍수가 나며 바람이 불어도 그 집은 무너지지 않는다. 그 집이 바위 위에 세워졌기 때문이다. 하지만 내 말을 듣고도 실천하지 않는 사람은 집을 모래 위에 지은 어리석은 사람과 같아서, 비가 내리고 홍수가 나며 바람이 불면 그 집은 무너지고 그 무너짐은 매우 심하다." 예수께서 이 말을 마치시자, 사람들이 그의 가르침에 놀랐다. 왜냐하면 그는 서기관들과 다르게 권위 있는 방식으로 가르치셨기 때문이다.

아울러 자신의 어머니인 마리아가 예수님을 찾아와도 "누가 내 어머니냐."라고 하셨던 것처럼 자신의 가족 누구에게 우상 숭배하는 것도 원천 차단하셨다고 생각합니다.

[마태 12:46-50, 마가 3:31-35, 누가 8:19-21] 누가 내 어머니이며 누가 내 형제들이더냐?
[마가 3:34-35] 그가 둘러보시며 그 주위에 앉아 있는 자들을 보시고

말씀하시기를, '보라, 내 어머니와 내 형제들이라!' 하시며, '하나님의 뜻을 행하는 자가 곧 내 형제이며, 자매이고, 어머니다.

[요한계시록 2:19-20] 나는 네가 행한 일들과 사랑과 섬김과 믿음과 인내 그리고 네가 행한 일들을 안다. 네가 처음보다 나중에 더 많이 행한 것도 알고 있다. 그러나 내가 너에게 조금 불만이 있는 것은 네가 자칭 선지자라 하는 이세벨을 용납하고, 그 여자가 내 종들을 가르쳐 음행하게 하고 우상에게 바친 것들을 먹게 하는 것을 허락했기 때문이다. (해설: 예수님은 두아디라 교회의 잘한 점을 인정하시면서도, 교회 내에서 잘못된 가르침을 따르고 있는 문제를 지적하십니다. 이세벨이라는 여인은 교인들을 음행과 우상 숭배로 이끌고 있었고, 예수님은 이러한 잘못된 교훈을 교회 내에서 비슷하게 하거나 용납하는 것을 경고하십니다. 하나님은 교회가 정결하고 진리 안에서 살아가기를 원하십니다. 따라서 예수님은 교회가 하나님의 뜻을 따르고 잘못된 가르침을 멀리해야 한다고 강조하십니다.)

기존에 알고 있던 정보와 새로운 정보가 서로 다를 때,
우리는 근거와 배경을 면밀히 살펴볼 용기를 가져야 합니다.

An open mind gathers wisdom,
while a closed mind collects dust.
열린 마음은 지혜를 모으고, 닫힌 마음은 먼지를 쌓는다.

— 동양 속담

8. 사람, 그리고 예수

　필자는 예수님을 하나님의 선택받은 아들이자, 하나님의 뜻을 사람들에게 전한 메시아로 생각합니다. 그러나 현재 기독교에서 주장하는 예수님이 하나님과 동일한 신적 존재라는 주장은 받아들일 수 없습니다. 그럼에도 불구하고, 예수님이 하나님께서 보내신 메시아라는 점에 대해서는 확신을 가지고 있습니다.
　우리에게 필요한 메시아는 단순히 우리가 잘못한 일을 대신 사죄해 주는 분이나, 믿음만으로 천국에 갈 수 있게 해 주는 보증 수표 같은 존재가 아닙니다. 진정한 메시아는 사람으로서 우리가 지켜야 할 도리와 율법을 준수할 수 있도록 이끌어 주시는 분이어야 합니다. 또한, 메시아는 우리가 이기적인 욕심을 버리고, 이웃을 사랑하며 용서하는 법을 가르쳐 주시고, 궁극적으로 영적인 성장을 이루도록 돕는 사랑의 교훈을 전하는 분이어야 한다고 생각합니다.
　이러한 제 생각은 성경의 내용과 그 정황뿐만 아니라, 성경 외의 다양한 역사적, 신학적 증거들을 바탕으로 한 개인적인 판단입니다. 또한, 제 관점은 메시아가 아직 오지 않았다고 믿고 기다리고 있는 유대교의 관점과는 전혀 다르다는 점을 분명히 말씀드리고자 합니다.

8-1) 예수와 그의 가족들

예수가 요셉과 마리아의 아들로 태어났다고 주장하면, 이는 기독교인들에게 이단으로 취급될 수 있습니다. 삼위일체 교리에 따르면, 예수는 단순한 인간이 아니라 신이며, 여자의 난자만으로 태어난 신격화된 존재로 이해되기 때문입니다.

그런데도 예수가 실제로 사람의 삶을 살았다는 증거는 계속해서 드러나고 있습니다. 성경에서 중요한 점은 인물들의 '족보'입니다. 이는 그 인물들이 누구의 자손인지, 어느 가문에서 태어났는지를 알려 줍니다. 예를 들어, 마태복음 1:1에서는 요셉이 아브라함의 41대손이고, 예수가 요셉의 아들로서 아브라함의 42대손임을 명시합니다. 만약 예수가 마리아의 난자만으로 태어났다면, 마리아의 족보로 기록되어야 했습니다. 하지만 성경에서는 마리아의 족보는 언급되지 않고, 마리아는 성령으로 잉태한 존재로만 설명됩니다.

혹자는 여성이라서 족보가 나오지 않는다고 주장할 수 있지만, 사라, 리브가, 다말, 라합, 룻, 밧세바, 미리암, 에스더 등 중요한 여자들의 족보는 성경에 명확히 언급되어 있습니다. 반면, 예수의 경우 성경은 그가 사람으로 태어난 인물임을 강조하면서도 마리아의 족보를 제시하지 않습니다. 이는 요셉이 예수의 친부이고, 마리아는 그 친부의 아내라는 것을 의미합니다. 만약 예수가 요셉의 아들이 아니라면, 성경에서는 마리아의 족보를 반드시 기록했어야 합니다.

결국 성경에서 마리아의 족보가 없다는 것은 예수가 요셉의 친자임을 강조하는 증거로 볼 수 있습니다.

가) 성경 족보

[마태 1:1-17] 예수 그리스도의 계보(족보), 다윗의 아들, 아브라함의 아들 예수 그리스도의 족보를 기록하노라. 아브라함이 이삭을 낳고, 이삭이 야곱을 낳고, 야곱이 유다와 그의 형제들을 낳았으며, 유다가 다말에게서 베레스와 세라를 낳고, 베레스가 헤스론을 낳고, 헤스론이 아람을 낳고, 아람이 아미나답을 낳고, 아미나답이 나손을 낳고, 나손이 살몬을 낳고, 살몬이 라합에게서 보아스를 낳고, 보아스가 룻에게서 오벳을 낳고, 오벳이 이새를 낳고, 이새가 다윗왕을 낳았고, 다윗왕이 우리아의 아내에게서 솔로몬을 낳았으며, 솔로몬이 르호보암을 낳고, 르호보암이 아비야를 낳고, 아비야가 아사를 낳고, 아사가 여호사밧을 낳고, 여호사밧이 요람을 낳고, 요람이 웃시야를 낳고, 웃시야가 요담을 낳고, 요담이 아하스는 낳고, 아하스가 히스기야를 낳고, 히스기야가 므낫세를 낳고, 므낫세가 아몬을 낳고, 아몬이 요시야를 낳고, 요시야가 바벨론으로 사로잡혀 갈 때, 여고냐와 그의 형제들을 낳았으며, 그들이 바벨론에 사로잡혀 간 후 여고냐가 스알디엘을 낳고, 스알디엘이 스룹바벨을 낳고, 스룹바벨이 아비우스를 낳고, 아비우스가 엘리야김을 낳고, 엘리야김이 아소르를 낳고, 아소르가 사독을 낳고, 사독이 아킴을 낳고, 아킴이 엘리우드를 낳고, 엘리우드가 엘르아자르를 낳고, 엘르아자르가 맛단을 낳고, 맛단이 야곱을 낳고, 야곱이 마리아의 남편 요셉을 낳았으며, 마리아에게서 그리스도라 칭하는 예수께서 태어나셨습니다. 그러므로 아브라함부터 다윗까지 14대, 다윗부터 바벨론으로 포로로 사로잡혀 갈 때까지 14대, 바벨론에서 그리스도까지 14대가 이어집니다.

성경의 이 구절을 통해서 예수님은 요셉과 마리아 사이에서 태어난, 생물학적으로 '사람 예수'라고 판단됩니다. 아울러 과학적으로 볼 때 여자의 난자만으로 새로운 생명이 형성될 수는 없다는 점을 고려할 필요가 있습니다.

나) 탄생 및 오번역

킹 제임스 성경에서 예수를 "Only Begotten Son"이라고 표현하고 있습니다. 이를 성경에서는 "독생자"로 번역하고 있으며 신학적 용어입니다. "독생자"라는 표현은 '홀로' 혹은 '홀어머니'라는 뜻의 '홀로 독'과 '날 생' 자가 결합된 단어로, 성경에서 예수는 성령과 함께 어머니 혼자 낳은 사람으로 해석됩니다.

하지만 "Gotten"은 'Get'의 과거 분사 형태로, '얻다'라는 의미를 가지고 있으며, 이는 수동태로 사용되어 어떤 능력이나 예정이 주어진 사람을 나타냅니다. 물론, 이 능력이나 예정의 주체는 하나님입니다. 따라서 예수님을 신격화하기 위해 한글 성경과 중국 성경에서 "독생자"라고 번역한 것은 명백한 오번역입니다. 원어에는 '태어나다' 혹은 '낳다'와 관련된 단어가 전혀 없는데도 불구하고, "독생자"라는 번역이 사용된 것입니다.

영어를 잘 아는 사람들에게 이 구절을 해석해 보라고 하면, "부여받은 자" 혹은 "예정된 자"라는 의미로 해석될 것입니다. 필자 또한 영문 성경을 확인했을 때, 예수가 예정된 존재임을 즉시 알 수 있었습니다. 히브리어 원어 성경을 해석해 보면, 예수는 "하나님의 예정된 아들"로 표현된다는 것을 알 수 있습니다.

[KJV 요한 3:16] For God so loved the world, that he gave his only begotten Son, that whosoever believeth in him should not perish, but have everlasting life.

(고대 그리스어 원문: "Οὕτως γὰρ ἠγάπησεν ὁ θεὸς τὸν κόσμον, ὥστε τὸν υἱὸν τὸν μονογενῆ ἔδωκεν, ἵνα πᾶς ὁ πιστεύων εἰς αὐτὸν μὴ ἀπόληται ἀλλὰ ἔχῃ ζωὴν αἰώνιον.")

다) 세례와 영적 수련

일부 교회에서는 남자의 씨가 없으므로 예수님에게 원죄가 없다고 주장합니다. 그렇다면 여자들은 원죄가 전혀 없는 존재일까요? 성경에 따르면, 아담을 꾀어 선악과를 먹게 한 존재는 하와(이브)였으므로 그들의 원죄는 남자보다 더 크다고 할 수 있습니다. 또한 성령으로 잉태되었다고 해서 예수님에게 원죄가 없다는 주장에는 의문이 제기됩니다. 성령과 마리아가 잉태했을지라도 마리아는 인간으로서 원죄를 가지고 있었기 때문에 이 주장에는 논리적인 문제가 있습니다. 만약 원죄가 없다면, 왜 세례자 요한에게서 세례를 받아야 했을까요? (세례의 행위는 죄를 씻는 행위로 신앙의 새출발을 의미합니다.)

또한, 예수께서 30살이 될 때까지 주변 사람들이 그가 메시아임을 모르고 있었을까요? 예수님은 아마도 더 어린 나이에 영적인 능력을 이미 발휘하셨을 것입니다. 그렇다면 40일간의 광야 체험도 왜 필요했을까요? 하나님께서 예수님에게 이미 영적인 능력을 내재시키셨다면, 굳이 깨달음을 얻기 위한 수련이 필요했을까요?

[마태 1:18] 예수 그리스도의 태어남은 이와 같았으니, 그의 어머니 마리아가 요셉과 약혼하였으나, 그들이 함께 살기 전에 성령으로 인하여 잉태된 사실이 드러났다. (해설: 요셉과 마리아가 결혼 전에 마리아에게 성령이 임하신 것은 분명 사실입니다. 그러나 성경의 내용을 살펴보면, 저는 요셉과 마리아가 결혼 전에 관계를 맺었고, 그로 인해 마리아가 아이를 잉태했다고 생각합니다. 당시 유대 율법에 따르면 이는 큰 문제였기 때문에 요셉과 마리아는 심각한 고민에 빠졌습니다. 이때 천사가 그들에게 나타나, 두려움을 덜어 주며 마리아가 아이를 낳을 것을 지시한 것으로 보입니다. 성경에는 이러한 사실이 조금 변형되어 기록된 것으로 이해할 수 있습니다.)

[마태 1:19] 그때 마리아의 남편 요셉은 의로운 사람이었으므로, 그녀를 공개적인 표본으로 만들기를 원하지 않았고, 조용히 그녀를 떠나보내려고 마음먹었다. (해설: 요셉은 마리아가 임신한 상황을 걱정하며 어떻게 할지 고민했습니다. 당시 구약 율법에 따르면 결혼 전 성관계는 간음으로 간주하여 사형에 처해질 수 있었습니다. 그래서 요셉은 마리아를 은밀히 떠나보낼 계획을 세웠다고 보여집니다.)

[마태 1:21] 그녀가 아들을 낳을 것이며, 네가 그의 이름을 예수라 하여 부를 것이다. 이는 그가 자기 백성을 그들의 죄에서 구원할 것이기 때문이다.

라) 막달라 마리아

십자가 처형 후 제일 먼저 무덤에 도착한 사람

예수님의 처형 사건 당시, 그의 수제자였던 베드로조차 예수님과의 관계를 부인하며, 자신이 내란죄나 반역죄로 잡힐까 두려워 새벽이 오기 전, 예수님을 세 번 부인했습니다. 다른 제자들도 마찬가지로 예수님과의 관계를 숨기며, 그 누구도 예수님의 처형 후 그와 관련된 어떠한 행동을 하지 않았습니다. 그들은 예수님을 따르던 큰 용기와 신념을 잃고, 두려움과 혼란 속에 숨기만 했습니다. 그러나 예수님 사후, 가장 먼저 무덤에 찾아온 사람은 막달라 마리아였습니다. 그녀는 예수님의 공식적인 제자도 아니었고, 예수님의 아내로 알려진 바도 없었습니다. 그런데도 그녀가 예수님의 무덤을 가장 먼저 찾은 사실은 상식적으로 이해하기 어려운 점이 많습니다. 왜 그녀가 다른 제자들보다 먼저 예수님의 시신을 보기 위해 무덤에 왔을까요? 이는 단순한 호기심이나 우연이 아니라, 막달라 마리아와 예수님 사이의 특별한 관계를 시사하는 중요한 정황으로 볼 수 있습니다.

당시 국가 반역죄로 처형된 사람의 시신은 일반인이 면회할 수 없었습니다. 이러한 시신을 볼 수 있는 유일한 자격을 가진 사람은 직계 가족뿐이었습니다. 이는 당시의 법과 규정에 따른 매우 엄격한 조치로, 예수님처럼 국가에 반역한 죄로 처형된 인물의 경우, 그의 시신을 가까운 가족이 아닌 다른 사람은 접할 수 없었습니다. 그런데도, 막달라 마리아가 예수님의 시신을 보기 위해 무덤에 찾아갔다는 사실은 단순한 예수님과의 추억을 되새기기 위한 행위 이상으로, 그녀가 예수님의 직계 가족, 즉 아내였다는 가능성을 시사하는 중요한 증거로 해석될 수 있습니다.

[요한 20:1-18] 막달라 마리아는 안식일 후 첫날, 아직 어두운 가운데 무덤에 와서, 무덤의 돌이 치워진 것을 보았다. 그래서 그녀는 달려

가서 시몬 베드로와 예수께서 사랑하신 다른 제자에게 가서 말하였다. "그들이 주님을 무덤에서 가져가셨습니다. 우리가 그를 어디에 두었는지 알지 못합니다." 이에 베드로와 그 다른 제자가 나가서 무덤으로 갔다. 그들은 둘 다 함께 달려갔고, 그 다른 제자가 베드로보다 먼저 달려가 무덤에 먼저 도달했다. (중략) 마리아는 무덤 밖에 서서 울고 있었고, 울면서 무덤을 내려다보았다. 그리고 흰 옷을 입은 두 천사가 그 자리, 예수의 몸이 놓였던 곳에 앉아 있는 것을 보았다. 그들이 마리아에게 물었다. "여자여, 왜 울고 있느냐?" 그녀가 대답하였다. "그들이 내 주님을 가져갔고, 내가 그를 어디에 두었는지 알지 못합니다." 그녀가 이렇게 말한 후 뒤를 돌아보니 예수께서 서 계신 것을 보았지만, 그분이 예수님인 줄 몰랐다. 예수께서 그녀에게 물으셨다. "여자여, 왜 울고 있느냐? 누구를 찾고 있느냐?" 그녀는 그분이 동산지기인 줄 알고 대답하였다. "선생님, 만약 그를 어디로 옮기셨다면, 그를 어디에 두셨는지 말해 주십시오. 내가 그를 데려가겠습니다." 예수께서 그녀에게 말씀하셨다. "마리아." 그녀는 돌아서서 그분을 보고 "선생님."이라고 말했다. 예수께서 그녀에게 말씀하셨다. "내게 닿지 말라. 내가 아직 아버지께로 올라가지 않았으므로, 내 형제들에게 가서 그들에게 말하라. 내가 내 아버지께로, 너희 아버지께로, 내 하나님께로, 너희 하나님께로 올라간다고." 막달라 마리아는 가서 제자들에게 "내가 주님을 보았고, 그분이 내게 이렇게 말씀하셨다."라고 전했다.

그리고 막달라 마리아가 예수에게 기름을 부은 행위는 이집트에서 유래된 유대의 전통에 따라, 신부가 신랑에게 하는 의식적인 행위였습니다. 또한 마리아는 예수가 갈릴리에서 전도할 때부터 유대 지역까지

시녀처럼 그를 따랐습니다. 당시 팔레스타인과 유대 지역의 관습에 따르면 결혼하지 않은 여성이 머나먼 타 지역을 가족이나 남편의 동행 없이 여행하는 것은 상상할 수 없는 일이었습니다. 이는 마리아가 예수의 아내였기에 가능했음을 시사합니다.

또한 저는 예수께서 어느 잔칫집에서 물을 술로 변환하신 사건도, 예수께서 특별히 할 일이 없어서 남의 잔칫집에서 물을 술로 변환하신 일이 아니라, 자신의 결혼식에서 하객들에게 제공할 술이 떨어져서 행하신 일이라고 생각합니다.

8-2) 광야 체험 이전

광야 체험 이전 성경에서는 예수님의 29살까지 행적이 없습니다. 아울러 자기 가족과 친인척들이 예수님이 메시아임을 아무도 몰랐습니다. 이러한 공백기에 대해 예수님이 13세부터 29세까지 인도로 유학을 다녀왔다는 '이사 대사' 학설이 제기된 바 있습니다.

1986년 10월 26일 자 주간 중앙 기사에 따르면, 한양대학교 민희식 교수는 예수의 청소년기와 청년기에 관한 새로운 학설을 소개했습니다. 이는 약 16년간의 행적으로, 기존 성경에서는 거의 다루지 않은 부분이기에 학문적 관심을 불러일으켰습니다. 민 교수는 다양한 불교 문헌과 고대 기록을 분석하여, 예수가 해당 기간 동안 인도, 티베트 등지에서 불교 수행자들의 가르침을 받고 수도 생활을 했다는 주장을 펼쳤습니다. 그는 이 기간 동안 예수가 '이사 대사'라는 이름으로 알려졌으며, 불교 사상과 수행 방식을 배워 이를 자신의 가르침에 반영했다고 설명합니다. 민 교수의 연구에 따르면, 예수는 인도에서 베다와 우파니샤드 같은 힌두교 철학을 공부한 뒤, 브라만교의 계급 제도에 실망하고 불교에 매료되어 불교의 평등사상을 배우기 시작했다고 합니다. 이어 불교 경전과 기록들에 따르면, 예수는 부다가야와 베나레스 같은 불교 성지를 방문하며 교리를 깊이 탐구했고, 심지어 티베트에서는 밀교 고승에게 심령 치유와 같은 특별한 기법까지 익혔다고 전해집니다.

이후, 예수는 29세에 고향으로 돌아와 자신의 배운 바를 실천하며 당시 이스라엘 민중 사이에서 새로운 희망의 상징으로 자리 잡았다는 주장이 제기되었습니다. 민 교수는 이러한 연구를 뒷받침하기 위해 인도, 네팔, 티베트 등지를 답사하며 관련 문헌과 경전을 조사했다고 전했습니다. 그는 불교 문헌이 이 시기의 예수 행적을 비교적 상세히 담고 있다고 주장하며, 기독교 문헌의 부족한 부분을 보완할 수 있는 자료로 제안하였습니다. 특히 민 교수는 예수의 기록 중 일부가 기독교 초기 교리 확립 과정에서 삭제되었을 가능성도 제기하며,《토마스 복음서》등 불교적 색채가 강했던 문헌이 이러한 배경에서 배제되었을 수 있다고 설명했습니다. 그는 이러한 연구가 특정 종교적 신념이 아닌 학문적 견지에서 진행되었음을 강조하며, 예수 생애의 미지의 부분을 밝혀 가는 데 있어 학문적 중요성을 역설했습니다.

기독교 신약 성경의 일부 내용이 불교 경전《법화경》등의 영향을 받았다는 민 교수의 연구는 석가모니와 예수의 삶과 가르침 사이에 여러 유사점을 제시합니다. 민 교수는 이들 두 인물이 각자 설파한 가르침과 그와 관련된 사건들이 종교적 맥락에서 공통점을 지닌다고 설명하며, 대표적인 사례를 다음과 같이 정리합니다.

석가모니는 40일간 단식을 하며 마라라는 악령의 시험을 받았다고 전해지며, 예수는 40일간 단식한 후 사탄에게 시험받는 경험을 합니다. 석가모니는 열두 제자를 다양한 계층의 사람들에게 파견하였으며, 예수 역시 열두 제자를 이스라엘 전역으로 보냈습니다. 또한, 석가모니의 제자가 물 위를 걷다가 믿음이 흔들려 물에 빠졌으나 석가모니에 대한 확신으로 다시 걸었다는 이야기와, 예수의 제자인 베드로가 물 위를 걷다가 믿음이 약해 물에 빠지는 것을 예수가 구해 준 사건도 유사점으로 언급됩니다. 석가모니는 작은 떡 하나로 500명을 먹이고도 남았다는 기록이 있으며, 예수는 다섯 개의 떡과 두 마리 물고기로 5,000명을 먹인 기적을 행했습니다. 또한, 석가모니는 과부의 두 냥 헌금을 값지게 여겼고, 예수는 과부의 헌금을 거룩하게 보았습니다. 그 외에도 석가모니는 사기꾼이 길을 인도하면 개천에 빠질 수 있다고 경고했으며, 예수는 소경이 소경을 인도하면 둘 다 구덩이에 빠질 수 있다고 경고했습니다. 석가모니의 이야기에서 아시타가 천사들을 목격한 일화는 예수의 탄생 시 목자들이 천사를 본 사건과 비슷하게 묘사됩니다.

석가모니는 열반과 재물을 동시에 추구할 수 없다고 가르쳤고, 예수는 하나님과 재물을 함께 섬길 수 없다고 설파했습니다. 또한, 석가모니의 가르침 중 타향에서 방탕하다 돌아온 아들을 환대하는 아버지의 이야기는, 예수가 말한 돌아온 탕자의 비유와 유사합니다. 마지막으로, 석가모니가 법구경에서 설파한 사랑과 자비의 메시지는, 예수의 산상 수훈에서 나타난 말씀들과 내용적으로 닮아 있습니다. 이와 같은 사례들을 통해 민 교수는 두 종교의 가르침이 특정한 맥락에서 상호 작용 했을 가능성을 탐구하며, 종교적 메시지의 보편성을 조명하려 했습니다.

저는 민희식 교수님 주장에 대한 진위와는 별개로, 비종교인으로서 성경을 완독한 후 느낀 점은 탐욕을 금하고 자비와 사랑을 베풀라는 가르침이 석가모니와 예수님의 가르침에서 본질적으로 동일하다는 것입니다. 두 분 모두 인간 존재의 근본적인 고통과 갈망을 해결하는 방법으로 이타적 사랑과 자비의 실천을 강조하셨습니다. 석가모니는 자기 수양과 참선을 통해 내면의 깨달음을 추구하고, 자신의 가르침을 통해 진리를 깨닫고 자기 자신을 돌아보는 방법을 제시했습니다. 그러나 시간이 지나면서 부처님의 가르침이 대중화되고 다양한 지역으로 전파되면서, 그의 가르침과 형상이 숭배의 대상으로 변형되는 사례가 나타났습니다. 이로 인해 불교는 부처님에 대한 숭배와 신격화가 강조되기도 했으며, 이는 일부에서 불교 본래의 실천 중심 가르침과 거리가 생길 위험을 초래했다는 비판도 제기되었습니다.

예수님 역시 사랑과 율법의 완성을 가르치셨으나, 시간이 흐르면서 예수님에 대한 이해가 변형되어 예수님을 숭배의 대상으로 여기는 형태로 발전했습니다. 초기 기독교의 가르침은 예수님의 가르침을 따라 살아가는 것에 중점을 두었지만, 후대에는 예수님을 신격화하고 우상처럼 숭배하는 문제에 직면하게 되었습니다. 이는 예수님의 본래 가르침을 지나치게 형식화하고 신격 숭배로 변질될 수 있는 위험을 보여줍니다.

현재의 기독교는 삼위일체론을 바탕으로 예수님을 신격화하고, 예수님을 믿기만 하면 천국에 갈 수 있다는 교리를 중심으로 형성되었습니다. 그러나 이런 교리는 예수님의 인간적인 면모와 그분이 살아가신 가르침의 깊이를 제대로 이해하거나 따르기보다는, 신성화된 예수만을 강조하는 경향을 보입니다. 이런 방식은 인간으로서의 예수님의 모습을 가리고, 그분이 남긴 깨달음과 진정한 가르침의 깊이를 흐리게 만들 수 있습니다.

8-3) 누가 예수를 죽였는가?

사도신경에서 "본디오 빌라도에게 고난을 받으사"라는 구절은 많은 초신자에게 예수님이 본디오 빌라도로 인해 죽임을 당했다고 생각하게 만듭니다. 그러나 저는 이 해석이 사실과 다르다고 생각합니다. 예수님이 죽임을 당하게 된 배경을 제대로 이해하기 위해, 예수님 당시의 로마와 그 시대적 상황을 먼저 살펴볼 필요가 있습니다.

예수님 생전의 로마는 매우 합리적인 법과 정치 체제를 가진 나라로 묘사됩니다. 특히 천주교 성경 외경에 포함된 마카베오 상권에서는 초기 로마를 우호적인 동맹국으로, 자치권을 보장하고 상호 보호 조약을 맺는 나라로 설명하고 있습니다. 로마는 강력한 군사력을 보유하고 있었음에도 단순히 무력으로 다른 나라를 지배하기보다는, 법과 합리적인 시스템을 통해 식민지의 자율성을 어느 정도 인정했습니다. 재판 과정 또한 투명하고 공정하게 운영되었으며, 이를 통해 로마는 상당히 선진적인 국가로 평가받았습니다. 추가로 빌라도가 로마 황제에게 보낸 보고서를 읽어 보면, 예수님의 사건과 당시 로마의 상황을 더 깊이 이해할 수 있습니다.

성경에 기록된 본디오 빌라도는 예수님을 구하려 했던 인물로도 보입니다. 그는 유대 민중의 선택을 유도하며, 당시 폭동과 살인에 가담한 죄로 체포된 인물이었던 '바라바'보다는 예수를 석방하자고 제안했습니다. 그러나 선동된 군중은 오히려 바라바를 석방하라고 외쳤습니다. 또한, 빌라도는 군중에게 "이 사람이 무슨 큰 죄를 지었느냐?"라고 반문하기도 했습니다. 심지어 자신의 무죄를 선언하며 물로 손을 씻는 장면은 빌라도가 예수님의 처형에 책임을 지고 싶지 않았음을 보여 줍니다. 그러나 당시 유대 민족의 상황을 고려할 때, 선동된 군중의 시위와 폭동 위험은 빌라도에게 큰 부담이었을 것입니다. 유대 지역에서 쿠데타를 막고 평화를 유지하기 위해, 그는 결국 군중의 요구대로 예수님을 처형할 수밖에 없었습니다.

[마태 27:19-20] 빌라도의 아내는 그가 재판정에 앉아 있을 때, '그 사람에게 아무 해도 입히지 마십시오. 나는 꿈에서 그로 인해 큰 고통을 겪었습니다'라는 메시지를 보냈다. 그러나 대제사장들과 장로들은 군중을 설득해 바라바를 석방하고 예수를 처형하라고 요구했다.
[마태 27:24-25] 빌라도가 예수의 무죄를 알았으나, 무리가 더 크게 외치며 예수를 십자가에 못 박으라고 요구하자, 빌라도는 물을 가져다가 손을 씻으며 말하였다. '나는 이 의로운 사람의 피에 대하여 아무 책임이 없다. 너희가 알아서 하라.'
이에 모든 군중들이 대답하여 말하였다. '그의 피가 우리와 우리 자손에게 임할 것이다.'

　예수님의 죽음에 대한 궁극적인 책임은 과연 누구에게 있을까요?
　성경을 보면 대제사장과 바리새인 같은 율법학자들이 주동이 되어 군중을 선동했고, 결국 군중은 자신들이 무슨 짓을 하는지 모른 채 예수님을 죽음으로 몰아갔습니다. 본디오 빌라도가 예수님 처형에 대한 판결을 내린 책임에서 완전히 자유로울 수는 없지만, 저는 율법학자들과 선동된 군중이 더 큰 죄를 지었다고 생각합니다. 특히, 메시아를 알아보지 못하고 선동된다는 것은 깊은 죄악이며, 이는 예수님의 죽음을 통해 더욱 분명히 드러났습니다. 구약 성경에서 하나님은 모세를 통해 '지혜'의 중요성을 강조하셨습니다. 신약에서는 예수님께서 "항상 깨어 있으라."라고 말씀하셨습니다. 이는 우리가 선동되지 않도록 스스로를 지키고, 진리를 분별하는 능력을 갖추라는 의미로 이해됩니다. 여기서 우리는 깨어 있지 못한 상태가 개인의 선택을 넘어 집단의 행동에도 영향을 미칠 수 있음을 깨달아야 합니다. 각자의 선택과 행동이 어떻게 더 큰 결과를 초래할 수 있는지를 되새기는 것이야말로 깨어 있는 삶의 핵심입니다.

필자는 본디오 빌라도가 예수님의 죽음에 무관하다고 얘기하는 것보다 그에게만 너무 막중한 책임을 전가하는 것 같아서 사도신경을 다음과 같이 변경되었으면 하는 바람으로 기도문을 작성해 보았습니다.

"나는 전능하신 아버지 하나님, 천지의 창조주를 믿습니다. 나는 모세를 통해 주신 십계명의 중요성과 예수 그리스도의 말씀과 행동을 통하여 보여 주신 하나님의 진리를 믿습니다.

예수는 성령으로 요셉과 마리아에게 사람으로 나시고 본디오 빌라도 때 율법학자들과 선동된 유대 백성들에 의해 고난을 받아 십자가에 못 박혀 죽으시고 장사된 지 사흘 만에 다시 살아나셨으며 그가 하나님께서 보내신 메시아(말씀)임을 믿나이다. 하나님께서 살아 있는 자와 죽은 자를 심판하심을 믿으며 성령을 믿으며 이 세상 어떠한 교회라도 하나님의 말씀 아래 있으며 죄를 사하여 주시는 것과 영혼의 윤회와 거룩한 영이 영원히 사는 것을 믿사옵니다."

8-4) 성급한 일반화의 오류: 적그리스도

이러한 사실을 접했을 때, 우리는 어떤 생각을 가져야 할까요? 우리가 알고 있던 상황이 사실이 아니라는 새로운 진실에 마주했을 때, 우리의 종교와 신앙을 어떤 시각에서 바라봐야 할지에 대한 질문이 생깁니다. 따라서 예수님을 구약의 일반적인 선지자 혹은 거짓 선지자나 적그리스도로 봐야 할지, 아니면 하나님의 메시지를 전하는 선지자로 봐야 할지에 대한 질문을 우리 스스로에게 던져 볼 필요가 있습니다. 저는 예수님께서 이 땅에서 행하신 모든 일들을 되새겨 볼 때, 그분이 보여 주신 삶의 방식이 단순히 말로만 전하는 교훈이 아니라, 실제로 우리의 삶에 어떻게 적용될 수 있는지를 보여 주셨다고 생각합니다. 예수님은 기본적으로 사람이 지켜야 할 중요한 율법을 준수하셨고, 그저 형식적인 율법을 따르는 데 그치지 않으셨습니다. 또한, 예수님은 나와 내 이웃에게 용서와 사랑을 실천하셨으며, 항상 깨어 있어서 선한 일을 행하고 악을 멀리하셨습니다. 그분의 행동은 단지 교훈에 그치지 않고, 그 교훈을 실천으로 옮기셨습니다. 그와 같은 삶의 모습을 통해, 예수님은 하나님의 말씀을 전달하는 것뿐만 아니라, 직접적으로 그 말씀을 몸소 실천하시는 메시아로서의 모습을 보여 주셨습니다. 그래서 저는 예수님을 진정한 메시아로서 인정할 수밖에 없다고 믿습니다.

[요한일서 4:3-4] 예수 그리스도가 육체로 오신 것을 시인하지 않는 영은 하나님께 속하지 아니한 것이며, 이것이 곧 적그리스도의 영이다. 여러분이 들은 대로, 그것이 이미 세상에 와 있다. 자녀들아, 너희는 하나님께 속하였고, 그들을 이겼기 때문이다. 이는 너희 안에 계신 이가 세

상에 있는 이보다 크시기 때문이다. (해설: 예수 그리스도를 시인하지 않는 자는 하나님께 속하지 않은 자이며, 자신이 재림 예수라고 주장하는 자들은 거짓 선지자이며, 예수께서 이미 말씀으로 오셨다고 하는 자는 참선지자라는 의미입니다.)

[요한이서 1:7] 많은 미혹하는 자들이 세상에 나왔으니, 이는 예수 그리스도가 육체로 오신 것을 고백하지 아니하는 자들이라. 이런 자는 미혹하는 자이며, 적그리스도이다.

[마태 24:5] 많은 사람이 내 이름으로 와서 말하며 '나는 그리스도다'라고 말하며 많은 사람들을 현혹하게 할 것이다. (해설: 본인이 재림 예수라고 주장하며 사람들을 미혹하는 이들은 거짓 선지자들입니다. 예수님은 마태복음에서 거짓 선지자에 대한 출현을 경고하셨습니다. 또한, 예수만 믿으면 천국에 간다고 주장하거나, 우상을 섬기는 다양한 사이비 종교들이 등장할 수 있다는 경고도 함께 주셨습니다. 이는 우리에게 진리의 길을 따라가야 함을 상기시키며, 신앙의 순수함을 지키고 성경의 가르침을 올바르게 이해하는 것이 중요함을 알려 줍니다.)

[마태 7:15] 너희는 거짓 선지자들을 조심하고 경계하라. 그들은 양의 옷을 입고 너희에게 오나 속은 노략질하는 늑대들이다. (해설: 교리에 사로잡혀 있는 종교 지도자들을 조심하라는 의미입니다.)

[요한일서 2:18] 아이들아, 지금은 마지막 때다. 너희가 듣기로 적그리스도가 오리라 하였으나, 지금 이미 많은 적그리스도가 나타났으니, 우리가 이것으로 마지막 때에 있다는 것을 알 수 있다.

[요한일서 4:1] 사랑하는 자들아, 모든 영을 믿지 말고, 오직 영들이 하나님께 속한 것인지 분별하고 시험하라. 많은 거짓 선지자가 세상에 나타났기 때문이다.

이 구절들을 통해 우리는 신앙과 진리를 향한 깊은 고민과 성찰을 필요로 하며, 예수님의 진정성을 확립하는 것이 얼마나 중요한지를 깨닫게 됩니다.

8-5) 메시아

우리가 신앙생활을 하는 동안, 기존에 알던 진리나 생각에 변화를 가져오는 사건을 맞닥뜨렸을 때, 우리는 어떤 태도를 취해야 할까요? 과거에 배운 모든 것이 옳다고 고집하며, 새로운 정보나 관점을 배척해야 할까요? 아니면 그 새로운 정보가 우리를 더 깊은 신앙으로 인도할 수 있는 길을 여는 지혜를 선물한다고 받아들이며, 우리의 가치관을 조정할까요?

이 모든 선택은 결국 각자의 몫입니다. 그러나 만약 우리가 잘못된 정보를 가지고 있었다면, 올바른 진리로 우리의 시각을 새롭게 하고, 마음의 문을 여는 용기를 가져야 합니다. 우리는 종종, 우리의 신앙이 그저 맹목적인 믿음에 그쳤던 것은 아닌지 되돌아볼 필요가 있습니다.

우리가 믿는 믿음이란 무엇일까요? 하나님의 존재와 예수님의 존재만을 인정하고, 그분이 우리의 모든 죄를 대신 지셨다는 믿음 하나만으로 우리가 천국에 갈 수 있을까요? 많은 교인은 믿음, 소망, 사랑 중에서 아직 1단계인 '믿음'이나, 2단계인 '소망'에 머물러 있는 경우가 많지 않은지 자문해 보아야 합니다. '사랑'의 3단계는 내가 받는 사랑뿐만 아니라, 내가 베푸는 사랑(자비)입니다.

제가 예수님을 메시아라고 믿는 이유는 다음과 같습니다.

가) 율법의 완성

- 구약의 율법에서는 작은 죄라도 중형이나 사형을 처하게 했습니다. 이로 인해 사람들은 형벌이 두려워 죄를 숨기거나, 진정한 회개 없이 겉으로만 순종하려 했습니다. 예수님은 사람도 죄를 지을 수 있지만, 진정한 깨달음을 통해 하나님께 회개하고 용서를 구하며 다시는 같은 죄를 반복하지 않도록 하라고 가르쳤습니다. 예수님은 율법의 참 뜻을 이행하라고 말씀하셨습니다.
- 예수님은 613개의 율법을 십계명으로 간소화하시는 것으로, 우리에게 가르침을 주셨습니다. 예수님의 율법에 대한 완성은 자신에게는 엄격하고 타인에게는 관대해져야 한다는 것입니다. 예를 들어, 마태복음에서 예수님은 여자를 보고 마음으로 간음한 사람도 간음한 것과 같다고 말씀하셨습니다. 이는 마음과 생각도 수양하며, 타인에게는 자비를 베풀고 자신에게는 엄격해야 한다는 가르침을 주셨습니다.
- 요한복음 8:4-11의 이야기에서, 예수님은 간음한 여인을 고발한 사람들에게 "너희 중에 죄 없는 자가 먼저 이 여자를 돌로 치라."라고 말씀하시며, 자비와 회개를 강조하셨습니다. 또한, 마태복음 7:3과 7:5에서 예수님은 먼저 자신의 잘못을 고치고, 타인을 도와야 한다고 가르치셨습니다.

[요한 8:4-11] 그들이 예수께 말하여 이르되, "선생님, 이 여자가 간음을 하여 잡혔습니다. 모세는 율법에서 우리가 그런 자를 돌로 쳐 죽이라 하였거니와, 당신은 어떻게 하시겠습니까?" 하니, 그들이 이렇게 말한 것은 예수를 시험하여 고발할 이유를 얻고자 함이었으나, 예수께서 몸

을 굽히셔서 손가락으로 땅에 쓰시더니, 그들이 계속 묻자 일어나셔서 이르시되, "너희 중에 죄가 없는 자가 먼저 이 여자를 돌로 치라." 하시고, 다시 몸을 굽히셔서 땅에 쓰셨습니다. 그들이 이 말씀을 듣고 양심에 가책을 받아, 하나씩 하나씩 나가되, 처음부터 있는 자로부터 끝까지 나가고, 오직 예수와 여자가 가운데에 남았습니다. 예수께서 일어나셔서 여자를 보시고 이르시되, "여자여, 그들이 어디 있느냐? 너를 고발한 자가 없느냐?" 하시니, 여자가 대답하되, "주여, 없나이다." 예수께서 이르시되, "나도 너의 죄를 묻고 처벌하지 않을 테니, 가서 다시는 죄를 범하지 말라." 하셨습니다. (해설: 이 구절에서 주목할 점은 간음한 여자가 현장에서 잡혔다는 사실입니다. 그런데 흥미로운 부분은, 간음죄로 여자가 끌려왔을 때 함께 간음한 남자는 왜 함께 끌려오지 않았느냐는 것입니다. 이는 율법을 자의적으로 해석하고 자신들의 편의에 따라 적용하는 사람들의 문제를 지적합니다. 간음은 분명히 남성과 여성 모두의 죄임에도 불구하고, 왜 여성만 처벌 대상으로 삼았는지에 대한 비판이 담겨 있습니다. 이러한 이중적인 태도는 율법을 규정 그대로 적용하기보다는 사람들의 편의에 따라 왜곡하고 악용하는 모습을 보여 줍니다. 예수님은 이러한 문제를 지적하며, 사람들의 죄와 잘못된 율법 해석을 드러내셨습니다. 그리고 예수님은 "죄 없는 자가 먼저 돌로 치라."라는 말씀을 통해 단순히 율법을 문자 그대로 적용하기보다 인간의 양심과 내면의 성찰을 강조하셨습니다. 이 사건은 율법의 본래 목적이 단죄가 아니라 죄를 깨닫고 회개를 통해 변화를 이루는 데 있음을 상기시킵니다. 또한, 예수님은 여자를 정죄하거나 처벌하지 않으시고, 용서를 베푸시며 "다시는 죄를 범하지 말라."라고 권고하셨습니다. 이는 진정한 회개와 변화의 중요성을 강조하며, 사람을 정죄하기보다는 죄의 반복을 막고 새롭게 살아가도록 이끄는 하나님의 사랑과 자비를 드러냅니다.)

나) 착한 것만큼 깨어 있음(현명함)이 더 중요하다는 것

이 점을 이해하려면, 역사 속에서의 교훈을 살펴볼 수 있습니다. 예를 들어, 히틀러 치하에서 기독교인들이 히틀러를 찬양하는 사람도 있었고, 반대하는 사람도 있었듯이, 그들은 서로 상반된 기도를 드렸습니다. 이처럼 우리는 기도할 때 무엇을 위해 기도하는지, 그 기도가 올바른지 깊이 고민해야 합니다. 아담과 하와가 선악과를 먹게 된 것도 그들이 지혜가 부족하여 악을 행한 결과였듯, 언제나 깨어 있는 마음이 중요합니다. 예수님은 우리의 깨어 있음과 현명함을 강조하셨습니다. 마태복음에서 "기도할 때 헛된 반복을 하지 말라."라고 말씀하시며, 맹목적인 기도가 아닌 깨어 있는 기도를 하라고 가르치셨습니다. 이는 우리가 기도할 때마다 그 의미와 목적을 분명히 알고, 진지하고 현명하게 기도하고 실행해야 함을 일깨워 줍니다.

다) 천국으로 갈 수 있는 표본(율법이나 교리보다 하나님의 말씀과 행동)

예수님은 행동으로 천국에 갈 수 있는 길을 몸소 보여 주셨습니다. 예수님을 믿고 따르는 것만으로 천국에 갈 수 있는 것이 아니라, 예수님처럼 마음과 행동으로 실천해야만 천국에 이를 수 있음을 가르쳐 주셨습니다. 예수님은 '믿음만으로 천국에 갈 수 있다'는 교리를 넘어서, 우리가 어떤 마음가짐과 행동을 가져야 하는지를 실천으로 보여 주셨습니다.

따라서, 예수님의 가르침을 따르는 것은 단지 '믿는다'는 말로 끝나는 것이 아니라, 그 가르침을 삶 속에서 실천하는 것이며, 그것이 천국으로 가는 길입니다. 예수님은 우리가 행동을 통해 하나님의 뜻을 실현하고, 실천적인 사랑과 자비를 베풀어야 한다는 것을 몸소 보여 주셨습니다.

예수님의 가르침을 통해 우리는 신앙의 성장 단계에 대해 생각할 수 있습니다. 신앙이 단지 하나님과 예수님의 존재를 인정하는 데 그치지 않고, 하나님과 예수님의 뜻을 실천하는 삶으로 성장해야 한다는 것을 깨닫게 됩니다. 신앙의 진정한 성장은 믿음에서 실천적 사랑으로 나아가는 것이며, 이는 우리 각자가 예수님처럼 행동하고, 세상에 선한 영향을 미치는 길입니다.

[마태 7:3] 어찌하여 네 형제의 눈에 있는 티는 보고, 네 눈에 있는 들보는 깨닫지 못하느냐?

[마태 7:5] 너는 먼저 네 눈 속에서 있는 들보를 빼라. 그 후에야 비로소 네 형제의 눈 속에서 있는 티를 빼는 것을 볼 수 있을 것이다. 위선자여(Hypocrite), 네가 먼저 네 눈 속에 있는 들보를 빼라. (해설: 본인의 잘못부터 먼저 고치고 다른 사람의 부족함을 빼내 주는 것을 도와주라.)

[마태 15:1-2] 그때 예루살렘에서 서기관들과 바리새인들이 예수께 와서 물었습니다. "왜 당신의 제자들은 장로들의 전통을 따르지 않습니까? 그들은 음식을 먹을 때 손을 씻지 않으니까요." 예수께서 그들에게 대답하셨습니다. "왜 너희는 너희 전통으로 하나님의 명령을 어기고 있는가?" (해설: 장로들은 전통을 절대시하며 율법의 본질보다 외적인 관습에 집착했습니다. 예수님은 그들의 이러한 모순을 지적하며 하나님의 가르침인 내면의 순결과 진리를 강조하셨습니다.)

[마태 6:7] 기도할 때, 이방인들처럼 헛된 반복을 하지 말아라. 그들은 말을 많이 하여야만 들으실 것이라고 생각한다. (해설: 깨어 있는 기도를 하라는 뜻입니다.)

[마태 7:24] 그러므로 누구든지 이 내 말을 듣고 행하는 자는 그 집을 반석 위에 지은 지혜 있는 사람과 같으니, 비가 내리고, 홍수가 나고, 바람이 불어 그 집을 쳐도 무너지지 않을 것이다. 이는 그것을 반석 위에 세웠기 때문이다. (해설: 행하는 자만이 하나님의 나라에 들어갈 수 있으며 항상 깨어 있고 말뿐이 아니라 행함으로써 하나님의 나라에 들어갈 수 있다는 뜻입니다.)

예수께서 십자가에 못 박히심으로써 우리가 선동되거나 깨어 있지 않으면 그 결과가 당대뿐만 아니라 후세에까지 영향을 미칠 수 있음을 사람들에게 깨우치고자 하셨습니다. 예수님의 죽음은 우리가 항상 깨어 있어야 하는 이유를 본인의 삶을 통해 강력하게 가르쳐 주고 있습니다.

하나님께서는 예수님에게 말씀하셨을 것입니다. "너의 성경적인 일생은 십자가에 못 박혀 손과 발이 뚫리고 옆구리가 찔린 채로 끝날 것이다. 그러나 내가 너를 다른 모습으로 변화시켜 새로운 삶을 줄 것이다. 사랑하는 나의 아들, 예수야, 네가 과연 그 일을 해낼 수 있겠느냐?"라고 물으셨을 것입니다. 예수께서는 성경에서 말하는 진리와 사명을 수행하기 위해, 그 길의 끝을 이미 알고 계셨음에도 불구하고 그 길을 끝까지 걸으셨다고 믿습니다. 그분은 우리를 구원하기 위한 하나님의 뜻을 이루기 위해 고통과 희생을 감수하시며, 끝까지 충실하게 사명을 다하셨습니다. 만약 저라면, 처형에 대한 두려움으로 "아버지, 제게 천군만마를 주시고, 깨어 있지 않은 이들을 벌하여 그들을 깨우칠 수 있도록 하소서."라고 기도했을 것입니다. 예수님은 하나님의 뜻에 순종하며 소명을 완수하시고, "다 이루었다."라고 말씀하셨습니다.

[마태 6:1] 너희는 사람들에게 보이려고 의를 행하지 않도록 주의하라. 그렇지 않으면 하늘에 계신 너희 아버지께 상을 받지 못할 것이다. (해설: 목적의식과 보여 주기 식의 선을 행하지 마라.)

[마태 6:5] 너희는 기도할 때에 위선자들처럼 하지 말라. 그들은 사람들에게 보이려고 회당과 큰 거리에 서서 기도하는 것을 좋아하지만, 내가 진실로 너희에게 말하건대, 그들은 이미 자기 상을(보상을) 다 받았다. (해설: 기도도 마찬가지로, 다른 사람들에게 인식되려는 의도로 행하는 것이 아니라, 진심으로 하나님과 소통하려는 마음가짐이 중요합니다. 그런 외적인 행동은 일시적인 칭찬을 받을 수 있지만, 그 이상의 진정한 상은 없습니다.)

[마태 6:6] 그러나 너는 기도할 때에 네 골방에 들어가 문을 닫고, 은밀한 곳에 계신 네 아버지께 기도하거라. 은밀히 보시는 네 아버지께서 드러나게 하실 것이다. (해설: 하나님 앞에서 진실한 기도를 강조하며, 사람들에게 보이려는 위선적인 기도를 경계하라는 뜻이다. 기도는 오직 하나님과의 개인적인 관계 속에서 이루어져야 하며, 은밀히 드리는 진실한 기도를 하나님께서 보시고 갚아 주신다는 의미를 담고 있습니다.)

[마태 6:16] 너희가 금식할 때에, 위선자들처럼 슬퍼한 얼굴을 하지 마라. 그들은 사람들에게 금식하는 것을 보이려고 얼굴을 변하게 한다. 내가 진실로 너희에게 말하노니, 그들의 상을(보상을) 이미 받았다. (해설: 금식은 단순한 의식이나 외적 행위가 아니라, 하나님과의 깊은 교제를 통해 영적으로 성숙해지는 시간이 되어야 합니다. 탐욕과 세속적

인 집착을 내려놓음으로써 하나님의 뜻에 더 가까이 다가가고, 우리의 내면적 필요와 영적 본질을 새롭게 깨닫는 시간이 되어야 합니다.)

[마태 6:24] 하나님과 재물을 겸하여 섬길 수 없다. 너희가 하나를 미워하고 다른 하나를 사랑하거나, 하나를 붙잡고 다른 하나를 경멸하게 될 것이다. 너희는 하나님을 섬기거나 재물을 섬기게 될 것이다. (해설: 재물에 대한 끝없는 탐욕은 영적 삶에 장애가 될 수 있으며, 진정한 신앙은 하나님을 우선으로 두는 삶입니다.)

[마태 12:50] 누구든지 하늘에 계신 내 아버지의 뜻을 행하는 자가 내 형제요, 자매요, 어머니다. (해설: 행함의 중요성을 강조하십니다.)

[마태 24:12] 불법이 성하므로 많은 사람들의 사랑이 식을 것이다. (해설: 불법과 불완전한 교리가 만연하면, 많은 사람들이 신앙에서 멀어지고 교회가 사람들이 외면하는 결과를 초래한다는 경고입니다.)

[마태 7:16] 그들의 열매로 그들을 알 수 있다. 사람이 가시나무에서 포도를 따거나 엉겅퀴에서 무화과를 얻을 수 있겠느냐? (해설: 거짓 선지자들은 결코 좋은 복음을 줄 수 없으며 거짓된 교훈을 따르는 자들은 좋은 열매를 맺을 수 없습니다.)

[마태 7:21] 나에게 '주여, 주여' 하는 자마다 천국에 들어갈 것이 아니며, 오직 하늘에 계신 내 아버지의 뜻을 행하는 자만이 들어갈 것이다. (해설: '예수님 믿습니다'라고 하는 자는 천국에 갈 수 없다. 행하는 자만이 갈 수 있다.)

[마태 7:23] 그때에 내가 그들에게 선언하기를, '나는 너희를 도무지 알지 못한다. 불법을 행하는 사람들아, 내게서 떠나가라'라고 할 것이다. (해설: 예수님을 믿는다고 말하면서도 그 뜻에 맞지 않게 행동하는

종교 지도자들에게는 그들이 주님과의 관계를 맺지 못한 것임을 분명히 하십니다.)

[마태 9:13] 가서 내가 원하는 것이 무엇인지 배우라. 내가 자비를 원하고 제사를 원하지 않는다. 나는 의인을 부르러 온 것이 아니라, 죄인을 부르러 왔다. (해설: 하나님은 외적인 제사의 형식보다, 우리의 마음과 자비를 원하십니다. 예수님은 죄인들을 회개로 이끌기 위해 오셨음을 강조하십니다.)

[마가 10:52] 예수께서 그에게 말씀하시되, '가라, 네 믿음이 너를 낫게 하였다.' 그가 곧 보게 되어 예수를 따르며 길을 갔다. (해설: 믿음은 단지 생각이나 말로 끝나는 것이 아니라, 자기 삶에서 진정한 변화를 일으킬 수 있는 힘을 가지고 있습니다.)

천국에 가는 길은 단지 마음으로만, 또는 교회를 다니는 형식으로만 이루어지는 것이 아닙니다. 예수님께서는 우리의 행동을 통해서만 천국에 갈 수 있음을 몸소 가르쳐 주셨습니다.

앞에서 언급한 율법의 완성 및 깨어 있음의 중요성과 천국에 갈 수 있는 표본으로 보았을 때, 필자는 여전히 예수님을 메시아라고 믿습니다. 그러나 단지 믿는 것만으로 천국에 갈 수 있는 메시아는 아닙니다. 예수님은 행함에 대한 표본을 보여 주셨고, 그 말씀을 따른다면 우리도 천국에 갈 수 있음을 보여 주셨습니다. 예수님은 구원의 안내자이시지만, 궁극적으로 구원은 각자가 스스로 이루어야 하는 것입니다.

이를 설명하기 위해, 한 고아의 이야기를 예로 들어 보겠습니다. 이 고아는 어린 시절부터 자신이 누구의 자식인지 전혀 알지 못했습니다. 그는 자신의 뿌리와 가족에 대해 아무런 정보도 가지지 않은 채 세상과 싸워야 했습니다. 그러나 그가 누구의 자식인지는 분명한 사실이었고, 그 사실을 알지 못한 채 살아가는 삶에는 공허함과 갈망이 따랐습니다. 시간이 지나면서 고아는 자신이 잃어버린 부모를 찾기 위한 길을 떠나게 되며, 그 과정에서 끊임없이 노력하고 힘든 여정을 견디게 됩니다. 만약 운이 좋다면, 그는 결국 부모와의 상봉을 이루고, 그동안 느꼈던 공허함이 채워지게 될 것입니다. 이 이야기는 우리가 하나님께 다가가는 과정과 매우 유사하다고 생각합니다. 마치 고아가 자기 부모를 찾는 여정처럼 우리도 본래의 근원인 하나님을 찾기 위해 길을 떠나야 합니다. 그 과정에서 많은 고민과 고난이 따를 수 있지만, 결국 진심으로 찾고자 한다면 하나님과의 만남이 이루어질 수 있음을 보여 줍니다.

많은 사람이 인생에서 고난을 겪고 나서 종교를 찾는 경우가 많습니다. 심지어 무신론자들조차 고난을 경험한 후 하나님을 찾고, 우리가 하나님의 자식임을 깨닫는 경우도 많습니다.

종교 생활의 시작은 하나님의 존재를 인정하는 기초적인 신앙에서 시작됩니다. 마치 아이들이 성장하면서 의사소통 방식을 배워 가듯, 신앙도 시간과 경험에 따라 성장의 과정을 거칩니다.

유아기 동안 아기들은 울음을 통해 자신의 필요를 표현합니다. 배고프거나 불편할 때 울음을 터뜨리는 것이 그들의 의사소통 방식입니다. 하지만 시간이 지나 청소년기에 접어들면, 아이들은 부모에게 구체적이고 명확하게 자신의 요구를 전달할 수 있게 됩니다. "장난감을 사 주세요.", "옷을 사 주세요."와 같은 요청은 그들의 필요를 표현하는 발전된 형태입니다. 이와 유사하게, 신앙의 초기 단계에서는 단순히 믿음을 표현하는 것이 중요하지만, 점차 자신의 필요를 하나님께 구하는 기복 신앙으로 이어지곤 합니다.

우리 모두 인간으로서 부족함을 느끼고 바라는 것이 당연합니다. 병든 가족의 건강을 기도하거나, 경제적 어려움을 해결해 달라는 간절한 마음은 인간의 본능적인 소망입니다. 하지만 이러한 염원을 통해 우리는 자신을 돌아보고 반성하며 성장할 수 있습니다. 기존 구약의 성경에서 단순히 대가를(심지어 인신 제사까지) 지불하고 바라는 우상 숭배적인 태도에서 벗어나, 종교를 통해 마음을 다지고 성찰하며 나아가는 것이 더 큰 도움이 됩니다.

아이가 성장하면서 점차 성숙해지듯, 신앙도 믿음과 기복의 단계를 넘어야 합니다. 성장이 정체된 상태를 '저성장'이라 부르듯, 신앙도 나눔과 사랑의 실천으로 이어지지 않으면 성숙하지 못한 상태에 머물게 됩니다. 신앙의 성숙은 예수님께서 보여 주신 삶의 방식, 즉 자비와 사랑을 실천하며 다른 사람들에게 베푸는 데 있습니다. 진정한 신앙은 탐욕을 버리고 이웃을 돕고, 세상에 선한 영향을 미치는 삶을 사는 것입니다.

고아와 과부, 독거노인 등 도움이 필요한 사람을 돕는 일은 대표적인 선행 중 하나입니다. 또한, 사회 정의를 추구하고 더 많은 사람에게 기회를 나누는 것도 중요한 역할입니다. 선한 행위란 단순히 금전적인 지원에 그치지 않고, 자신의 시간과 재능을 나누는 것으로 확장될 수 있습니다. 각자의 자리에서 최선을 다하는 것 역시 선행의 한 형태로 볼 수 있습니다.

우리가 모든 면에서 예수님처럼 완벽할 수는 없을지라도, 그분이 보여 주신 삶의 방향성을 따르려는 의지와 노력을 지속해야 합니다. 이러한 실천은 우리를 하나님의 뜻에 더 가까이 이끌며, 결국 하나님의 나라로 나아가게 하는 길이 될 것입니다.

Salvation lies within.

구원은 내면으로부터

9. 깨달음의 순간, 진정한 구원이란

진정한 구원이란 무엇일까요?

현대의 많은 개신교 교단에서는 "주 예수 그리스도를 믿으면 천국에 간다."라고 가르칩니다. 천주교에서도 연옥이라는 개념을 가지고 있지만, 이를 조용히 믿고 따르는 경우가 많습니다. 그러나 이 믿음에 대해 진지하게 고민해 본 적이 있으신가요?

만약 우리가 살아가면서 큰 악을 저지르더라도 죽음 직전에 주 예수를 믿고 회개하면 천국에 간다는 말을 사실로 받아들인다면, 이것이 과연 옳은 논리일까요? 이런 주장에 대해 어떤 목회자들은 "진정으로 회개하고 예수 그리스도를 믿는다면 구원받을 수 있다."라고 설명하기도 합니다.

그러나 사람은 대개 죽음을 앞둔 순간에 두려움 때문에 회개하게 됩니다. 그것이 진정한 회개일까요? 만약 이러한 가르침이 절대적인 진리라면, 천국에서 히틀러나 역사의 다른 악인들과 마주하게 될 가능성도 있다는 생각이 들지 않으십니까? 이는 우리의 이성과 믿음이 상충되는 지점처럼 보입니다.

선하게 살 이유가 없는 세상?

"현세에서 아무리 악하게 살아도 죽기 직전 예수의 이름을 부르면 구원받는다."라는 논리가 사실이라면, 우리는 과연 선하게 살 이유가 있을까요? 더 나아가, 종교를 가질 필요조차 없게 느껴지지 않을까요?

필자는 개인적으로 영적 체험을 통해 천국의 존재를 두 가지로 이해하게 되었습니다. 첫 번째는 현세에서 내 마음속에 자리 잡은 천국이며, 두 번째는 죽음 이후 맞이할 사후 세계의 천국입니다. 현세에서 자신의 마음을 천국처럼 가꾸고 살아간다면, 사후 세계에서도 천국에 이를 가능성이 커진다고 믿습니다. 더 나아가 만약 윤회의 측면에서, 현재의 삶에서 선을 행하고 긍정적으로 살아가는 이는 다음 생에서도 좋은 삶으로 다시 태어날 확률이 커질 것입니다. 왜냐하면 우리의 영에는 과거의 기억뿐만 아니라 전생의 기억을 가지고 있고 우리의 삶은 전생, 현생, 후생으로 연결되어 있고 대부분 순환하기 때문입니다.

예를 들어, 어린 시절 가난하여 샌드위치 하나 먹는 것도 어려웠던 사람이 있다고 가정해 봅시다. 그에게 샌드위치는 단순한 음식 이상의 기쁨과 행복으로 다가올 것입니다. 반면에, 유복하게 자라 풍요를 당연하게 여긴 사람은 똑같은 샌드위치를 지겹거나 먹고 싶지 않은 부정적인 대상으로 여길 수 있습니다. 이처럼, 동일한 상황도 그것을 어떻게 받아들이고 해석하느냐에 따라 행복한 삶과 불행한 삶으로 나뉘게 됩니다.

현재 마음의 상태가 천국의 상태에 이르지 못한다면, 설령 사후 세계에서 천국에 간다고 하더라도 '여기가 천국인가요?'라는 의문과 실망만이 남을 것입니다. 따라서 현세에서 마음의 깨달음을 이루는 것이 사후 세계와 깊이 연결됩니다. 결국, 우리가 삶 속에서 어떤 태도와 행동을 선택하느냐가 현세와 사후를 포함한 모든 천국의 문을 여는 열쇠가 될 것입니다.

천국 같은 삶을 위해 필요한 자세

현세에서 내 마음을 천국으로 만드는 방법은 사실 간단합니다. 하지만 이를 실천하는 데에는 꾸준한 노력이 필요합니다. 도전할 때는 최선을 다합시다. 어떤 일이든 최선을 다하며 자신의 삶에 충실히 임하는 태도가 중요합니다.

1) **자신이 소유하고 있는 것에 감사함을 느끼며, 작은 일에도 만족하고 감사합시다.**

감사는 천국 같은 삶을 만드는 중요한 열쇠입니다. 사소한 일에 만족하며 감사하는 마음을 가질 때, 삶의 진정한 행복을 누릴 수 있습니다.

2) **가족과 이웃을 존중합시다.**

관계 속에서 사랑과 존중을 실천하는 것이야말로 우리를 천국에 한 걸음 더 가까이 다가가게 합니다.

3) **선을 행하고 악을 멀리합시다.**

탐욕이나 욕심을 버리고 온전히 선한 행동을 실천하며 살아간다면, 내 마음과 삶은 점차 천국으로 변하게 됩니다.

마음의 천국이 사후의 천국으로 이어지다

현세에서 천국 같은 마음으로 살아가는 것은 단지 이 땅에서의 평안만을 위한 것이 아닙니다. 그것은 사후 세계에서도 천국으로 이어지는 다리와 같습니다. 선한 마음을 가지고 감사와 사랑 속에서 살아가는 사람은 그가 가는 길도 선한 열매로 가득할 것입니다.

진정한 구원은 단순히 죽음의 순간에 믿음을 고백하는 데 있지 않습니다. 그것은 삶의 순간순간에서 천국을 이루며 살아가는 태도에 달려 있습니다. 그렇게 살아갈 때, 우리는 하나님께 더욱 가까이 다가가며, 현세와 내세 모두에서 진정한 평안을 누릴 수 있을 것입니다.

[마태 11:29] 나는 마음이 온유하고 겸손하니, 나의 멍에를 메고 내게 배우라. 그리하면 너희 혼이 쉼을 얻을 것이다. (해설: 내 마음이 평화가 오면 그것이 천국이요.)

[마태 16:26] 사람이 온 세상을 얻고도 자기의 혼(내면의 본질)을 잃으면 무슨 의미가 있겠습니까? 또는 사람이 자기의 혼과 바꿀 수 있는 것이 무엇이 있겠습니까? (해설: 이 말씀은 인간의 삶에서 가장 중요한 것이 무엇인지 되새기게 합니다. 우리가 세상의 부와 명예, 권력을 모두 얻는다 해도 자신의 영혼을 잃는다면 그것은 아무런 가치도 없다는 것입니다. 이는 세속적인 성공과 물질적 소유가 인간 존재의 본질을 대신할 수 없음을 강조합니다. 특히 '혼을 잃는다'는 것은 단순히 삶을 잃는 것만이 아니라, 자신의 영적 본질과 정체성을 잃어버리는 것을 의미합니다. 사람은 영혼의 평안과 구원이 없는 상태에서는 아무리 세속적으로 성공해도 참된 만족이나 행복을 누릴 수 없습니다.)

사람의 영혼은 육체가 소멸된 후에도 존재하며, 그것은 우리의 선택과 행위에 따라 영향을 받습니다. 세상의 이익에만 매달리며 자신의 영혼을 소홀히 한다면, 죽음 이후에 후회가 남게 될 것입니다. 반면, 이 땅에서 미움과 욕심, 집착을 내려놓고 진정한 선과 사랑을 실천하며 살아간다면, 영혼은 평안을 얻게 되고, 사후 세계에서도 빛나는 존재로 이어질 것입니다.

이 구절은 우리에게 삶의 중심을 어디에 두어야 하는지 묻습니다. 잠시의 세속적 성공이 아닌, 영혼의 건강과 구원을 위해 어떻게 살아야 할지를 고민하게 만듭니다. 결론적으로 자신의 육체뿐만 아니라 영혼은 우리가 가장 소중히 여겨야 할 본질입니다. 세상에서의 성공과 행복을 추구하되, 그것이 영혼을 잃는 대가가 되어서는 안 됩니다. 마태복음의 이 말씀들은 우리의 영혼을 잃지 않는 삶, 즉 영적 균형과 내면의 평안을 추구하며 살아가라는 강력한 메시지를 전달하고 있습니다.

천국은 믿음과 실천의 조화

장례식에서 자주 인용되는 성경 말씀 중 하나인 요한복음 14:6 "나를 통하지 않고는, 혹은 나로 말미암지 않고는 아버지께로 올 자가 없다."라는 구절은 천국에 이르는 길에 대해 깊은 메시지를 담고 있습니다. 이를 통해 성직자들은 예수님을 믿으면 천국에 갈 수 있다는 사실을 강조하지만, 이 말씀의 본질적인 의미는 단순히 믿음에 그치지 않습니다.

"나로 말미암는다."라는 표현은 예수님의 가르침과 삶의 방식을 본받아 이를 실천하는 것을 의미합니다. 예수님의 삶은 사랑, 희생, 용서,

섬김의 모범이었으며, 그분의 행동은 천국으로 가는 길을 보여 주는 본보기였습니다. 따라서 예수님을 믿는다는 것은 단순한 신앙 고백을 넘어, 그 믿음을 삶 속에서 선과 사랑, 정의로 실천하는 것을 요구합니다.

사도행전 16:31의 "주 예수 그리스도를 믿으라. 그러면 너와 네 집이 구원을 얻을 것이다."라는 말씀도 마찬가지입니다. 이는 단순히 예수님의 존재를 믿으라는 뜻을 넘어서, 그분의 가르침과 말씀을 믿고 그에 따라 살아가라는 요청입니다. 예수님의 말씀을 삶에 실천할 때 비로소 구원이 이루어진다는 성경의 진정한 메시지를 담고 있습니다.

이 점은 마태복음에서 예수님께서 "주여, 주여"라고 부르는 사람들에 대해 "나는 그들을 모른다."라고 하신 말씀과도 일맥상통합니다. 단순히 예수님의 존재만 믿는다고 해서 구원이 보장되는 것이 아니라, 그분의 가르침을 따르고 그 삶을 본받아 실천하는 것이 중요하다는 점을 강조하신 것입니다.

성경을 올바르게 이해하려면, 각 구절이 담고 있는 전체적인 맥락을 파악하는 것이 중요합니다. 특정 구절 하나에만 의존해 교리를 만들거나 해석을 내리면 의미가 왜곡될 위험이 있습니다. 믿음과 실천의 조화를 통해 예수님의 가르침을 따르는 삶이야말로 진정한 구원의 길임을 기억해야 합니다.

이 점은 시편 6:4의 "여호와여, 돌아오셔서 내 영혼을 구원하시고. 주님의 자비로 저를 구원해 주십시오."라는 구절에서도 나타납니다. 이 구절은 하나님께 자비를 구하며 구원을 간구하는 기도를 담고 있습니다. 구약 성경에서는 하나님께 의지하고 그분의 자비와 구원을 간구하는 믿음이 중심임을 보여 줍니다.

따라서 구원은 단순히 신약의 가르침에만 국한되지 않으며, 하나님께 대한 간절한 믿음과 실천, 의뢰가 중요한 요소임을 시사합니다. 이는 하나님과의 깊은 관계와 믿음의 실천이 구원의 핵심이라는 사실을 깨닫게 합니다.

9-1) 우리가 신앙에 의지하는 이유

"왜 교회와 절 등을 다니는가?"라는 질문에 대해 고민이 필요합니다. 필자가 생각하기에 사람들이 종교 단체를 찾는 이유는 다양하지만, 종종 영생이나 천국을 바라거나 지옥을 피하기 위한 신앙적인 동기가 언급되곤 합니다. 그러나 꼭 이런 이유만 있는 것은 아닌 것으로 알고 있습니다. 어떤 사람들은 삶의 어려움 속에서 위로와 평안을 찾기 위해 종교를 접합니다. 내면의 혼란을 정리하고 마음의 안정을 얻기 위해 조용히 기도하거나 명상을 선택하기도 합니다. 또 누군가는 삶의 방향을 잃었을 때 종교를 통해 길을 찾고자 하며, 혼자가 아니라 공동체 속에서 유대감을 느끼고 싶어서 신앙생활을 시작하는 경우도 있습니다. 가끔은 부모님과 친구들로 인해서 종교를 접하는 사람도 있습니다. 부모님을 따라 자연스럽게 시작하거나, 개인적인 어려움이나 일이 잘 풀리지 않을 때 기도를 통해 위로받고 희망을 찾으려는 이들도 있습니다.

종교를 찾는 사람들 중 일부는 영적 성장을 위해 스스로를 성찰하며 더 나은 삶을 꿈꾸기도 합니다. 그들에게 종교는 단순한 믿음을 넘어, 삶의 방향을 정립하고 마음의 평화를 얻는 과정의 일부입니다. 이처럼 종교를 찾는 이유는 사람마다 다르지만, 각자의 삶 속에서 나름의 의미를 발견하고자 하는 노력의 일환이라고 볼 수 있습니다.

또 일부는 기복 신앙에 더 많은 초점을 맞추는 경우도 있습니다. 예를 들어, 자신의 사업이 잘되게 해 달라고 기도하거나, 자녀가 공부를 열심히 하지 않더라도 좋은 대학에 입학하게 해 달라고 기도하는 것입니다. 이러한 신앙생활은 종종 자기 이익이나 기복적인 소망에 집중되는 경우가 많습니다. 성금을 많이 내면 70갑절, 100갑절로 돌아온다고 듣고, 진정한 신앙보다는 그 보상에 대한 기대가 더 커지는 상황이 발생하기도 합니다. 이를 두고 "중이 염불보다 제 밥에 더 관심 있다."라는 말이 있듯, 사람들은 종종 자신의 현실적이고 즉각적인 필요에 더 많은 관심을 기울이는 경향이 있습니다.

[호세아 6:6] 나는 제사가 아니라 자비를 원하며, 번제보다 하나님을 아는 것을 더 원한다.

[이사야 1:11-17] 너희의 많은 제물은 나에게 무슨 의미가 있겠느냐? 여호와께서 말씀하시기를, 나는 송아지와 양, 어린 양의 기름을 기뻐하지 않으며, 너희가 가져오는 수많은 제물에 대해 피곤함을 느낀다고 하셨다. 나는 그들의 고기와 피를 더 이상 받지 않겠다. 너희가 내 앞에 나올 때, 누가 이런 제물을 요구했느냐? 내가 너희가 내 뜰을 밟는 것을 싫어한다. 헛된 제물을 다시 가져오지 말라. 분향은 가증스럽고, 새 달과 안식일, 대회에 모이는 것도 나는 받아들이지 않는다. 불법과 혼합된 기도는 내가 받지 않으리라. 너희의 새달과 절기는 내 영혼이 미워하며, 나는 그것들을 지긋지긋하게 여겨 너희를 더 이상 용납하지 않겠다. 너희가 손을 펼 때, 나는 그들에게 눈을 돌리지 않고, 많은 기도를 한다 해도 나는 듣지 않겠다. 이는 너희 손에 피가 가득하기 때문이다. 너희는 손을 씻고 악을 떠나, 내 앞에서 악행을 버리며, 행위를 고

치고 정의를 구하라. 억울한 자를 구속하고 고아를 위해 싸우며, 과부를 위해 일하라. (해설: 하나님께서 형식적인 제사나 예배에 집중하는 것보다, 실제로 이웃을 사랑하고 정의를 실천하는 것이 더 중요하다고 가르치신 말씀을 강조합니다. 예배나 제사는 하나님과의 관계를 나타내는 중요한 요소이지만, 그보다 더 중요한 것은 실생활에서 선한 행실을 통해 하나님의 뜻을 실천하는 것입니다. 하나님께서는 단지 예배의 형식에 그치지 말고, 행동으로 하나님을 존중하고, 이웃을 사랑하는 삶을 살아가기를 원하십니다.)

[야보고서 2:13-18] 자비를 베풀지 않은 자에게는 자비가 없을 것이며, 자비는 심판을 이기고 자랑하게 될 것이다. 사랑하는 형제들이여, 만약 너희가 예수 그리스도의 영광을 따르는 자라면, 사람을 외모로 차별하지 말라. 만일 너희가 회당에 들어갔을 때, 금반지를 끼고 고운 옷을 입은 사람이 들어오고, 더러운 옷을 입은 가난한 사람이 들어오면, 고운 옷 입은 자에게는 '여기 좋은 자리에 앉으세요' 하고, 가난한 자에게는 '너는 서 있거나 내 발치에 앉으라'라고 말하면, 그것은 차별하는 것이요, 악한 마음을 품은 자가 되지 않겠느냐? 내 사랑하는 형제들이여, 하나님께서 이 세상에서 가난한 자들을 택하셔서 그들의 믿음을 풍요하고 충만하게 하시고, 그들이 하나님을 사랑하며 세상에서 자랑할 것을 약속받았다. 그러나 너희는 가난한 자들을 멸시하고 있다. 부자들이 너희를 억압하고 법정에서 너희를 끌고 가는 것에 대해, 너희는 그들을 피하려 할 것인가? 너희가 왕의 법을 지키고 이웃 사랑을 실천하면, 그것이 참된 법을 지키는 것이 될 것이다. 그러나 너희가 사람을 차별하는 자라면, 그 믿음은 온전하지 않으며, 그 믿음은 헛된 것에

불과할 것이다. 그렇다면 믿는 자여, 너희가 자랑할 수 있는 것이 무엇이겠느냐? 그리고 형제들이여, 사람이 만약 행함이 없다면 믿음이 아무리 있다 해도 그것은 죽은 믿음이 아니겠느냐? (해설: 자비와 사랑의 중요함을 강조하시며 믿음은 자비와 함께 실천으로 구원이 이루진다는 내용입니다.)

9-2) 탐욕과 십계명

탐욕을 과학적 측면에서 바라보면, 그것은 생존 본능에서 출발했다고 볼 수 있습니다. 동물들은 육체와 혼만을 가지고 살아가기 때문에, 배가 고프면 다른 생명체의 것을 빼앗아 먹을 수 있습니다. 그러나 인간은 동물보다 훨씬 더 강한 탐욕을 가지고 있습니다. 사람은 단지 생존을 위한 욕구를 넘어, 더 큰 욕망을 가지고 살아갑니다. 육식 동물은 배가 고프지 않으면 불필요하게 다른 동물을 사냥하지 않지만, 인간은 배가 고프지 않더라도 욕망을 추구하며 더 많은 것을 얻으려는 욕구를 가집니다. 이는 인간이 지능을 가지고 있어서 가능한 일입니다. 인간은 단순한 생존을 넘어서, 그 이상의 욕망을 추구할 수 있는 능력을 지니고 있습니다.

그렇다면 우리는 탐욕과 선한 바람, 즉 '목표를 가지고 노력하여 성취하려는 욕구'의 차이를 어떻게 구분할 수 있을까요? 그 차이는 정당성과 공정성에서 출발하며, 실패에 대한 겸허한 태도에서도 차이를 찾을 수 있습니다. 예를 들어, 학창 시절에 열심히 노력하지 않으면서 좋은 대학에 가고 좋은 직장을 얻고자 하는 것은 탐욕에 해당합니다. 그러나 최선을 다해 노력하여 원하는 대학에 진학하거나 좋은 직장을 얻는 것은 선한 욕구입니다.

또한, 실패를 겸허하게 받아들이는 태도 역시 중요한 차이를 만듭니다. 예를 들어, 노동자와 사장의 월급 차이에 대한 논란이 있었습니다. 필자는 당연히 차등성이 있어야 한다고 생각합니다. 사장은 회사를 경영하면서 부도가 날 위험을 감수해야 하고, 최악의 경우 경제 범죄로 실형을 선고받거나 개인 파산을 겪을 수 있습니다. 반면, 노동자는 회사가 문을 닫더라도 사장이 겪는 심각한 상황을 겪지는 않습니다. 물론 생계의 어려움이 따르지만, 경영자만큼 큰 실패의 책임을 지지는 않습니다. 그러므로 피고용자도 고용자의 노력과 책임을 존중할 필요가 있습니다. 탐욕은 자신의 처지와 지위가 다른 사람들과 상이한데도, 자신의 이익만을 추구하며 남의 것을 빼앗는 데서 비롯됩니다. 예를 들어, 노동자가 아무런 노력 없이 더 많은 급여를 요구하는 것과 같습니다.

십계명

탐욕과 선한 욕구를 구분하는 또 다른 방법은 무엇일까요? 필자는 그 판단 기준을 '십계명'에서 찾을 수 있다고 생각합니다. 십계명은 천주교와 개신교에서 약간 다르게 해석되며, 이러한 차이는 각 교단의 교리적 차이에서 비롯된 것으로 보입니다. 따라서, 십계명의 정확한 의미를 알아야 합니다. 먼저, 천주교의 십계명에 대해 살펴보면, 천주교의 십계명은 구약 성경을 바탕으로 일부 변형된 형태를 취하고 있습니다. 아홉 번째 계명과 열 번째 계명을 하나로 묶고, 우상 숭배에 대한 내용이 별도로 강조되지 않는 방식으로 구성되어 있습니다. 반면 개신교의 십계명은 구약의 모세의 십계명을 언급하고 있습니다. 필자가 판단하였을 때, '나 외에 다른 신을 섬기지 말라'는 계명과 '우상을 섬기지 말라'는 계명은 사실상 비슷한 의미로 이해될 수 있습니다. 예수님께서 성경에서 강조하신 핵심 가르침은 하나님을 전심으로 사랑하고 섬기라는 것(마태 22:37-38)으로 요약됩니다. 따라서 천주교에서 첫 번째 계명으로 다루는 "한 분이신 하나님을 흠숭하라."라는 표현은 이러한 가르침을 잘 반영한다고 볼 수 있습니다. "우상 숭배를 금지하라."라는 내용은 "나 외에 다른 신을 섬기지 말라."라는 계명과 의미적으로 연결되며, 결국 하나님을 흠숭하고 그분만을 섬기라는 핵심 메시지 안에 포함될 수 있습니다.

결론적으로, 필자는 "하나님을 흠숭하라."라는 계명을 가장 첫 번째로 두고, 그 아래에서 우상 숭배 금지와 다른 신을 섬기지 않음을 자연스럽게 연결하는 방식으로 예수님의 가르침을 반영한 현대적 재구성을 시도해 보았습니다.

1. 한 분이신 하나님을 흠숭하여라.
2. 우상을 포함하여 나 외에 다른 신을 섬기지 말라.
3. 하나님의 이름을 함부로 부르지 말라.
4. 안식일을 거룩히 지켜라.
5. 너희 부모를 공경하라.
6. 살인하지 말라.
7. 간음하지 말라.
8. 도둑질하지 말라.
9. 이웃에게 거짓 증거하지 말라.
10. 네 이웃의 아내와 재물을 탐내지 말라.

[마태 22:35-38] 율법학자 중 한 사람이 예수를 시험하려고 물었습니다. "선생님, 율법 중에서 가장 중요한 계명은 무엇입니까?" 예수께서 그에게 말씀하셨습니다. "가장 중요한 계명은 주 너의 하나님을 네 마음과, 네 생명과, 네 뜻을 다하여 사랑하는 것이다. 이것이 첫 번째 계명이다."

천주교 10계명	개신교 10계명
1. 한 분이신 하느님을 흠숭하여라	1. 나 외의 다른 신을 섬기지 말라
2. 하느님의 이름을 함부로 부르지 말라	2. 우상을 섬기지 말라
3. 주일을 거룩히 지내라	3. 하나님의 이름을 망령되이 부르지 말라
4. 부모에게 효도하여라	4. 안식일을 거룩히 지켜라
5. 사람을 죽이지 말라	5. 너희 부모를 공경하라
6. 간음하지 말라	6. 살인하지 말라
7. 도둑질을 하지 말라	7. 간음하지 말라
8. 거짓 증언을 하지 말라	8. 도둑질하지 말라
9. 남의 아내를 탐내지 말라	9. 이웃에게 거짓 증거 하지 말라
10. 남의 재물을 탐내지 말라	10. 네 이웃의 재물을 탐내지 말라

탐욕

이스라엘 사람들은 하나님께서 그들을 이집트의 노예 생활에서 구해 주신 은혜를 금세 잊어버리고, 배고픔을 느끼자 노예 생활이 더 나았다고 불평하기 시작했습니다. 이에 하나님께서는 아침에는 만나라는 빵을, 저녁에는 메추라기라는 고기를 주셨습니다. 그러나 하나님은 음식을 상하지 않게 하기 위해 내일 것까지 미리 보관하지 말고, 그날의 음식만 먹으라고 경고하셨습니다. 그런데도 일부 사람들은 탐욕을 부려 음식을 숨겨 두었고, 그다음 날 그 음식은 악취와 벌레 냄새가 나게 되었습니다.

이 사건은 단지 고대 이스라엘 사람들에게만 해당되는 교훈이 아닙니다. 오늘날 우리 역시 스스로 탐욕을 부리고 있지는 않은지 돌아볼 필요가 있습니다. 구약 성경의 다음 장을 보면, 안식일에는 이상하게도 음식을 보관해도 상하지 않는다고 기록되어 있습니다. 이는 하나님께서 탐욕을 버리고 신뢰와 순종을 통해 복을 주시겠다는 의미입니다. 출애굽기의 안식일 규정은 단순히 휴식을 위한 것이 아니라, 너무 오래 노예 생활을 해서 스스로의 존재를 잊고, 주일에도 일만 하는 노예근성을 버리게 하려는 목적이 있었던 것으로 생각됩니다. 그날은 하나님을 경외하고 가족들과의 관계를 회복하며, 묵상과 기도를 통해 자신을 있게 해 준 하나님을 흠숭하는 날이어야 합니다.

[출애굽기 16:33] 모세가 아론에게 이르되, '한 사람의 항아리로 만나 한 오멜(2리터)을 가득 담아 그것을 여호와 앞에 두어 후세에 보존하게 하라'라는 말씀은 만나를 한 항아리에 채워서 그것을 기억하게 함이다. (해설: 이 구절은 하나님께서 이스라엘 백성에게 40년 동안 만나를 공급하시며 그들의 탐욕을 다스리고, 그들을 훈련시키셨음을 보여 줍니다. 그리고 이 사건을 후세가 기억할 수 있도록 하셨습니다.)

[출애굽기 21:2] 네가 히브리 종을 사면, 그가 육 년 동안 너를 섬길 것이요, 일곱 번째 해에는 그가 자유롭게 떠날 수 있게 해야 한다. (해설: 하나님께서는 심지어 종들조차 7년이 되면 자유인으로 돌려보내라고 명하셨습니다. 이는 사람들의 탐욕을 경계하고, 종들을 포함한 모든 이가 공평하게 대우받아야 한다는 가르침입니다. 하나님은 사람을 소유물처럼 대하는 탐욕과 불공평을 거부하시며, 모든 사람에게 자유와 존엄을 보장하셨습니다. 이를 통해 우리는 탐욕을 억제하고, 인간을 물질

적인 소유물로 대하지 말아야 함을 배울 수 있습니다.)

  레위기 4장과 6장의 내용 중 속죄제 고기는 제사장이 지정된 장소(성막 뜰 안)에서만 먹을 수 있으며, 다른 사람은 이를 먹을 수 없습니다. 이는 속죄제의 목적을 명확히 하여 사람들이 고기를 얻으려고 일부러 죄를 짓게 하거나 속죄제를 남용하는 부작용을 방지하기 위함입니다. 또한, 속죄제나 속건제에서 제사에 바친 고기는 제사장이 저축하거나 보관하지 못하게 하였습니다. 이러한 규정은 제사의 성스러움을 유지하고, 탐욕이나 잘못된 동기로 인한 남용을 방지하기 위한 하나님의 배려와 지침을 보여 줍니다. 반면, 번제(하나님께 감사의 제사) 때는 고기를 나누어 먹게끔 하셨습니다.
  제사는 정성을 드리고 하나님에 대한 질서를 표현하는 중요한 의식입니다. 이를 통해 탐욕을 버리고 살라는 가르침이 담겨 있습니다. 또한, 제물을 소, 양, 비둘기, 고운 가루 등으로 나눈 이유는 하나의 제물만으로는 종족이 멸종될 수 있기 때문에 다양한 선택지를 제공함으로써, 부자와 가난한 자 모두가 제사를 드릴 수 있도록 하기 위함입니다. 이는 사회적 질서와 균형을 유지하기 위한 배려였습니다.
  속죄를 위한 제사에서는 죄를 지은 사람이 먼저 하나님께 용서를 구하고, 그 후 제사장에게 죄를 고백하는 것이 중요합니다. 죄를 고백하고 용서를 구하는 일은 쉽지 않지만, 속죄는 결국 피해 당사자와 하나님께 용서를 구하는 과정입니다. 제사장이 용서를 한다는 의미는 아니라, 제사장은 하나님과 사람 사이에서 중재자 역할을 하지만, 궁극적인 용서의 권한은 하나님께만 있음을 기억해야 합니다.

[요한일서 2:24] 그러므로 너희는 처음부터 들은 그 계명을 너희 안에 거하게 하라. 만약 너희가 처음부터 들은 그 계명을 너희 안에 간직하면, 너희도 아들과 아버지 안에 머물게 될 것이다.

9-3) 선과 악의 경계

삶을 살아가다 보면 선과 악의 경계를 명확히 구분하기 어려운 순간들을 자주 맞이하게 됩니다. 이는 두 가지 주요 이유에서 비롯됩니다. 하나는 무지로 인해 선과 악을 올바르게 판단하지 못하는 경우이고, 다른 하나는 자신의 잘못에는 관대하지만, 타인의 잘못에는 엄격한 '내로남불'의 태도에서 기인합니다.

반면, 자신의 죄를 지나치게 무겁게 여기고 타인의 잘못은 가볍게 받아들이며 죄책감에 시달린다면, 이는 우울감과 자신감 상실로 이어질 수 있습니다. 그러나 사람은 본능적으로 자기방어 기제가 강해 타인에게 책임을 돌리는 경향이 있기에, 이러한 태도 또한 깨달음을 통해 극복하고 충분한 자기반성을 통해 개선할 필요가 있습니다.

결국, 선악의 경계를 명확히 하고 바른 삶을 살아가기 위해서는 스스로의 행동을 객관적으로 돌아보고 균형 잡힌 시각을 가지려는 노력이 중요합니다.

[마태 13:30] 두 사람은 추수 때까지 함께 자라게 두어라. 추수 때에 나는 거두는 이들에게 말하여, 먼저 가라지들을 모아 묶어 불에 던져 버리고, 밀은 내 곳간에 모으게 해라. (해설: 이 구절은 하나님께서 처음에는 악한 사람들을 즉시 처벌하지 않고 선과 악이 함께 자라도록 허

용하신다는 뜻을 담고 있습니다. 이는 악한 경험을 통해 스스로 깨달음을 얻고 선한 길로 돌아오기를 기다리시는 하나님의 오래 참으심과 자비를 보여 줍니다. 그러나 끝까지 회개하지 않고 악을 고집하는 이들은 결국 따로 분리되어 불사르게 된다는 경고, 즉 하나님의 심판을 받게 된다는 뜻을 담고 있습니다.)

[마태 13:33] 그가 또 다른 비유를 그들에게 말씀하시기를, '하늘나라가 마치 여자가 취하여 세 덩이 밀가루에 숨겨 넣은 누룩과 같으니, 온갖 것이 부풀도록 하기까지 그렇게 하였다.' (해설: 누룩이 부푼 것처럼 하나를 깨우치면 다른 것들이 쉽게 깨우쳐지고 그리하면 천국으로 갈 수 있는 지혜가 생길 가능성이 높습니다.)

[마태 13:49-50] 세상이 끝날 때에, 천사들이 나와서 악인을 의인들 가운데서 구별하여 쫓아낼 것이다. 그리고 그들을 불의 용광로에 던져 넣을 것이다. 거기서 울며 이를 갈게 될 것이다.

[창세기 3:5] 하나님은 너희가 그것을 먹는 날에 너희 눈이 열려 하나님처럼 되어 선과 악을 알게 될 것을 아셨기 때문이다. (해설: 인간의 죄와 깨어 있음에 대한 중요한 교훈을 담고 있습니다. 뱀의 유혹은 사람이 스스로 신적인 지혜와 권능을 얻을 수 있다는 교만한 욕망을 자극했지만, 이는 결국 영생에 대한 거짓된 희망으로 속임을 당한 결과를 낳았습니다. 이처럼 깨어 있지 못한 상태에서 유혹에 넘어가는 것 자체가 죄로 간주됩니다. 따라서 사람은 스스로 지혜를 갈고닦아 선과 악을 올바르게 분별하고, 올바른 길을 선택하고 실행하려는 의지와 책임을 가져야 한다는 교훈을 전하고 있습니다.)

[창세기 4:7] 네가 올바르게 행동하면 받아들여지지 않겠느냐? 하지만 올바르게 행동하지 않으면 죄가 문 앞에서 너를 기다리고 있다. 죄는

너를 원하지만, 너는 그 죄를 다스려야 한다.

[시편 1:1] 복된 사람은 악한 자들의 생각을 따르지 않으며, 죄인의 길을 걷지 않고, 교만한 이들이 있는 자리에 앉지 않는 사람이다. (해설: 두 구절은 공통적으로 죄와 인간의 책임에 대해 강조합니다. 창세기 4:7에서는 죄가(잘못된 욕망이) 사람을 유혹하지만, 결국 그것을 받아들일지 말지는 우리의 선택에 달려 있다는 점을 지적합니다. 죄를 다스리고 올바른 길을 걷기 위해서는 자기 의지와 깨어 있음이 필요합니다. 시편 1:1은 죄악 된 환경과 영향으로부터 자신을 보호하고, 악인들의 간계나 유혹에 휘말리지 않는 것이 복 있는 사람의 길임을 말합니다. 결국, 사람의 탐욕과 욕망이 죄를 초래하며, 우리는 이를 경계하고 죄악의 길에서 벗어나야 한다는 메시지를 전달합니다.)

[시편 1:5] 그러므로 악인은 심판을 견디지 못하며, 죄인들은 의로운 이들이 모인 곳에 설 수 없을 것이다. (해설: 악인과 죄인의 차이를 구분하며, 그들이 하나님의 심판 앞에서 견디지 못할 것임을 경고합니다. 악인은 자신이 하는 일이 악하다는 것을 알면서도 고의적으로 악한 의도를 품고 행하는 사람을 의미합니다. 반면, 죄인은 악을 알지 못했거나, 알더라도 자신의 욕망이나 약점을 이기지 못해 죄를 저지른 사람을 뜻합니다. 그러나 두 경우 모두 심판에서 벗어날 수 없으며, 의로운 사람들과 함께하지 못한다는 점을 분명히 하고 있습니다. 이는 하나님의 공의와 심판을 상기시키며, 스스로를 돌아보고 올바른 길을 선택하라는 교훈을 줍니다.)

[시편 57:6] 그들이 내 걸음을 잡기 위해 그물을 준비하였고, 내 혼은 괴로워졌으며, 그들이 내 앞에 구덩이를 파서 그 구덩이에 자신들이 빠졌도다. (해설: 이 구절은 악한 자들의 음모와 그에 따른 결과를 묘사하

며, 악행이 결국 자신에게 돌아온다는 진리를 보여 줍니다. 타인을 해하려는 의도로 그물을 치고 함정을 파는 행동은 결국 자신의 선택과 의지에서 비롯된 것입니다. 이는 악한 행동이 본인의 책임이라는 점을 강조하며, 이러한 행위가 궁극적으로 자신에게 해로울 수밖에 없다는 경고를 담고 있습니다. 악을 행하려는 의지를 경계하고, 올바른 길을 선택하는 것이 중요하다는 교훈을 전달합니다.)

[역대하 7:13-14] 내가 하늘을 닫아 비를 내리지 않게 하거나, 메뚜기가 땅을 먹게 하거나, 전염병을 내 백성에게 보내면, 내 이름으로 불리는 내 백성이 자신을 낮추고, 기도하며, 내 얼굴을 구하고, 그들의 악한 길에서 돌이키면, 내가 하늘에서 듣고, 그들의 죄를 용서하며, 그들의 땅을 고칠 것이다. (해설: 하나님께서 솔로몬에게 하신 약속이지만, 오늘날에도 동일하게 적용될 수 있는 경고와 희망의 메시지입니다.)

코로나 당시 한 병원의 의사와 간호사들이 "평범하게 숨 쉴 수 있는 것, 소소하게 즐겼던 한 끼의 식사가 얼마나 감사한 일이었는지 몰랐다."라고 말한 것이 생각납니다. 이는 사람이 당연하게 여겼던 일상과 축복에 대한 무지와 오만을 성찰하고, 겸손히 감사하며 하나님께 돌아가야 함을 깨닫게 합니다. 하나님은 이러한 시련을 통해 사람들이 자신의 삶을 되돌아보고, 악에서 돌이켜 올바른 길로 나아가기를 원하십니다. 이는 단순히 심판의 의미를 넘어, 회복과 치유를 약속하시는 하나님의 사랑과 자비를 보여 줍니다.

[역대하 13:13-18] 그러나 여로보암이 유다군을 정면에서 공격하기 위

해 그들의 뒤를 포위하였고 복병을 준비하였다. 그래서 그들은 유다군의 앞과 뒤에서 포위당하게 되었다. (중략) 그날에 이스라엘 자손이 유다 사람들 앞에서 패하였고, 유다 사람들은 하나님 여호와를 의지하였기 때문에 크게 이기며, 이스라엘의 여로보암의 군사들이 수천 명씩 죽임을 당하였다. (해설: 하나님의 뜻을 따르지 않고 자신의 교만과 자만에 의존한 행동이 결국 패배로 이어진다는 교훈을 담고 있습니다. 여로보암은 이전 전쟁에서의 승리에 도취되어 또다시 이길 것이라 믿고 전쟁을 일으켰지만, 이는 하나님의 명령이 없는 전쟁이었기에 결국 패배를 맞이합니다. 이 사건은 사람이 과거의 성공에 안주하며 자신만만해질 때, 그 교만이 실패로 이어질 수 있음을 보여 줍니다. 이러한 위험을 피하기 위해 항상 깨어 있어야 하며, 자신을 낮추고 겸손하게 하나님의 뜻을 구해야 합니다.)

욥은 이러한 교훈을 몸소 실천한 대표적인 인물입니다. 그는 부유하고 번성한 삶을 살았음에도, 자신과 가족이 교만과 자만에 빠지지 않도록 지속적으로 번제를 드렸습니다. 이는 자신이 잘나서 부유해진 것이 아니라, 하나님께서 주신 축복 덕분이라는 사실을 가족들에게 가르치고, 항상 하나님 앞에 깨어 있도록 하기 위함이었습니다. 우리의 삶도 마찬가지로, 모든 것이 하나님의 은혜임을 기억하고 겸손히 감사하며 살아가는 것이 중요합니다.

[스가랴 7:9] 만군의 여호와께서 말씀하시길, 공정한 재판을 실행하며, 각 사람에게 자비와 긍휼을 베풀고, 고아와 과부, 나그네와 궁핍한 자를 억압하지 말며, 서로 해치지 않도록 하라.

[요한일서 2:29] 만약 너희가 그분이 의로우신 분임을 안다면, 의롭게 사는 사람은 모두 그분에게서 비롯된 자임을 알게 될 것이다.
[요한삼서 1:11] 사랑하는 자여, 악한 일을 따르지 말고 선한 일을 따르도록 하라. 선을 행하는 자는 하나님께 속한 자이지만, 악을 행하는 자는 하나님을 보지 못한 자이다.

독자 여러분께 질문을 드립니다.
우리가 살아가는 이 세상은 선한 세상일까요? 아니면 악한 세상일까요? 아마도 한마디로 정의하기는 쉽지 않을 것입니다. 그러나 선과 악이 공존하는 세상이라는 점에는 많은 분들이 동의하실 것입니다. 선과 악은 서로 얽히고설켜 우리의 삶 속에서 모습을 드러냅니다. 때로는 우리가 믿었던 선이 악으로 변하기도 하고, 악이라고 여겼던 것이 의외의 선한 결과를 가져오기도 합니다.

그 이유는 무엇일까요? 그것은 인간의 탐욕과 잘못된 사고방식 그리고 선과 악을 올바르게 이해하지 못하는 무지함에서 비롯됩니다. 예를 들어, 집에서 컴퓨터 게임에 몰두하는 학생을 생각해 봅시다. 그는 남에게 해를 끼치지도, 특별히 선한 일을 하지도 않았다고 여길 수 있습니다. 그러나 부모님의 입장에서 보면, 그 행동은 걱정과 근심을 안겨주는 일이 됩니다. 부모에게 염려를 끼친다는 것은 어떤 면에서 불효이며, 선을 행하지 않는 결과로 이어질 수 있습니다. 이처럼 우리가 아무렇지 않게 여기는 행동도 다른 사람에게는 선과 악의 문제로 다가올 수 있습니다.

또 다른 사례로, 아동양육시설에 후원금을 기부하는 경우를 생각해 봅시다. 만약 그 시설에서 후원금을 90% 이상 부정하게 사용했다면,

과연 내가 정말 선을 행한 것인지 의문이 생길 수 있습니다. 마찬가지로 오랜 기간 매달 일정 금액을 아동양육시설에 지원했으나, 나중에 그 돈이 시설장의 개인적 욕심으로 사용되었다는 사실을 알게 된다면, 우리는 그 행위를 선한 일이라 확신할 수 있을까요? 선한 의도는 있었지만, 그 결과가 진정으로 필요한 이들에게 전달되지 않았다면, 그 선행은 의문을 남길 수밖에 없습니다. 우리는 이 질문을 통해 선이란 무엇인가를 깊이 고민해 보아야 합니다.

이처럼 선을 행할 때는 단순히 의도에만 머물지 말고, 그 목적이 명확하고 실현 가능하며, 결과적으로 올바르게 이루어지는지 꾸준히 점검해야 합니다. 선행은 그 과정이 투명하게 진행되고, 의도가 실현될 수 있도록 지속적인 관심과 균형 있는 시각을 요구합니다. 사람은 본성적으로 탐욕에 흔들리기 쉬운 존재이기에, '알아서 잘하겠지'라는 막연한 믿음만으로는 의도했던 선이 악한 결과로 변질될 수 있습니다.

우리는 모두 선과 악의 경계에 서 있는 순간을 경험할 때가 있습니다. 그럴 때 여러분은 어떤 선택을 하시겠습니까?

9-4) 진정한 선이란

선은 멀리 있지 않습니다. 진정한 선의 출발은 나의 주변 사람들로부터 시작됩니다. 자신의 가정을 외면한 채 다른 사람들을 돕기 위해 애쓴다면 그것은 진정한 선이라 할 수 없습니다. 자신의 가정에서부터 선을 실천하고, 이를 친구, 이웃으로 조금씩 확장해 나간다면, 그것이야말로 인류를 위한 선한 행동으로 이어질 것입니다.

진정한 선이란, 단순히 외적인 행동에서만 나타나는 것이 아니라, 내면에서부터 우러나오는 올바른 마음가짐에서 비롯됩니다. 동양에서 '선(善)'은 '착하다'라는 뜻을 지니고 있지만, 그 의미는 단순한 도덕적 행동을 넘어서, 깊은 성찰과 분별을 요구합니다. 에덴동산에서 아담과 하와는 본래 착한 사람들이었지만, 선과 악을 구분할 능력이 부족했고, 유혹에 약해 그 경계를 넘어섰습니다. 그들의 이야기는 우리가 선을 실천할 때 반드시 경계해야 할 점을 일깨워 줍니다.

선은 깨어 있는 마음에서 비롯된다고 생각합니다. 깨어 있음이란, 내가 행하는 모든 행동이 어떤 결과를 초래할지 신중하게 고려하는 태도입니다. 또한, 단순히 외적인 행위로서의 선을 넘어서, 내면에서부터 선한 의도를 갖고 이를 실천하는 것이 중요합니다. 진정한 선은, 악과 선을 분별할 수 있는 능력과 그것을 실행할 준비가 되어 있는 마음가짐을 필요로 합니다.

자선은 단순히 의무감에서 비롯된 행동이 아닙니다. 진정한 자선은 마음 깊은 곳에서 우러나오는 선한 의도에서 비롯됩니다. 우리가 기부할 때, 만약 아깝다는 생각이 든다면, 그것은 단순히 다른 사람들에게 보여 주기 위한 행동이나, 과거의 실수를 만회하려는 마음에서 나오는 경우일 수 있습니다. 진정한 선의 행동은 내면에서 우러나와, 다른 사람의 행복을 진심으로 바라는 마음으로 실천되는 것입니다. 이는 자선이 단지 물질적인 나눔에 그치지 않고, 마음에서부터 출발하는 사랑과 배려의 표현임을 의미합니다. 하나님께서 제시하신 자선의 기준은 우리가 번 금액의 일정 부분을 나의 형제와 어려운 사람들을 돕고, 또한 우리의 탐욕을 없애기 위해 사용하라는 것입니다. 이는 종교 단체 및 자선 단체에 헌금을 하라는 뜻만이 아니라, 진정으로 어려운 이웃을 돕고 우리의 마음속 탐욕을 줄여 나가야 한다는 의미입니다.

만약 우리가 속으로 아까워하거나 남에게 보이기 위해 기부를 한다면, 그것은 가식이 섞인 선이 될 수 있습니다. 물론 아무것도 하지 않는 것보다는 그런 선이 나을 수 있지만, 궁극적으로 진정한 선은 마음속에 한 점 아까움 없이 기꺼이 실천하는 선입니다.

선은 꼭 돈으로만 행해지는 것이 아닙니다. 우리가 가진 재능이나 시간, 노동을 통해서도 선을 실천할 수 있습니다. 기부는 금전적인 것만을 의미하지 않으며, 우리가 할 수 있는 적은 노력과 실천들이야말로 진정한 선으로 이어질 수 있습니다. 선한 마음을 가지고, 그 마음에서 우러나오는 행동이 진정한 선이 되기를 바랍니다.

[마태 10:1-4] 그때에 예수께서 열두 제자를 부르시어 더러운 귀신을 쫓아내며 병든 자를 고치는 권세를 주시니, 그 열두 제자의 이름은 이러하였다. 첫째는 베드로(시몬), 그 형제들은 안드레, 야보고, 요한, 필립, 바돌로매, 토마스(도마)와, 세리 마태, 야고보, 다대오(렙배오), 카나안인(시몬), 유다 이스카리옷이었다. (해설: "너희가 값없이 받았으니, 값없이 주라."라는 뜻입니다. 최종 우리의 선행의 방향성에 대해서는 예수님께서 주신 은혜처럼, 우리는 대가 없이 사랑을 베풀고 선행을 실천해야 합니다. 무엇보다도 나누는 기쁨과 섬김의 마음이 중요합니다.)

[마태 12:7] 그러나 너희가 자비를 제사보다 더 중요하게 여겼다면, 의로운 일을 행하는 자들에게 자비를 베푸는 것이 얼마나 중요한지 깨달았을 것이며, 무죄한 자들을 정죄하지 않았을 것이다. (해설: 하나님께서는 형식적인 제사보다는 진정한 자비를 원하십니다. 무죄한 자를 정죄하는 대신, 자비를 베풀고 용서하는 것이 더욱 중요한 일임을 깨닫게 합니다.)

[마태 19: 21-22] 예수께서 그에게 말씀하시되, "네가 온전하고자 할진대, 가서 네 소유를 팔아 가난한 자들에게 주라. 그리하면 하늘에서 보물이 네게 있을 것이고, 그 후에 와서 나를 따르라." 그 청년이 이 말씀을 듣고 근심하며 갔으니, 이는 그가 많은 재물을 가지고 있었기 때문이다.

사무엘하 9장을 보면 다윗이 사울의 손자 므비보셋에게 특별한 배려를 보여 줍니다. 므비보셋은 사울의 아들인 요나단의 아들이며, 다윗과 사울은 과거에 적대적인 관계였음에도 불구하고, 다윗은 그에게 친절과 사랑을 베풉니다. 다윗은 므비보셋이 언제나 왕의 상에서 함께 식사를 할 수 있도록 배려하며, 사울의 땅을 회수하여 그에게 돌려주고, 심지어 그의 아들 미가까지 돌보았습니다. 이는 단순한 호의라기보다는 과분할 정도의 친절이었으며, 다윗의 큰마음을 엿볼 수 있는 대목입니다.

다윗은 사울과의 과거를 떠나, 복수의 연대기를 끊어 내고자 했습니다. 사울이 그를 끊임없이 괴롭혔던 적이었음에도 불구하고, 그 후손인 므비보셋을 돌보는 것으로 복수의 악순환을 끊어 내고, 사울 가문의 아픔과 한을 위로하는 길을 택한 것입니다. 이는 다윗이 하나님의 뜻을 따르며, 단지 외적인 복수의 감정을 넘어서서 진정한 자비와 사랑을 실천하려 했다는 것을 보여 줍니다. 그의 이러한 태도는 우리에게도 깊은 교훈을 줍니다. 과거의 상처와 원한을 넘어, 우리가 어떻게 사랑과 용서로 새로운 길을 열 수 있는지에 대한 중요한 메시지를 전달합니다.

[미가 6:7-8] 여호와께서 기뻐하실 수 있을까? 수천 마리의 숫양이나, 만 갈래의 기름 강물을 드리며, 내 죄를 위해 내 첫 번째 자식을 드려

야 할까? 내 혼의 죄를 위해 내 첫째 자식을 드려야 할까? 그가 네게, 오 사람아, 무엇이 선한 것인지를 분명히 가르쳐 주셨다 여호와께서 네게 요구하시는 것은 단지 정의를 행하며, 자비를 사랑하고, 네 하나님과 함께 겸손히 행하는 것뿐이다. (해설: 하나님께서 요구하시는 진정한 예배와 삶의 자세에 대해 말하고 있습니다. 단순히 물질적인 제사나 번제, 강물의 기름으로 하나님을 기쁘게 할 수 없다는 것을 강조하고 있습니다. 하나님께서 원하시는 것은 우리가 정의롭게 살며, 자비와 사랑을 실천하고, 겸손하게 하나님과 함께 행하는 것입니다. 이는 외적인 제사와 의식이 아니라, 우리의 삶 속에서 하나님을 경외하고 사랑하는 마음을 바탕으로 한 삶의 변화와 실천을 중요시 여긴다는 메시지를 전달합니다.)

9-5) 가족과 이웃

성경에서 가장 중요한 구성 요소 중 하나는 바로 가족입니다. 가족은 단순한 혈연관계를 넘어서, 하나님께서 우리에게 주신 소중한 공동체입니다. 현재 우리가 사는 시대는 여성 상위 시대라는 말이 자주 언급되는 시대로, 에베소서에 기록된 말씀을 그대로 여성에게 전달한다면 많은 논란을 일으킬 수 있을 것입니다. 그러나 성경에서 가장 중요한 가르침 중 하나는 각자의 역할을 충실히 이행하며, 가정 내에서 서로 존중하고 사랑하는 것입니다.

성경은 남편에게는 아내를 사랑하라고 명령하고, 아내에게는 남편을 존중하라고 가르칩니다. 자녀들에게는 부모를 공경하라고 하며, 이 모든 관계는 하나의 공동체를 이루고 서로서로 돕는 방식으로 나아가야 함을 강조합니다. 이러한 가르침은 가정 내에서 시작되어 이웃과 사회로까지 확장됩니다.

하나님께서는 우리에게 '인(仁, 사랑과 자비, 인간다움), 의(義, 올바름, 정의, 도리), 예(禮, 예의, 존중), 지(智, 지혜, 통찰력, 올바른 판단), 신(信, 믿음, 신뢰)'을 통해 이웃을 사랑하라고 말씀하십니다. 이는 단순히 나의 가족뿐만 아니라, 사회의 모든 사람들과 정의롭게 관계를 맺고, 사랑을 실천하라는 뜻입니다. 나의 이웃이 잘되기를 바라며, 가진 자를 미워하기보다는 부족한 자에게 자비를 베풀고, 그들에게 희망과 기회를 주는 사회를 만들라는 것입니다. 이러한 사회가 이루어졌을 때, 우리는 하나님의 뜻을 온전히 따르는 공동체로 살아갈 수 있습니다.

결국 성경이 우리에게 주는 메시지는 하나님 안에서 모든 관계가 어떻게 사랑과 존중으로 이루어져야 하는지 그리고 이를 통해 우리가 살고 있는 세상에서 평화롭고 정의로운 사회를 만들어 가는 방법을 알려준다는 것입니다.

[에베소서 5:22-28] 아내들아, 주님께 하듯이, 자기 남편에게 순종하십시오. 남편은 아내의 머리이니, 그리스도께서 교회의 머리가 되시고, 교회를 위해 구주가 되신 것과 같습니다. 그러므로 교회가 그리스도에게 순종하는 것처럼, 아내들도 모든 일에 자기 남편에게 순종해야 합니다. 남편들아, 아내를 사랑하십시오. 그리스도께서 교회를 사랑하시고, 교회를 위해 자신을 주신 것처럼 사랑하십시오. 이는 그가 말씀으로 교회를 깨끗하게 하여 거룩하게 하시고, 교회를 자기에게 영광스럽게 바치기 위함입니다. 그 교회는 티나 주름 잡힌 것이 없이 거룩하고 흠이 없게 하려 하십니다. 이와 같이 남편들도 자기 아내를 자기 몸처럼 사

랑해야 합니다. 아내를 사랑하는 자는 자기 자신을 사랑하는 것입니다.
[마태 15:6] 너희가 아버지나 어머니를 공경하지 않으면, 너희는 자유
로울 수 있다. 그러나 너희가 이와 같이 너희의 전통으로 하나님의 계
명을 무효화하고 있다. (해설: 이 구절은 부모 공경과 자녀 양육이라는
중요한 의무를 소홀히 하고, 전통이나 외적인 종교 행위만을 강조하는
것이 하나님의 뜻에 어긋남을 지적합니다. 하나님께서는 예배와 의식
뿐만 아니라 가정 내에서의 책임과 사랑을 중시하십니다.)

우리말에 "콩 심은 데 콩 나고 팥 심은 데 팥 난다."라는 말이 있습니
다. 이는 기본적으로 우리가 한 행동이 그 결과로 돌아온다는 의미를
담고 있습니다. 부모가 서로를 존중하고 아내는 남편을 가장으로 공경
하며, 남편은 아내를 사랑하고, 자식들은 부모를 존경한다면 그 가정의
후손은 복을 받게 됩니다. 이러한 가정의 화목은 단순히 가정 내의 윤
리적 규범을 넘어서 삶의 질과 후손의 운명에까지 긍정적인 영향을 미
칩니다. 더 나아가, 가정이 올바로 세워지면 사회 또한 자연스럽게 개
선되고 건강한 공동체로 발전하게 됩니다. 이것은 복과 죄의 대물림이
라는 종교적 관점에서도 중요한 교훈을 제시합니다.

9-6) 관계 속의 깨달음: 남편과 아내

하나님께서는 남자와 여자 간의 화합을 매우 중요하게 여기십니다.
모세는 결혼을 하였고, 예수님 역시 막달라 마리아와 결혼하셨다고 판
단하며, 대부분의 선지자들도 결혼을 했습니다.
구약 성경에서 야곱의 열두 아들들, 즉 열두 지파 중에서 레위 지파

는 제사장의 역할을 맡으며 이스라엘 민족에 중요한 영향을 미칩니다. 유대인들 사이에서 레위 지파는 특히 신성시되며, '레위'라는 이름은 남편과 아내의 관계 회복을 의미합니다.

창세기에서는 야곱이 외삼촌 집으로 가서 자신이 원하는 아내 라헬과 결혼하기 위해 7년간 열심히 일하는 이야기가 나옵니다. 그러나 외삼촌은 약속을 어기고, 라헬의 언니인 레아를 대신 주게 되며, 야곱은 다시 7년을 더 일해야 했습니다. 그 후, 레아와 결혼하게 된 야곱의 마음은 여전히 라헬에게 있었습니다. 그런데 그 당시 레아는 로우벤, 시므온 그리고 레위라는 아들을 낳게 되는데, 레위의 이름은 '남편과의 관계 회복'이라는 뜻을 가지고 있습니다. 레아는 야곱의 사랑을 받지 못한 채 살았지만, 레위를 낳음으로써 결국 부부간의 화합을 이루었다는 의미를 담고 있습니다.

[창세기 29:34] 그녀가 다시 잉태하여 아들을 낳고 말하기를, '이번에는 내 남편이 나와 함께할 것이다. 내가 그에게 세 아들을 낳았기 때문이다.' 하며, 그 아들의 이름을 레위라 불렀다.

결혼은 하나님께서 사람에게 주신 귀한 축복입니다. 앞서 말씀드린 것처럼, 천지 창조의 6일째에 하나님은 사람을 만드셨고, 에덴동산에서 창조된 아담과 하와는 특별한 의미를 지니고 있습니다. 에덴동산에서 남자 아담의 갈비뼈로 여자인 하와를 창조하셨다는 말씀은, 부부가 단순히 두 사람이 아니라 하나의 존재로 연결된다는 중요한 뜻을 내포하고 있습니다. 이는 우리가 인생에서 좋은 배필을 신중하게 선택하고, 함께 아이를 낳으며, 하나님 안에서 행복한 삶을 이루어 가야 한다는 메시지를 전달합니다.

결혼의 신중, 중요성에 대한 성경 구절은 다음과 같습니다.

[잠언 19:14] 집과 재물은 부모 및 조상의 유산이지만, 슬기로운 아내는 여호와께서 주시는 선물이다.
[잠언 21:9] 넓은 집에서 다투는 여자와 함께 지내는 것보다, 집의 꼭대기 모퉁이에 사는 것이 낫다.
[잠언 21:19] 다투고 노여운 여자와 함께 사는 것보다는, 차라리 광야에 사는 것이 낫다.

엘리야는 기근과 가뭄이 계속되던 어려운 시기에 하나님께서 그를 르밧이라는 과부에게 보내셨습니다. 이 과부는 엘리야의 생명을 유지하기 위해 그에게 음식과 물을 공급하였고, 그가 하나님의 일을 계속할 수 있도록 도왔습니다. 성경에 따르면, 엘리야와 르밧 과부는 이 시점에서 하나님께서 이루신 기적을 경험하게 됩니다. 그녀의 집에는 기름과 밀가루가 다하지 않고 끊임없이 공급되었으며, 이는 하나님께서 그들에게 주신 은혜와 기적의 증거였습니다. 또한, 엘리야는 르밧 과부와 함께 이 힘든 시기를 지내며 그녀의 신앙을 세우는 데 중요한 역할을 했습니다. 결국, 과부의 아들이 죽은 후, 엘리야는 하나님께 간절히 기도하여 그 아이를 살리는 기적을 경험하였습니다.

[열왕기상 17:18] 그 여인이 엘리야에게 말하되, "하나님의 사람인 당신과 내가 무슨 관계가 있습니까? 당신은 내 죄를 기억하게 하려고, 내 아들을 죽이러 왔습니까?"

[열왕기상 17:21] 그가 아이 위에 몸을 세 번 펴고, 여호와께 기도하여 말하기를, "여호와 나의 하나님이여, 이 아이의 혼(생명)을 다시 그에게 돌려보내 주시기를 간청(간구)합니다." (해설: 과부의 아들이 죽은 후 다시 살아나는 기적을 통해, 르밧 과부는 하나님의 말씀과 그 진리가 실제로 이루어짐을 깨닫게 됩니다.)

[말라기서 2:15] 그가 한 사람을 만들지 아니하였느냐? 그에게는 여전히 영이 남아 있지 않느냐? 왜 한 사람을 만들었느냐? 그가 경건한 자손을 구하시기 위함이다. 그러므로 너희는 마음을 지키고, 젊은 아내를 속이지 말거라. (해설: 하나님께서 아담과 하와를 둘로 창조하셨지만, 그 둘은 하나가 되었다. 따라서 아내를 기만하거나 속여서 행동하는 일은 해서는 안 된다.)

[말라기서 2:16] 이스라엘의 하나님 여호와께서 말씀하시기를, '아내를 떠나보내는 것을 미워하신다. 이는 한 사람이 자기 옷으로 폭력을 덮는 것과 같다'라고 하시며, '그러므로 너희는 영을 지키고, 속이지 않도록 하라'라고 말씀하셨습니다.

9-7) 죄의 무한 루프: 습관적 회개와 죄지음의 반복

오늘날 우리 종교 교리에서 가장 큰 문제 중 하나는 죄의 용서가 너무 쉽게 이루어진다고 생각하는 것입니다. 우리가 어떤 죄를 지었든 하나님과 예수님은 여전히 우리를 사랑하시기 때문에, 예수님의 십자가를 통해 우리의 죄는 용서받았다고 믿는 경우가 많습니다. 하지만 성경에서 하나님은 죄를 쉽게 용서하신 사례가 거의 없습니다. 예를 들어, 열왕기에서는 사울이 죽고 다윗이 통치한 지 40년 후 기근이 발생하는데, 하나님께서는 다윗에게 이 기근이 사울의 잘못과 억울하게 죽은 자들의 원한 때문이라고 설명하십니다. 하나님은 기근이 다윗의 잘못이 아니라 다른 이들의 죄로 인한 결과라고 말씀하십니다.

하나님께서는 죄와 벌에 대해 결코 가볍게 여기지 않으십니다. 죄를 지은 후 곧바로 용서받을 수 있다고 생각하는 것은 성경의 가르침을 오해한 것일 수 있습니다. 우리는 죄를 짓고, 그때마다 잘못을 깨닫고 회개하지만, 시간이 지나면 다시 같은 죄를 반복하는 모습을 보이기도 합니다.

성경은 하나님께서 죄를 쉽게 용서하시거나 간과하신다고 가르치지 않습니다. 또한, 죄를 용서받더라도 그로 인한 결과와 벌이 남아 있음을 자주 이야기합니다. 예수님께서 사람들에게 서로 용서하라고 하신 것은 자비를 실천하라는 뜻이지, 죄를 가볍게 여기거나 반복하는 것을 용납하라는 뜻이 아닙니다. 성경은 우리가 죄를 멀리하고, 반복하지 않도록 힘써야 한다고 가르칩니다. 죄를 지었다면, 진심으로 회개하고 그로 인해 영향을 받은 사람에게 용서를 구하며 문제 해결에 노력해야 합니다. 만약 직접 용서를 구할 대상이 없다면, 하나님께 기도하며 진심으로 회개하고 용서를 구해야 합니다.

우리가 습관적으로 자주 짓는 죄들은 다음과 같으니 주의가 필요하다고 봅니다.

첫째, 가벼운 약속을 쉽게 해서는 안 됩니다.

맹세나 약속을 가볍게 하면, 결국 말이 씨가 되어 결과적으로 큰 문제를 초래할 수 있습니다. 구약에서는 에서가 배가 고파 동생 야곱에게 장자권을 쉽게 팔게 됩니다. 이 사건에서 배울 점은 약속을 가볍게 하지 말고, 말은 반드시 지켜야 한다는 것입니다. 모든 재앙은 종종 입에서 시작된다는 것을 우리는 쉽게 알 수 있습니다.

[창세기 25:32-33] 에서가 말하기를, "보라, 나는 지금 죽을 지경이다. 그러니 이 장자의 명분이 나에게 무엇이 유익하겠느냐?" 야곱이 말하기를, "오늘 나에게 맹세하라." 에서가 그에게 맹세하였고, 그는 자신의 장자의 명분을 야곱에게 팔았다.

둘째, 가족 간에는 갈등을 일으키거나 서로의 마음을 상하게 하는 행동을 주의해야 합니다. 특히, 동의 없이 물건을 가져가는 일은 신뢰를 해칠 수 있으니 조심해야 합니다. 가족 간의 존중과 배려는 건강한 관계를 유지하는 데 매우 중요합니다.

창세기 39장에서는 라헬이 아버지의 형상을 훔쳐 가고, 그것을 숨기기 위해 거짓말을 합니다. 라헬은 자신이 20년 동안 아버지에게 봉사했기 때문에 그것을 가져도 된다고 생각했을지 모르지만, 부모에게 허락도 없이 제물을 가져가는 것은 잘못된 행동입니다.

[창세기 31:19] 라반이 자기 양을 치러 간 사이에, 라헬은 아버지의 신상들을 훔쳤다.

셋째, 급할 때 회개하고 상황이 좋아졌을 때 다시 죄를 지어서는 안 됩니다.

출애굽기에서 파라오는 재앙이 닥칠 때마다 모세에게 이스라엘 백성을 보내겠다고 약속하지만, 재앙이 끝나면 곧바로 약속을 어겼습니다.

이는 진정한 회개가 아닌, 일시적인 위기 회피를 위한 거짓 회개의 모습입니다. 회개는 단순히 상황을 모면하려는 것이 아니라, 마음 깊은 곳에서 나오는 진정한 변화를 동반해야 합니다.

[출애굽기 9:27-35] 그리하여 파라오가 모세와 아론을 불러 그들에게 말하기를, "이번에는 내가 죄를 지었다. 여호와는 의로우시고, 나는 내 백성과 함께 악을 행하였다." 그리고 여호와께 기도하여 더 이상 큰 우레와 우박이 내리지 않게 해 달라고 하였으며, 그러면 너희를 보내겠고, 더 이상 여기 머물지 않게 하겠다고 말하였다. 이에 모세가 그에게 말하기를, "내가 성을 떠나면 손을 여호와께 펴리니, 우레가 그치고, 우박도 더 이상 내리지 않으리라. 그렇게 하여 이 땅이 여호와의 것임을 알게 하려 하노라." 그러나 모세는 또한 '너와 네 종들이 여호와 하나님을 두려워하지 않을 것을 안다'라고 덧붙였다. 그때 아마와 보리가 타격을 받았으니, 보리는 이삭을 맺었고, 아마는 꽃을 피웠기 때문이다. 그러나 밀과 호밀은 아직 자라지 않아 타격을 받지 않았다고 전하였다. 그 후, 모세는 바로에게서 성을 떠나 여호와께 손을 펼쳤고, 우레와 우박은 그쳤으며, 비는 땅에 내리지 않았다. 그러나 파라오는 비와 우박과 우레가 그친 것을 보고, 더욱 죄를 지었으며, 그의 마음을 강퍅하게 하여, 그와 그의 신하들이 그렇게 하였다고 기록되어 있다.

넷째, 자신의 약속을 타협하고 저버리는 것으로 자기 위로를 해서는 안 됩니다.

파라오는 하나님의 재앙 앞에서 여러 차례 죄를 고백했지만, 재앙이 끝난 후 약속을 변경하거나 타협하려 했습니다. 그의 행동은 약속의 가치를 경시하고 자신의 이익을 위해 신뢰를 저버리는 행위였습니다. 출애굽기의 사건들은 약속을 지키는 것이 얼마나 중요한지, 그리고 약속을 타협하거나 파기하는 것이 결국 심판과 비극을 초래한다는 교훈을 줍니다.

[출애굽기 12:29-31] 여호와께서 그 밤에 이집트 땅의 모든 첫째 아들을 처치하시니, 파라오 왕의 왕좌에 앉은 첫째 아들부터 지하 감옥에 갇힌 자의 첫째 아들까지, 그리고 모든 가축의 첫째까지 처치되었다. 그때 파라오가 밤에 일어나, 그와 그의 모든 신하들 그리고 모든 이집트 사람들이 함께 일어나 이집트 땅에서 큰 고통의 소리가 났다. 각 집마다 죽은 자가 없었던 집이 없었기 때문이다. 파라오가 밤에 모세와 아론을 불러 말하기를, "일어나 내 백성 중에서 나가라. 너희와 이스라엘 자손 모두 여호와를 섬기러 가라. 너희가 말한 대로 가라." (해설: 이 사건은 파라오가 이스라엘 남자아이들을 죽이라고 명령한 죄에 대한 결과로, 그의 아들이 죽는 비극을 맞이한 장면입니다. 하나님은 파라오의 악행을 그의 자손에게 그대로 돌려주심으로써 심판하셨습니다. 이는 하나님의 정의와 행위에 따른 결과를 보여 주며, 악행이 결국 자신과 후손에게까지 영향을 미친다는 교훈을 전합니다.)

다섯째, 우리는 자신의 마음과 의지를 강건히 해야 합니다.
이스라엘 백성이 이집트에서 약 400년간 종살이를 하던 상황에서, 그들은 단지 종살이만 피하고자 했습니다. 하지만 자유를 얻고 난 후, 그들은 더 이상 자신의 소원이 이루어졌다는 기쁨을 느끼지 못하고, 오히려 불평을 하기 시작했습니다. 그들이 처음에는 하나님께 자유를 간절히 구했지만, 그 자유를 얻고 나서 다시 물질적이고 세속적인 욕구가 생기면서 불만을 터뜨린 것입니다.

이와 비슷한 예로, 우리말에 "물에 빠진 사람 구해 주니까 보따리 내놓으라."라는 표현이 있습니다. 이는 사람들이 어려움에 처했을 때 도움을 요청하고, 그 어려움이 해결되면 다시 추가적인 것을 요구하는 탐욕적인 습성을 비판하는 말입니다. 이처럼 인간은 환경이 달라져도 쉽게 변하지 않는 욕망과 습성을 가지고 있음을 보여 줍니다. 하나님이 주신 축복이나 자유가 우리의 진정한 바람과 일치하지 않을 때, 우리는 그 축복에 감사하기보다는 불평하거나 더 큰 것을 요구하게 된다는 점을 드러내는 사례입니다.

400년간의 종살이를 살던 이스라엘 백성의 이야기를 생각할 때, 저는 2014년 2월 신안의 장애인 염전 노예 사건이 떠오릅니다. 이 사건에서 63명의 장애인이 염전에서 착취당하고 있었고, 이들 중 일부는 1년에 10만 원이라는 임금으로 강제 노동을 시켰습니다. 사건이 발생한 신안군에서는 많은 사람이 염전 주인을 의인이라고 부르며, 그가 오갈 곳 없는 사람들을 먹여 주고 재워 준다고 말했습니다. 하지만 나중에 알게 된 것은, 염전의 이권이 지역 주민들 모두와 얽혀 있었고, 이로 인해 죄의식이 사라지고 죄가 보편화되었음을 깨닫게 되었습니다.

많은 경찰 병력이 투입되어 염전에서 고통받고 있던 장애인들을 구출한 후, 사건은 법정에까지 가게 되었지만, 염전 주인은 결국 집행 유예라는 가벼운 처벌을 받게 되었습니다. 이유는 피해자들이 '처벌을 원하지 않는다'라는 진술서를 제출했기 때문입니다. 중요한 점은, 피해자 중 절반이 다시 염전으로 돌아가 자발적으로 다시 노예 생활을 선택했다는 사실입니다. 1994년에는 염전 주인이 말 안 듣는 노예를 처벌하다가 그를 죽인 사건도 있었습니다. 그런데 그들은 그 살인이 염전 주인의 문제가 아니라, 말을 잘 듣지 않던 그 노예의 잘못이라고 여겨 스스로를 정당화했습니다.

400년간의 종살이를 경험한 사람은 자신을 노예나 짐승처럼 여길 수밖에 없습니다. 심지어 정상적인 사람도 시간이 지나면 환경에 따라 변할 수 있다는 사실은 여러 연구에서 밝혀졌습니다. 사람은 생존을 위해 적응하는 존재이기 때문입니다. 이 사건에서 중요한 교훈은 염전 주인이 사람들을 학대하며 살인까지 저지른 사실을 알면서도, 여전히 그를 의인으로 부른 사람들도 있었다는 점입니다. 또한, 피해자 중 절반이 다시 염전으로 돌아갔다는 사실은 우리에게 많은 생각을 하게 합니다.

결국, 이 사건은 우리가 얼마나 쉽게 도덕적 판단을 흐릴 수 있는지를 일깨워 줍니다. 사회적 압력과 환경에 의해 선과 악을 구분하기 어려운 상황에 직면할 수 있다는 중요한 교훈을 줍니다. 우리는 자신의 마음과 의지를 굳건히 하고, 어떠한 상황에서도 옳고 그른 것을 명확히 구분할 수 있는 능력을 길러야 합니다. 이러한 현실을 마주했을 때, 우리는 선한 선택을 하고 정의롭고 올바른 행동을 취하기 위해 항상 깨어 있어야 하며, 외부의 유혹이나 편견에 휘둘리지 않도록 자신을 다스려야 합니다. 이 사건에서처럼, 악이 보편화되고 정의가 흐려지지 않도록, 우리는 끊임없이 도덕적 기준을 확립하고 지켜 나가야 할 책임이 있음을 잊지 말아야 합니다.

[출애굽기 16:8-9] 모세가 말하기를, "이것은 여호와께서 저녁에는 너희에게 고기를 주시고, 아침에는 너희가 배부를 정도로 떡을 주실 때, 너희가 여호와께서 너희 하나님이심을 알게 될 것이다." 모세가 아론

에게 "이스라엘 자손의 온 회중에게 말하여 여호와 앞에 가까이 나아오라. 그가 너희의 불평을 들으셨다."라고 하였습니다. (해설: 이스라엘 백성은 배고픔이라는 역경이 오니 다시 이집트의 종살이를 그리워하며 불평했습니다. 이러한 모습은 오늘날에도 반복되기에, 우리는 자신의 마음과 의지를 강건히 하고 흔들림 없이 신뢰를 가져야 합니다.)

9-8) 믿음, 소망, 사랑

크리스천 신앙에서 믿음, 소망, 사랑은 모두 신앙의 핵심적인 가르침이며, 각각의 개념은 서로 긴밀하게 연결되어 있습니다. 이 세 가지는 신앙의 근본적인 기초이자, 우리가 따라야 할 삶의 방향을 제시합니다. 그렇다면, 믿음이란 무엇을 의미할까요?

믿음은 하나님의 존재를 인정하는 것입니다.

성령의 체험이 없더라도, 눈에 보이지 않는 하나님을 믿는 것이 가능할까요? 많은 사람들이 보지 못하는 것을 믿는 것이 어렵다고 말합니다. 그러나 같은 사건을 경험한 사람 중 일부는 그것을 믿음으로 받아들이고, 또 다른 이들은 여전히 믿지 않는 경우가 많습니다. 신약 성경에서 예수님은 병자들을 고치시고, 맹인의 눈을 뜨게 하는 등 많은 표적을 보이셨습니다. 그럼에도 불구하고, 당시의 율법학자들은 예수님이 보여 주신 표적이 메시아의 표적이 아니라고 생각했습니다. 그들이 원했던 표적은 로마를 물리칠 하나님의 군대였기 때문입니다. 그들은 자신들이 원하는 표적이 아니면 어떤 표적을 보더라도 믿지 않았습니다. 만약 오늘날 우리에게도 예수님과 같은 표적을 보이시고, 선을 행하며 깨어 있으라고 말씀하신다면, 우리는 그분을 믿을 수 있을까요? 우리는 스스로에게 묻고, 또 믿음이란 표적을 보고 신을 보아야만 가능할 것인지 깊이 생각해 볼 필요가 있습니다. 이러한 고민은 신앙이 언제나 믿음에서 출발한다는 사실을 깨닫게 합니다.

소망은 내가 원하는 것을 바라는 것입니다.

하나님의 존재를 믿고 나면, 신앙은 소망으로 한 단계 발전합니다. 소망은 나의 바람을 하나님께 드리는 것으로, 기복 신앙이라고도 표현될 수 있습니다. 사람으로서 복을 바라는 것은 자연스러운 일이지만, 복을 바라는 것만큼 중요한 것은 자신의 일에 최선을 다하고, 자신의 죄를 회개하고, 하나님이 주신 목표를 향해 최선을 다하는 것입니다. 내가 죄를 지으면서도, 아무런 노력 없이 내 소원만을 바란다면 그것은 성숙한 신앙이 아닙니다. 진정한 신앙은 노력과 회개를 동반해야 합니다.

사랑은 받는 사랑뿐만 아니라 누군가에게 사랑과 자비를 베푸는 것입니다.

사랑을 실천하려면, 우리의 탐욕을 줄여야 합니다. 많은 신자가 믿음과 소망에 머무는 경우가 많습니다. 그들은 하나님의 존재에 대한 신뢰와 복을 바라는 기복 신앙에 집중합니다. 그리고 사랑에 대해서는 오해를 할 때가 많습니다. 많은 이들이 사랑을 하나님으로부터 받는 사랑으로만 이해하며, 그 사랑이 나에게 주어지기만을 원합니다. 그러나 여기서 말하는 사랑은 '받는 사랑'뿐만 아니라, '베푸는 사랑'이 중심이 되어야 합니다. 즉, 자비라는 말과 동일하며 타인에게 선을 행하는 사랑을 의미합니다.

믿음, 소망, 사랑은 신앙의 본질적인 요소이며, 신앙을 갖게 되면 자연스럽게 이 세 가지를 경험하게 됩니다. 이를 종교 단체에 오는 사람들의 신앙 단계로 나누어 보면, 다음과 같은 다섯 가지 단계로 구분할 수 있습니다.

1단계: 종교 단체에 이끌림 단계입니다. 종교는 심리적 안정과 위안을 제공하며, 어려운 시기나 불확실성을 겪을 때 큰 도움이 됩니다. 또한, 종교 단체는 사람들에게 소속감을 주고, 공동체 의식을 형성하는 데 중요한 역할을 합니다. 많은 사람은 종교를 통해 삶의 도덕적 지침과 방향을 찾으며, 존재의 의미와 목적에 대한 답을 얻으려 합니다. 또한, 신성과 깊은 연결을 통해 영적 경험을 추구하기도 합니다. 사회적 압력이나 문화적 요인도 사람들이 종교에 끌리는 이유 중 하나로 작용할 수 있으며, 종교적 구원과 영생에 대한 희망이 사람들에게 동기를 부여하기도 합니다. 또한 인생의 어려움, 예를 들어 사업이나 연애에서 실패를 경험한 후, 많은 사람이 종교를 찾는 경우가 많습니다.

2단계: 종교 지도자의 말씀과 성경 말씀을 글자 그대로 이해하는 단계입니다. 이 단계에서 사람들은 종교 지도자의 말씀과 성경 말씀을 글자 그대로 이해하는 단계입니다. 이 단계에서는 사람들이 성경을 읽고, 성경의 가르침을 문자 그대로 받아들입니다. 이때는 성경의 이야기가 주는 교훈에 집중하며, 종교적 교리를 이해하려고 합니다. 이 과정에서 사람들은 신앙의 기본을 배우고, 하나님과의 관계를 더 깊이 이해하려고 노력합니다.

3단계: 하나님의 참된 말씀을 이해하는 단계입니다. 성경의 문자적 의미를 넘어, 하나님이 우리에게 주고자 하시는 깊은 뜻을 깨닫고, 그 말씀을 자기 삶에 어떻게 적용할지 고민하게 됩니다. 이 단계에서는 신앙의 성숙이 이루어지며, 신앙이 단순히 교리나 규범에 그치지 않고, 삶의 실제적인 변화를 일으키는 계기가 됩니다.

4단계: 자신이 받은 은혜, 즉 참된 복음을 사람들에게 전하는 단계입니다. 자신이 경험한 하나님의 은혜를 다른 사람들에게 전하려고 합니다. 복음을 전파하는 일은 이 단계에서 자연스럽게 나타나는 모습으로, 자신이 받은 구원의 기쁨과 평안을 다른 이들에게 나누려는 마음에서 시작됩니다.

5단계: 자신의 선을 실천하는 단계입니다. 이는 예수님과 석가모니처럼, 완벽하지는 않더라도 가능한 한 최선을 다해 선을 베푸는 단계입니다. 이 단계에서는 신앙이 단순히 지식이나 말에 그치지 않고, 실제 행동으로 나타납니다. 자신의 삶을 통해 선을 실천하고, 타인을 돕고, 사랑을 나누는 것을 중요하게 생각합니다. 이 단계에서는 신앙의 진정성과 깊이가 드러나며, 하나님과의 관계가 삶 전반에 깊은 영향을 미치게 됩니다.

궁극적으로 우리의 신앙은 5단계까지인 실천하는 단계로 발전해져야 합니다. 신앙의 성숙은 우리가 받은 사랑을 다른 사람에게 베푸는 데서 완성됩니다.

9-9) 끝까지 깨어 있어라

구약에서 가장 중요한 가르침 중 하나는 '지혜'이고, 신약에서 가장 중요한 가르침 중 하나는 '깨어 있어라'입니다. 앞서 설명드린 바와 같이, 제2차 세계 대전 중에 히틀러라는 악명이 높은 인물이 있었습니다. 그런데 놀랍게도 적지 않은 독일 국민이 히틀러가 잘되기를 기도했다고 합니다. 이와 같은 상황에서 하나님께서는 상반된 기도가 있을 때, 어떻게 응답하실까요?

필자가 생각하기에는, 맹목적인 믿음과 기복 신앙에 대해서 하나님께서 응답하지 않으신다고 결론 내립니다. 예수님께서도 "주여, 주여"라고 외치는 자들에게 "나는 그들을 모른다."라고 말씀하셨습니다. 사랑이 충만하신 예수님이 그런 말을 하셨다는 사실은 다소 이상하게 느껴질 수 있습니다. 사랑으로 그들을 품어 주시리라 생각할 수도 있지만, 예수님은 그들을 모른다고 하십니다. 이 말씀은 "깨어 있는 것만큼 중요한 것은 없다."라는 의미를 담고 있습니다.

유대 백성들은 처음에 예수님을 선지자나 구세주로 보고 깨어 있었으나, 나중에 사탄의 선동에 의해 예수님을 배반하고 결국 그를 죽음으로 몰고 갔습니다. 결국 그들은 깨어 있지 않음으로써 무고한 사람을 죽이는 선동에 동참하며, 큰 죄를 짓게 된 것입니다. 자신이 선동되었기 때문에 죄가 없다고 여겼던 사람들과 자신을 속인 자들이 잘못했다고 생각하는 사람들이 저지른 죄는 사실 자신도 모르는 사이에 자행된 죄일 수 있습니다. 억울하게 모욕을 당한 피해자가 나중에는 가해자가 되어 버린 것은 아닌지, 우리는 스스로 살펴봐야 합니다. 하나님께서는 절대로 죄를 쉽게 용서해 주신다고 말씀하시지 않았습니다.

이처럼, 우리는 예수님의 말씀처럼 언제나 깨어 있어야 합니다. 모르고 저지른 죄를 피하려면, 항상 깨어 있어야 하며 하나님의 뜻에 따라 바르게 행동해야 합니다.

성경에 있는 깨어 있음과 지혜

마태복음 21:46에서는 사람들이 예수님을 붙잡으려 기회를 엿보았지만, "무리가 그를 선지자(Prophet)로 여겼기에 두려워했다."라고 기록되어 있습니다. 마태복음 25:9에서 보면, 어리석은 처녀가 깨어 있는 처녀에게 "등불이 꺼졌으니 기름을 좀 달라."라고 부탁하지만, 슬기로운 처녀들은 "우리와 너희의 기름이 다 부족할까 두렵다. 차라리 기름을 파는 자들에게 가서 사라."라고 답했습니다. 왜 그랬을까요? 이는 깨어 있는 것에 대해 어떤 양보도 없다는 뜻입니다. 깨어 있음은 결국 스스로 해야 하는 일이기 때문입니다.

마태복음 25:11에서 그 후에 나머지 처녀들도 와서 "주여, 주여, 우리에게 문을 열어 주소서."라고 외치지만, 예수께서는 "너희를 알지 못한다."라고 답하십니다. 이는 결국 깨어 있는 신앙을 유지해야 한다는 경고입니다. 또한 마태복음 25:13에서는 "그러므로 깨어 있으라, 너희는 인자(Son of Man)가 오는 날이나 시각을 알지 못하기 때문이다."라고 하셨습니다. 우리의 삶에서 깨어 있음이 얼마나 중요한지를 상기시키는 말씀입니다.

마태복음 26:41에서도 예수님은 "깨어 기도하라, 이는 너희가 시험에 들지 않게 하려 함이라. 영은 참으로 원하지만, 육체는 약하다."라고 하셨습니다. 제자들은 예수님께서 처형될 상황을 알지 못한 채 졸고 있었고, 이에 예수님은 육신의 연약함을 강조하며 깨어 기도하라고 하셨습니다. 이처럼, 우리가 항상 깨어 있어야 하는 이유는 영적으로 연약한 인간이 쉽게 시험에 빠지기 때문입니다.

요한복음 21:25에서는 예수께서 행하신 다른 많은 일들이 기록되지 않았다고 말씀하십니다.

"만일 그것들을 하나하나 기록한다면, 이 세상이라도 기록된 책들을 다 담을 수 없을 것이다. 내가 생각하노라. 아멘."이라고 하셨습니다. 이는 예수님께서 모든 진실을 그때 직접적으로 말할 수 없었던 이유를 비유적으로 표현한 것입니다. 당시 사람들이 깨우침을 받지 못한 상태에서 모든 것을 알게 되면, 사탄이 그 진리를 막았을 것이라 이해할 수 있습니다.

마태복음 24:42에서도 "그러므로 깨어 있으라, 이는 너희 주께서 어느 시각에 오실지 너희가 알지 못하기 때문이다."라고 하셨습니다. 이는 우리가 주님의 재림에 대비해 항상 깨어 있어야 함을 경고하는 말씀이기도 합니다. 죄는 회개를 통해 사해질 수 있지만, 그로 인한 결과는 피할 수 없다는 교훈도 간접적으로 내포하고 있습니다.

잠언 1:3-5은 지혜와 정의, 공의와 공평을 배우고, 우매한 자에게는 슬기를, 청년에게는 지식과 분별력을 준다고 합니다. 또한, 잠언 1:22에서는 "너희 어리석은 자들아, 언제까지 단순함을 사랑하겠느냐? 비웃는 자들은 비웃음을 즐기며, 미련한 자들은 지식을 미워한다."라고 말씀하고 있습니다. 지혜를 사랑하고, 맹목적인 믿음보다 분별력 있는 신앙을 유지해야 한다는 메시지를 담고 있습니다.

잠언 3:21에서는 "내 아들아, 건전한 지혜와 분별을 지키고 그것들이 네 마음에서 떠나지 않게 하라."라고 하시며, 잠언 4:6에서는 "지혜를 떠나지 말라, 그러면 지혜가 너를 지킬 것이며, 지혜를 사랑하면 지혜가 너를 보호할 것이다."라고 말씀하십니다. 지혜를 사랑하고 지혜를 지키는 것이 우리의 신앙생활에서 매우 중요하다는 가르침입니다. 잠언 8:11에서는 "지혜는 루비보다 귀하며, 바랄 수 있는 모든 것이 지혜와 비교할 수 없다."라고 말씀하시어, 지혜가 모든 것보다 귀중하다는 사실을 강조하고 있습니다.

잠언 10:1에서는 "지혜로운 아들은 아버지를 기쁘게 하며, 어리석은 아들은 어머니에게 근심을 안겨 주게 된다."라고 하며, 잠언 23:15에서는 "내 아들아, 네 마음이 지혜로우면, 내 마음도 기뻐하고, 나의 마음도 즐거워하리라."라고 말씀하십니다. 우리가 현명한 신앙을 가진다면 하나님께서 기뻐하실 것입니다.

잠언 26:3-5에서는 "어리석은 것은 죄가 된다."라고 말씀하시며, 깨어 있지 않음 또한 죄에 해당한다는 것을 명확히 합니다. 우리가 깨어 있지 않으면, 영적으로 어리석은 행동을 하게 되고, 결국 죄를 짓게 됩니다.

욥기에서 욥은 아들들이 죄를 짓지 않도록 항상 번제를 드리며, 가족들의 탐욕을 없애고 깨어 있기를 원했습니다. 이는 신앙인으로서 끊임없이 깨어 있어야 한다는 중요한 메시지를 전달합니다.

말라기서 2:17에서 말하는 내용은, 악을 행한 사람들조차 그들이 한 일이 악인 줄 모르는 상태에서 그것을 행하고 있다는 경고의 메시지를 담고 있습니다. 이 구절은 사람들이 여호와의 말씀을 무시하고, "우리가 언제 그 말씀을 괴롭게 여겼습니까?"라고 반문하는 모습을 보여 줍니다. 또한, 그들은 "악을 행하는 자들이 하나님의 눈에 좋게 보이며, 하나님께서 그들을 기뻐하신다"라고 주장하며, 하나님의 공의를 시험합니다. 이러한 경고는 사람들이 깨어 있지 않거나, 그들의 신앙이 왜곡된 방향으로 나아갈 위험성을 강조하고 있습니다. 또한, 요한계시록 3:2에서는 "너는 깨어 있어, 네가 죽은 것을 굳건히 하라. 내가 네가 행한 일을 보았노니, 내가 네게 명령한 대로 끝까지 완성한 것이 없구나."라고 말씀하시며, 깨어 있지 않으면 영적 삶이 죽어 가게 된다고 말하고 있습니다.

이처럼, 우리가 항상 깨어 있어야 하는 이유는 믿음과 지혜를 유지하며, 세상 속에서 유혹을 이겨 낼 수 있도록 마음가짐을 확고히 하고, 언제나 최선을 다하기 위해서입니다. 이 과정에서 중요한 것은 탐욕에 빠지지 않도록 스스로 경계하는 것입니다. 세상은 우리에게 끊임없이 유혹과 시험을 던지지만, 우리는 하나님의 뜻을 분별하며 올바르게 살아가야 합니다. 깨어 있다는 것은 단순히 신체적으로 주의 깊게 있는 것을 넘어, 우리의 마음과 생각이 창조주와 연결되어 항상 그분의 인도하심을 받으며 살아가는 것을 의미합니다.

9-10) 깨달음을 행동으로 옮기기

하나님의 존재를 인정하는 것은 유아기적인 신앙 단계입니다. 성경을 읽고 진정한 선과 악을 구분할 수 있는 능력을 갖추는 것은 청소년기의 신앙 성장에 해당합니다. 마지막으로, 깨어 있으면서 선을 행동으로 실천할 수 있는 어른으로서의 성숙이 필요합니다.

우리의 신앙은 어디까지 성장하고 있는지 스스로 자문할 필요가 있습니다. "예수님을 믿습니까? 믿습니다. 하나님을 믿습니까? 믿습니다."라는 말만으로 신앙생활을 하고 있지는 않은지 점검해야 합니다. 예수님이 나의 모든 죄를 대신 짊어졌다고 믿고 있다면, 진정한 신앙인은 이 믿음을 바탕으로 회개, 기도 그리고 행동을 실천해야 합니다.

회개는 반드시 당사자와의 해결을 원칙으로 하고, 하나님께 고백하는 것입니다. 내가 실수하고 해를 끼친 사람은 그로 인해 손해와 피해를 보고 있는 상황에서, 그 사람을 찾아가 용서를 구하지 않고 하나님께만 기도한다면, 하나님은 그런 기도를 들으시지 않습니다. 하나님은 우리가 스스로 깨닫고 그 관계를 회복하기를 기다리고 계십니다.

기도에 있어서는 자신의 노력에 비례하는 결과를 바라는 기도와 이타적인 마음으로 기도하는 자세가 중요합니다. 주식이 오르기를 바라는 것처럼 운에 의존하는 기도나, 최선을 다하지 않으면서 좋은 결과를 바라는 기도는 지양해야 합니다. 또한, 기도 후에는 결과에 승복할 줄 아는 지혜도 필요합니다.

마지막으로, 행동으로 선을 선택하는 것이 중요합니다. 우리 선조들은 이를 '의'라고 불렀습니다. 의로운 행동은 단순한 말로 끝나는 것이 아니라, 실제로 선한 일을 실천하는 데 있습니다. 이를 통해 우리의 신앙이 성숙하고, 하나님께서 기뻐하시는 삶을 살 수 있습니다.

[마태 23:3] 그러므로 그들이 말하는 모든 것을 너희가 지키고 행하되, 그들의 행위는 본받지 말라. 그들은 말만 하고 행하지 아니하며. (해설: 말로만 하고 행하지 않는 것은 죄입니다. 마음만으로 기도하거나 생각만 하는 것은 예수님께서 들으시지 않는다고 말씀하셨습니다. 우리가 믿음으로 살아가려면 단순히 말로만 믿는 것이 아니라, 실제로 행동으로 옮겨야 한다는 교훈을 주고 있습니다.)

[에스라 3:13] 백성의 소리가 크게 울려 퍼졌는데, 그 소리가 너무 크고, 그들이 기뻐하는 소리가 큰 데 비해, 이전에 울던 사람들의 울음소

리가 더 크기 때문에, 백성이 소리를 낼 때 그 소리가 멀리까지 들리게 되었다.
[에스라 10:11] 그러므로 이제 너희는 너희 조상들의 주 하나님께 고백하고 그의 기쁨대로 행하며 이 땅의 백성과 이방 아내들을 분리하라. (해설: 회개 후에는 행동으로 그 회개의 열매를 맺어야 함을 강조합니다. 회개는 단순한 고백에 그치지 않으며, 실천이 뒤따라야 진정한 변화가 일어난다는 교훈입니다.)

요나 3장과 4장에서는 하나님의 말씀에 따라 선지자 요나가 니느웨로 가서 하나님의 경고를 전합니다. 하나님은 니느웨의 멸망을 예고하셨지만, 니느웨 사람들은 회개하고 금식하며 하나님께 돌아옵니다. 왕은 전 국민에게 금식령을 내리고, 그들의 진심 어린 회개 및 행동을 보신 하나님은 멸망을 미루십니다. 그러나 요나는 이를 기회주의적 행동으로 보고 불쾌해하며 하나님께 불만을 토로합니다. 하나님은 그들의 회개를 받아들이시고, 요나에게도 자비와 인내를 보여 주십니다. 이를 통해 요나는 자비와 회개 및 실천에 대한 중요한 교훈을 배우게 되며, 하나님은 진심으로 회개하는 사람에게 다시 기회를 주신다는 중요한 메시지를 전달하십니다.

[요나 4:10-11] 여호와께서 이르시되, "네가 이 박넝쿨로 인해 화난 것이 옳으냐?" 그가 대답하되, "옳습니다. 내가 화가 나서 죽겠습니다." 여호와께서 이르시되, "너는 네가 수고하지도 아니하고, 자라지도 아니한 이 박넝쿨을 위하여 이렇게 불쾌하게 여기는구나. 그것은 하룻밤에 자라나고 하룻밤에 멸망한 것이다. 내가 니느웨성을 아끼지 아니하겠

느냐? 그 성에는 좌우를 구별하지 못하는 자가 십이만여 명과 많은 가축이 있지 않느냐? 내가 어찌 이 큰 성을 아끼지 않겠느냐?" (해설: 하나님은 박넝쿨에 대한 요나의 애착을 예로 들어, 니느웨 성과 그 안의 사람들, 가축들에 대한 자신의 연민과 자비를 가르치시며, 참된 회개와 이를 행동으로 실천하는 것의 중요성을 보여 주십니다.)

[마태 21:28-29] 어떤 사람에게 두 아들이 있었습니다. 그는 첫째 아들에게 다가가 말하였습니다. "아들아, 오늘 포도원에 가서 일하여라." 이에 첫째 아들은 "하지 않겠습니다."라고 대답하였으나, 이후 마음을 돌이켜 결국 포도원에 갔습니다. 아버지는 둘째 아들에게도 같은 말을 하였고, 둘째 아들은 "가겠습니다."라고 대답하였으나, 끝내 가지 않았습니다. (해설: 말보다 행동이 중요함을 가르치는 말씀입니다. 처음에는 거부했지만 결국 순종한 첫째 아들은, 하나님께서 우리의 행동을 더 중시하신다는 교훈을 상징합니다. 이는 말로만 신앙을 고백하거나 형식적으로 믿음을 보이는 것이 아니라, 진정한 회개와 실천으로 하나님께 순종하는 삶이 중요하다는 것을 보여 줍니다.)

[요한일서 3:18] 자녀들아, 우리가 말이나 혀로만 사랑하지 말고, 진정으로 행동과 진리로 사랑해야 한다. (해설: 진정한 신앙의 삶이 단지 말뿐만 아니라 행동으로 실천되어야 함을 강조합니다. 우리의 믿음은 말뿐만 아니라 우리의 삶과 행동에서 진정성을 보여야 한다는 중요한 교훈을 제공합니다.)

Prayer is not asking. It is a longing of the soul.
기도는 구하는 것이 아니라, 영혼의 갈망이다.
- 마하트마 간디

10. 주기도문이 제시하는 삶의 방향

주기도문, 너희는 이렇게 기도[祈(빌 기) 禱(빌 도)]하라

　주기도문은 예수님께서 직접 제자들에게 가르쳐 주신 기도의 모범으로, 우리가 어떤 자세와 마음으로 하나님께 기도해야 하는지 명확히 알려 줍니다. 이 기도에는 하나님과의 관계, 우리의 마음가짐, 삶의 목표와 신앙의 본질이 모두 담겨 있습니다. 주기도문의 깊은 뜻을 깨닫고 그 의미를 되새겨 보는 것은 신앙생활의 큰 유익이 될 것입니다.

　마태복음 6장에서 예수님은 "그러므로 너희는 이렇게 기도하여라."라고 말씀하시며 주기도문을 가르치셨습니다. 이를 한 구절씩 살펴보며 그 뜻을 나누고자 합니다.

[마태 6:9-13(주기도문)]
After this manner therefore pray ye:
Our Father which art in heaven, Hallowed be thy name. Thy kingdom come. Thy will be done in earth, as it is in heaven.
Give us this day our daily bread.
And forgive us our debts, as we forgive our debtors.
And lead us not into temptation, but deliver us from evil: For

thine is the kingdom, and the power, and the glory, forever. Amen.

"하늘에 계신 우리의 아버지(하나님)시여."라는 말씀 중 '하늘'은 단순히 창밖에 보이는 하늘(Sky)이 아니라, 우주를 초월한 공간, 곧 영적인 세계를 뜻합니다. 또한 우리 마음속 깊이 자리한 내면의 하늘, 사후 세계를 포함합니다. 예수님께서 하나님을 '우리 아버지'라고 부르도록 가르치신 것은 당시로서는 매우 혁신적이고 파격적인 일이었습니다. 유대인들은 하나님을 '야훼(YHWH)', '엘로힘(GOD)', '아도나이(Lord)'로 부르며 경외했지만, 그를 친근히 '아버지'라고 부르는 것은 상상하기 어려웠습니다. 그러나 예수님은 창조주 하나님을 아버지로 부를 수 있는 새로운 관계를 열어 주셨습니다.

특히 주기도문에서는 'My Father(나의 아버지)'가 아닌 'Our Father(우리 아버지)'라고 표현하셨습니다. 이는 구원이 나와 하나님 사이의 일대일 관계로 끝나지 않음을 의미합니다. 하나님은 공동체 안에서 우리를 구원하시며, 서로 돕고 나누며 열매를 맺는 과정을 통해 구원이 이루어진다는 뜻입니다. 우리가 함께하는 공동체는 곧 그리스도의 몸이며, 그 안에서 서로를 통해 하나님의 뜻을 배우고 실천해 갑니다.

'아버지의 이름이 거룩하게 되시며' 혹은 '이름이 거룩히 여김을 받으시오며'라는 말씀은 하나님의 이름이 세상에서 거룩하게 여겨지기를 간구하는 기도입니다. 이는 하나님의 뜻을 이루어 가며 그의 성품을 닮아 가는 삶을 통해 이루어집니다.

"아버지(하나님)의 나라가 오시며 혹은 임하시며, 아버지(GOD)의 뜻이 하늘에서 이루어진 것같이 땅에서도 이루어지게 하소서"라는 말씀 중 '나라가 오시며 혹은 임하시며'라는 의미는 하나님의 나라는 두 가지를 포함합니다. 내 마음속에 이루어지는 영적 왕국과 죽음 이후의 천국입니다. 우리가 이 땅에서 하나님의 말씀에 순종하며 살아갈 때, 우리의 마음과 삶 속에 하나님의 나라가 임합니다. 또한 죽음 이후에는 하나님의 영원한 안식처에서 함께할 소망을 품습니다.

'뜻이 하늘에서 이루어진 것처럼 땅에서도 이루어지게 하소서'라는 의미는 하늘은 사후의 세계를, 땅은 우리의 마음과 현세를 상징합니다. 하나님의 뜻이 내 삶과 이 세상에서 이루어지기를 기도하며, 이를 위해 우리의 탐욕을 버리고 선을 행하려는 다짐이 필요합니다. 하나님의 뜻은 선한 삶을 통해 이루어지며, 이를 위해 우리도 스스로 노력하고 순종해야 합니다.

"오늘 우리에게 일용할 혹은 필요한 양식을 주시옵고"에서의 '오늘'은 현세와 현재를 의미합니다. 여기서 '양식'은 단순히 육체를 위한 음식뿐 아니라, 영혼을 살찌우는 깨달음과 지혜를 포함합니다. 우리의 삶을 통해 하나님의 뜻을 발견하고, 그 길로 나아갈 수 있도록 필요한 양식을 구하는 기도입니다. 예수님은 우리가 매일 하나님의 은혜에 의지하며 살아가기를 원하십니다.

"우리가 우리에게 잘못한 자 혹은 죄지은 자를 용서한 것처럼, 우리의 죄도 용서해 주시옵소서."에서 우리가 지은 죄에 대해 하나님께 용서를 구하기에 앞서, 먼저 사람들 사이에서 저지른 잘못을 고백하고 용서를 구하며, 상대를 용서할 수 있는 넓은 마음을 갖는 것이 우선되어야 합니다. 그리고 다른 사람을 용서하지 않으면서 하나님의 용서를 구할 수 없다는 점을 강조한 말씀입니다. 용서는 단순한 감정의 문제가 아니라, 우리 자신과 공동체의 평안을 위한 필수 조건입니다. '준 것같이'라는 과거형 표현은, 우리가 이미 용서의 마음과 실천을 다짐해야 함을 의미합니다. 용서는 원수까지도 품을 수 있는 사랑의 마음으로 이루어져야 합니다.

"우리를 유혹(Temtation) 혹은 시험에 들지 않게 하시고, 다만 악에서 구하소서."에서 '유혹이나 시험에 들지 않게 하시고'라는 말씀은, 시험은 피해야 할 대상이 아니라, 우리를 성장시키는 과정입니다. 이 기도는 시험을 두려워하거나 회피하게 해 달라는 것이 아니라, 시험 속에서도 지혜와 의지로 이를 극복할 수 있도록 도와 달라는 간구입니다. 시련과 역경을 통해 우리는 하나님께 더 가까이 나아가며, 탐욕과 교만을 버리는 삶을 배웁니다.

'악에서 구하소서'라는 의미는, 악은 내 안에 자리 잡은 탐욕과 세상의 유혹을 뜻합니다. 악에서 벗어나기 위해서는 하나님의 은혜뿐 아니라, 우리 스스로 끊임없는 노력과 다짐이 필요합니다.

"나라와 권세와 영광이 영원히 아버지(하나님)의 것입니다. 아멘"이라는 의미는 모든 나라와 권세, 영광은 하나님의 은혜로 이루어진 것입니다. 우리가 가진 모든 것이 하나님의 손에 달려 있음을 인정하며, 이를 통해 겸손과 자비로 세상을 섬기라는 말씀입니다. 이 마지막 구절은 하나님께 영광을 돌리는 고백이자 결단입니다.

결국, 주기도문은 하나님 앞에서 자신을 낮추고 그의 뜻에 온전히 순종하며, 세속적인 탐욕을 내려놓고 온전한 선을 이루겠다는 겸손하고 진실된 다짐의 기도입니다. 예수님께서 친히 가르쳐 주신 이 기도는 단순한 문구를 넘어, 하나님의 자녀로서 우리가 살아가야 할 모든 지혜와 원칙 그리고 사랑의 방향을 제시합니다.

주기도문에는 하나님의 나라가 임하기를 소망하며, 우리가 사는 세상이 바르게 되도록 노력하겠다는 의지, 하나님의 영광을 사모하는 마음, 이웃을 용서하고 사랑하려는 결단, 일용할 양식인 지혜를 구하는 겸허한 신뢰 그리고 악으로부터 보호해 주시길 바라는 간절한 기도가 담겨 있습니다.

이 기도의 깊은 뜻을 마음에 새기고, 우리의 삶 속에서 실천할 때, 우리는 하나님과 더욱 친밀히 연결될 수 있으며, 그분께 온전히 속한 삶을 살아갈 수 있습니다. 매일의 삶 속에서 이 기도를 통해 하나님과 동행하며, 그의 사랑과 은혜 안에서 충만한 평안과 기쁨을 누리시길 소망합니다.

『※ 앞서 언급한 바와 같이, 본 저서에 사용된 성경 인용은 1611년 영국 왕실에서 발행된 English King James Bible(이하 KJV, 공공 도메인)을 기준으로 하며, 독자들의 이해를 돕기 위해, 저자는 KJV 영문 원문을 직접 참조하여 번역하였으며, 문맥의 흐름을 비교하기 위해 공공 도메인 개역한글성경을 참고하였습니다. 또한, 이를 현대적 언어로 재해석하여 구성하였습니다. 또한, 성경 본문 다음에 제시된 "해설"은 저자의 개인적 관점에서 작성된 것임을 알려 드립니다.』

The Hidden Map to Enlightenment for Living
a Righteous and Abundant Life

우리의 삶을 바르게 살고 윤택하게 할 수 있는
'깨달음으로 가는 숨겨진 지도'

- 본문 중에서

이 글을 마치며

여러분에게 하나님은 어떤 존재인가요?

"나에게 하나님이란? 어떤 분이실까?" 이 물음은 단순한 질문을 넘어 우리의 신앙과 삶을 깊이 있게 들여다보게 만듭니다.

저에게 하나님을 한 단어로 정의하기는 어렵습니다. 그분은 천지를 창조하신 절대자이시며, '사랑, 공의, 심판의 하나님'으로 다가오시는 분이십니다. 그러나 그보다 더 특별히, 저에게 하나님은 '기다려 주시고, 늘 앞서서 인도하시는 하나님'이십니다. 그리고 지금도 여전히 그렇게 저를 이끌어 주시고 계십니다. 돌이켜 보면 저는 참 많은 잘못을 저질렀습니다. 때로는 고집스럽고, 때로는 무지했으며, 그로 인해 상처를 주고받았던 순간들이 떠오릅니다. 그러나 그 모든 시간 속에서도 하나님은 '자비롭고 은혜로우시며, 노하기를 더디하시는 분'이셨습니다. 출애굽기 34:6의 말씀이 제게 이렇게 다가옵니다. "여호와께서 그 앞을 지나가시며 선포하시기를, 여호와, 여호와 하나님은 자비로우시고 은혜로우시며, 오래 참고 인자와 진리가 풍성하시다."라고 하셨습니다. 그분은 제가 불평과 원망으로 가득할 때도 변함없이 저를 기다려 주셨고, 때로는 고난의 시간 속에서 저를 다듬고, 강하게 만들어 주셨습니다.

뒤돌아보면, 한때 개인적인 문제로 깊은 좌절에 빠져 홀로 무릎을 꿇고 울었던 기억이 납니다. 모든 것이 무너져 내린 듯한 그 순간, 마치 누군가 제게 속삭이듯 "두려워 말아라."라는 말이 들리는 것 같았습니다. 바로 그 순간, 한 통의 전화가 걸려 왔습니다. 성인이 된 후 연락이 뜸해졌던 오랜 친구가 제 상황을 전혀 모른 채, 단순히 안부를 묻기 위해 전화했던 것이었습니다. 그 전화 속에서 들려온 그의 따뜻한 말 한마디 한마디가 제 마음을 어루만졌습니다. 시간이 지나면서, 그 친구의 말이 제가 내내 갈망하던 위로였음을 깨닫게 되었습니다. "너는 혼자가 아니야, 내가 너와 함께 있다." 지금 돌아보면, 그 순간이 단순한 우연이 아니었음을 느낍니다. 당시에는 무신론적인 마음을 가지고 있었지만, 이제는 하나님께서 그 친구를 통해 저에게 위로의 말을 전해 주셨다고 믿습니다.

성경의 욥기 구절에서 하나님께서 욥을 고난에서 다시 일으키시고 이전보다 더욱 풍성하고 충만한 상태로 회복시키셨을 때, 그 과정에서 욥의 친구들을 사용하신 장면은 깊은 깨달음을 주었습니다. 이를 통해 하나님께서는 사람과 사람을 잇는 관계를 통해 자신의 뜻과 사랑을 전달하신다는 것을 강하게 느꼈습니다. 우리의 삶 속에서도 하나님은 다른 이들을 통하여 위로와 도움 그리고 가르침을 주시며, 그분의 섭리를 이루어 가시는 분임을 알게 됩니다.

하나님은 항상 우리 삶에 흔적을 남기십니다. 저는 공대 출신으로 기계공학을 전공하여 확실한 증거 없이는 믿기 힘든 성격입니다. 그래서 한동안 하나님을 온전히 신뢰하지 못했을 때도 있었습니다. 그러나 창문 밖 흔들리는 나뭇잎을 바라보며 바람의 존재를 깨닫듯이, 보이지 않는 하나님의 손길이 제 삶을 움직이고 계심을 조금씩 깨달았습니다. 하나님은 종종 제게 시간을 두고 기다리는 법을 가르치셨습니다. 때로는 제가 조급해져서 "왜 아무 일도 일어나지 않는 걸까?"라고 불평했지만, 이제는 '때와 시기는 하나님의 주권' 아래 있다는 진리를 배워 가고 있습니다.

하나님께서는 제가 해야 할 일을 가장 적절한 순간에 분명히 보여 주신다는 사실입니다. 삶의 작은 순간들 속에서도 하나님이 말씀으로 저를 인도하신다는 확신이 흔들리지 않았습니다.
"너는 내게 부르짖으라. 내가 너에게 크고 은밀한 일을 보일 것이다."
(예레미야 33:3)

하나님은 저에게 깨달음을 주시는 분이십니다. 아이와의 갈등이 때로는 크게 느껴졌습니다. 아이가 고집을 부릴 때마다 제 인내심은 한계에 다다랐고, '내가 이 아이를 잘 키울 수 있을까?'라는 두려움과 불안이 찾아왔습니다. 그러던 어느 날, 기도하며 하나님께 도움을 구했습니다. '하나님, 제 힘으로는 아이를 잘 키울 수 없습니다. 어떻게 해야 할지 모르겠습니다.' 그때 하나님께서 제게 깨달음을 주셨습니다. '너도 내가 얼마나 참을성 있게 기다려 주었는지 기억하니? 너도 그만큼 사랑과 인내로 아이를 대해야 한다.' 하나님께서 저에게 그 말씀을 주시자, 제 마음속에 아이를 향한 새로운 사랑과 이해가 생겨났습니다. 저는 아이와 다시 대화하면서, 그동안 제가 얼마나 제 욕심과 불안으로 아이를 강하게 밀어붙였는지를 깨닫게 되었습니다. 그 이후로 아이와의 갈등 속에서도 하나님의 사랑과 인내를 배우며, 점점 더 아이와의 관계가 깊어졌습니다.

결론적으로, 저에게 하나님은 '인생의 나침반'과도 같은 분이십니다. 그분은 저를 창조하셨고, 저의 실수를 통해서조차 배우고 성장하게 하셨으며, 가족과 이웃의 소중함을 일깨워 주셨습니다. 저 같은 부족한 사람에게도 끝까지 기다려 주시며, 변함없는 사랑으로 이끌어 주시는 하나님께 감사할 따름입니다.

이 책은 우리의 삶과 신앙을 보다 넓은 시각에서 조망하며, 신앙이 있는 분들에게는 믿음이 더욱 깊어지는 계기가 되길 바라는 마음으로, 무교이거나 종교에 관한 관심이 없으신 분들에게는 새로운 깨달음과 성찰의 기회를 제공하기 위해 집필되었습니다.

현재 대한민국은 유교 문화가 시대의 변화에 적응하지 못하고 급격히 사라지면서, 유교의 순기능마저도 함께 사라졌습니다. 특히, 길거리에서 어른을 존중하고, 학생이 잘못을 저질렀을 때 어른이 이를 바로잡아 주는 문화나, 부모를 존경하는 문화 등이 사라졌습니다. 그 빈자리를 고도성장이라는 이름 아래 물질문화가 채우고 있습니다. 물질적으로 많은 것을 얻었지만, 상대적으로 우리의 행복 지수는 낮아지고 자살률 또한 높아지고 있는 현실을 마주하게 됩니다.
  성경은 종교나 신앙을 떠나서 우리의 삶을 바르게 살고 윤택하게 할 수 있는 '깨달음으로 가는 숨겨진 지도'라고 생각됩니다.

  우리가 이미 가진 작은 것들에 감사할 때, 물질 중심의 삶을 넘어 내면의 충만함과 행복을 추구하는 길을 찾을 수 있습니다. 종교도 인간처럼 불완전하지만, 그 안에는 긍정적인 힘과 삶을 변화시키는 깊은 가치가 담겨 있습니다. 신앙에 충실하면서도 그 폭을 넓혀, 내면의 변화와 주변 사람들과의 관계 회복을 이루는 계기가 되길 바랍니다. 또한, 자신보다 부족한 이들을 이해하고 돕는 마음을 가지며, 하나님의 뜻을 깨닫고 그 뜻을 따라 사랑을 나누며 선을 행하는 풍요롭고 의미 있는 삶을 살아가길 소망합니다. 이 책이 그러한 삶으로 나아가는 데 작은 길잡이가 되기를 바랍니다.